工业和信息化高等教育
"十二五"规划教材立项项目

高等教育财经类"十二五"规划教材

商品学实用教程

Practical Course of Commodity Science

汤云 王双萍 主编

慕艳平 肖筱 张德秀 副主编

人民邮电出版社

北 京

图书在版编目（CIP）数据

商品学实用教程 / 汤云，王双萍主编. -- 北京：
人民邮电出版社，2014.1（2021.7重印）
高等教育财经类"十二五"规划教材
ISBN 978-7-115-31323-2

Ⅰ．①商… Ⅱ．①汤… ②王… Ⅲ．①商品学－高等
学校－教材 Ⅳ．①F76

中国版本图书馆CIP数据核字（2013）第262205号

内 容 提 要

本书主要阐述了商品学的研究对象与内容、商品的分类与编码、商品质量、商品标准、商品检验、商品包装、商品养护与运输等基础理论以及和大众消费密切相关的食品、纺织品和服装、日用工业品、家用电器等商品的实务知识。

本书可作为本科及高职高专贸易经济类、工商管理类教材，也可供在商品生产、经营、储运、销售等领域从事工商企业经营管理的人员阅读参考，还可作为消费者选购、消费商品的生活消费指南。

◆ 主　编　汤　云　王双萍
　　副 主 编　慕艳平　肖　筱　张德秀
　　责任编辑　李育民
　　责任印制　杨林杰
◆ 人民邮电出版社出版发行　　北京市丰台区成寿寺路11号
　　邮编　100164　　电子邮件　315@ptpress.com.cn
　　网址　http://www.ptpress.com.cn
　　固安县铭成印刷有限公司印刷
◆ 开本：787×1092　1/16
　　印张：14.5　　　　　　　　　　　2014 年 1 月第 1 版
　　字数：376 千字　　　　　　　　2021 年 7 月河北第 8 次印刷

定价：35.00 元
读者服务热线：(010)81055256　印装质量热线：(010)81055316
反盗版热线：(010)81055315
广告经营许可证：京东市监广登字20170147号

前 言

　　市场经济越发展，商品越丰富，市场竞争越激烈。在我国市场经济进一步完善的今天，"质量是市场竞争的焦点"已成为人们的共识，消费个性化、市场专门化、产品细分化导致了商品品种的多样化。面对残酷的竞争，持续地开发、生产和提供适用的商品，提高服务水准，是每一个生产经营企业的重要课题。同时面对严峻的质量形势和尚不规范的企业经营行为，消费者不仅要提高自我保护的意识，还需了解并掌握关于商品的一些基本理论，具备鉴别商品质量优劣的能力。因此，商品学作为一门以商品质量为中心，研究商品使用价值，融自然科学和社会科学于一体的应用性学科在经济活动中的作用就越发明显。

　　编者在多年的商品学教学实践工作中发现，企业一线缺乏实用商品知识的现象较多，培训机构在培养面向社会生产、建设、管理和服务一线"下得去、用得上、留得住"的高等应用型人才方面缺乏系统和有效的教材。为此，编者在对多年的教学研究进行总结的基础上编写了本书，希望能尽自己的所能为学校教学和企业培训提供素材。同时希望能与读者进一步共同探讨新形式下商品学学科体系的建设和完善等问题。

　　本书主要特色如下。

　　1. 编写时坚持行业指导、企业参与、校企合作的教材开发机制，积极和行业有关人士及企业合作设计教材编写大纲、搭建教材架构、组织教材内容，注重吸收行业发展的新知识、新技术、新工艺、新方法，对接职业标准（如营销师、电子商务师、连锁经营管理师、物流师、跟单员、报关员）和岗位要求，力求体现"繁中求精、精中求用"，使本书简单、务实、可读性强、可操作性强，丰富实践教学内容。

　　2. 注重强化学生能力培养，力求达到学以致用的教学效果。

　　3. 内容上，以理论知识实用、够用为主，穿插了许多案例进行分析，汲取了商品学发展的最新成果，力求体现"繁中求精，精中求用"，使本书简单、务实，可读性强，可操作性强。

　　本书由武汉商学院汤云和武汉软件工程职业学院王双萍任主编，武汉商学院慕艳平、武汉商学院肖筱、广州城建职业学院张德秀任副主编。具体编写内容分工为汤云编写第一章、第三章、第五章、第六章，王双萍编写第二章，肖筱编写第四章，慕艳平编写第八章，汤云、张德秀合编第七章。

　　本书在编写过程中，吸收和引用了有关专家、学者的著述或研究成果，在此表示深深的谢意。

　　限于水平，书中难免有不妥和错误之处，敬请广大读者不吝赐教。

编者

2012 年 11 月

目　录

第一章

商品学的研究对象和内容

了解商品学的基本任务和研究方法；

熟悉商品的概念、特征和类型；

掌握现代商品的整体构成、商品学的研究对象和内容。

2012.11.11 购物狂欢节

2009 年 11 月 11 日，淘宝商城第一次做"双十一"。为什么选 11 月 11 日是有逻辑的，它前有国庆黄金周，后有圣诞季，11 月份成了一个线下零售或者销售的空档期；之所以选择 11 日，是选择光棍节作为一个互联网传播点。

1.奇迹再现。2009 年"双十一"期间，淘宝商城销售额 5 200 万；2010 年达到 19 亿，2011 年突破 52 亿，2012 年更是超出预想，达到了 191 亿。

2.不可思议的 24 小时。来自天猫方面的数据显示，2012 年 11 月 11 日 0 点后第 1 分钟，就有 1 000 万独立用户涌入天猫。2 分钟后，支付宝成交额达 1 亿。37 分钟后，这一数字越过 10 亿。随后成交额一路飙升，13 小时 18 分钟完成 100 亿的交易额，如图 1-1 所示。

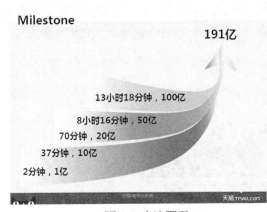

图 1-1 奇迹再现

图 1-2 "双十一"数据对比图

3. 巨大的发展潜力。从图 1-2 "双十一"数据对比图可以看到网络购物发展的曲线和趋势及它的未来巨大的潜力，如图 1-3 所示。

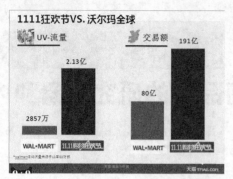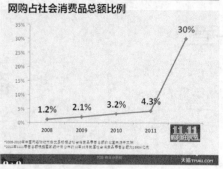

图 1-3 网络购物发展的曲线和趋势

4. 商家的实力。参加"双十一"的商家是 9 000 多家。要求基本日常的服务质量才能有条件报名加入"双十一"，报名加入以后，它的商品会进入单独的"双十一"活动申报系统，来排查，保证"双十一"活动价格是真正优惠的价格，商家成交额分布如图 1-4 所示。

5. 买家的特点。53%是女性，47%是男性，从年龄结构来讲，包括 40 岁以上的人群比重在增加，整个网络购物人群的年龄宽度越来越宽，如图 1-5 所示。

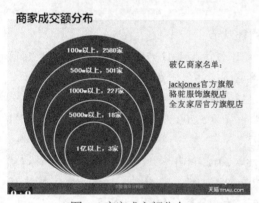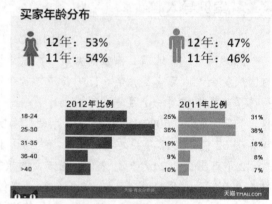

图 1-4 商家成交额分布

图 1-5 买家年龄分布

6. 预售模式的使用。2012 年的"双十一"为预售模式提供了个案。所谓预售就是先有销售订单，再有生产、流通，最后实现销售。从天猫"双十一"的销售额看效果良好，如图 1-6 所示。

图 1-6 预售模式的使用效果

1.1　现代商品整体概念的构成

1. 产品的概念及类型

【案例 1】

中国 10 种农产品在欧盟成功注册地理标志保护

　　新华网布鲁塞尔 11 月 30 日电，欧盟委员会 11 月 30 日宣布，与中国进行的"10 + 10"农产品地理标志保护谈判结束，10 种中国农产品在欧盟成功注册地理标志保护，同时欧盟也有 10 种农产品在中国享受地理标志保护。

　　中国在欧盟成功注册地理标志保护的 10 种农产品分别是：平谷大桃、盐城龙虾、镇江香醋、东山白芦笋、金乡大蒜、龙井茶、琯溪蜜柚、陕西苹果、蠡县麻山药和龙口粉丝。

　　欧盟方面的产品清单则包括洛克福奶酪、阿让李子干、帕加诺奶酪、帕尔玛火腿、科多瓦橄榄油、马吉娜橄榄油、孔蒂奶酪、斯提尔顿奶酪、苏格兰农家三文鱼和农舍奶酪。

　　欧盟委员会负责农业与农村发展事务的委员达奇安·乔洛什对欧中达成的农产品协议表示欢迎。他说，欧盟和中国都具有生产优质产品的传统，中国也是未来欧盟农产品出口的主要市场之一。

　　中国和欧盟的"10 + 10"农产品地理标志保护谈判始于 2007 年 7 月。目前中国已经成为欧盟地理标志保护农产品的五大出口市场之一。据欧盟统计，2010 年欧盟向中国出口地理标志保护的农产品价值 6.5 亿欧元（约合 8.4 亿美元），其中酒类占主要部分。

　　地理标志产品指产自特定地域，所具有的质量、声誉或其他特性本质上取决于这一产地的自然和人文因素，并经审核批准以地理名称命名的产品。目前欧盟市场上享受地理标志保护的农产品共有 1 000 多种。欧盟委员会表示，地理标志保护是品牌农产品销售的利器。

【案例 2】

中国人出境游名副其实黄金周　全球消费至少 480 亿元

　　中国人出境游，成了海外商家名副其实的"黄金"周。

　　据中国银联公布的数据显示，2012 年"十一"黄金周期间，中国银联持卡人在境外交易额同比增长 33%。世界奢侈品协会的相关数据则显示，2012 年"十一"黄金周中国游客出境游总体消费额将达 480 亿元以上。

　　根据一些内地游客常去的热门旅游目的地已公布和预测的数据，法制晚报抢先绘制出最新版的"内地游客黄金周境外撒钱地图"，地图显示，欧洲仍是国人撒金最多的地点，其次为美国、港台地区、韩国、澳洲、南美及东南亚。

　　美国旅游协会、美国梅西百货公司等表示，欧美很多百货公司采取了特别措施吸引中国消费者，比如中文服务、礼品赠送和商品折扣等。

　　从巴黎旅游局市场公关部获悉，中国游客去巴黎购物的旺季主要为下半年的"十一"黄金周以及圣诞节前后，至少有五成集中在黄金周，大约 15 万人次。据粗略统计，"十一"黄金周期间中国人消费主要以名牌时装、化妆品、香水、皮具为主，平均每人消费 1.7 万～6.9 万元人民币。中国人此次黄金周赴巴黎"血拼"至少 25.5 亿元人民币。

据韩联社报道，"黄金周"期间，韩国各大百货商场的名牌店前来购物的中国游客人山人海，中国人在此期间在韩国乐天百货商场的消费额同比增加 131%，现代百货商店鸭鸥亭店和贸易中心店的中国人消费额同比增加 281%，其他知名百货商场的消费额也出现不同程度的增加。

据国家旅游局最新统计，2012 年 1～7 月，我国赴美旅游人数接近 100 万人次，同比增长31%。团队游客平均停留 11 天，在美人均消费 7 107 美元。而据携程旅游统计，这个"黄金周"不少旅行社报名美国本土线路的游客量，比平日增幅高达 150%。照此估算，此次"黄金周"赴美游的人数约达 21 万人次，而消费额达 93 亿元。

据香港旅游业议会统计，这个"黄金周"期间有 98 万人次内地游客赴港游，比去年同期增长近 20%。但与人数破纪录的盛况形成反差的是，内地游客此番在港的消费却比去年同期下跌25%，只有约 5 000～6 000 元的人均消费额。

而台湾出入境管理部门的消息则显示，从 9 月 29 日到 10 月 7 日，大陆游客赴台湾观光的人数为 5.3 万人。其中，团体游客数为 3.9 万人，平均每天逾 4 300 人，呈现稳增长态势。另据台湾《工商时报》报道，一份大陆游客境外消费调查显示，大陆游客在台湾地区每人平均消费达 1.1 万元人民币以上，超越赴香港、澳门的开销，由此预测此次"黄金周"期间赴台旅游的大陆游客消费金额可达 5.9 亿元以上。

从国内各大旅行社了解到，在 2012 年黄金周中，不仅欧美游、东南亚、澳洲游火爆，其他的热门旅游目的地如南美洲和非洲线路也首次出现了集中的"爆棚"。

① 概念：根据 GB/T 19000—2000idtISO9000—2000，产品是指一组将输入转化为输出的相互关联或相互作用的活动所产生的结果。

② 类型：通用的产品类别有服务（如运输）、软件（如计算机程序、字典）、硬件（如发动机机械零件）、流程性材料（如润滑油）。

服务是在供方和顾客接触面上需要完成的至少一项活动的结果，并且通常是无形的。服务的提供可涉及：为顾客提供的有形产品（如维修的汽车）上所完成的活动；为顾客提供的无形产品（如对退税准备所需的收入声明）上所完成的活动；无形产品的交付（如知识的传授）；为顾客创造氛围（如在宾馆和饭店）。

软件由信息组成，通常是无形产品并可以方法、记录或程序的形式存在。

硬件通常是有形产品并具有计数的特性。

流程性材料通常是有形产品并具有计量的特性。硬件和流程性材料经常称之为货物。

2. **商品的概念及类型**

思考：什么是商品？生活中我们购买到哪些不同类型的商品？

【案例3】

淘宝网是亚洲最大的电子商务零售网络平台，在其平台上经营的商品类型如图 1-7 所示。

【案例4】

敦煌网是一个聚集中国众多中小供应商产品的网上 B2B 平台，为国外众多的中小采购商提供有效采购服务的全天候国际网上批发交易平台。其平台上主要商品类型如图 1-8 所示。

① 概念：商品是为了交换或出卖而生产的劳动产品，是使用价值和价值的统一体。商品都是经过了专业的商品化流程，才从一件普普通通产品转变为了市场中流通的商品。

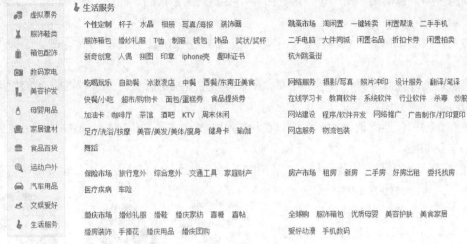

图 1-7　淘宝网销售的主要商品类型

图 1-8　敦煌网销售的主要商品类型

② 特征：作为人类劳动产品的商品通常具有以下基本特征。

商品是具有使用价值的劳动产品。

商品是供他人和社会消费的劳动产品。

商品必须满足人和社会的需要，并能适应社会发展需要。

（1）食品商品概念和类型。

《中华人民共和国食品安全法》对食品的定义，指各种供人食用或者饮用的成品和原料以及按照传统既是食品又是药品的物品，但是不包括以治疗为目的的物品。在进出口食品检验检疫管理工作中，通常还把"其他与食品有关的物品"列入食品的管理范畴。

① 根据膳食结构，食品分谷类及薯类、动物性食物、豆类及其制品、蔬菜水果类及纯热能食物等。

谷类及薯类、谷类包括米、面、杂粮等，薯类包括马铃薯、甘薯、木薯等，主要提供碳水化物、蛋白质、膳食纤维及 B 族维生素。

动物性食物，包括肉、禽、鱼、奶、蛋等，主要提供蛋白质、脂肪、矿物质、维生素 A 和 B 族维生素。

豆类及其制品，包括大豆及其他干豆类，主要提供蛋白质、脂肪、膳食纤维、矿物质和 B 族维生素。

蔬菜水果类，包括鲜豆、根茎、叶菜、茄果等，主要提供膳食纤维、矿物质、维生素 C 和胡萝卜素。

纯热能食物，包括动植物油、淀粉、食用糖和酒类，主要提供能量。植物油还可提供维生素 E 和必需脂肪酸。

② 根据食品的生产方法及其与人和环境的关系，食品分绿色食品、无公害食品、有机食品和一般食品，其标识如图 1-9 所示。

绿色食品是指遵循可持续发展原则，按照特定生产方式生产，经专门机构认定，许可使用绿色食品标志商标的无污染的安全、优质、营养类食品。

图 1-9　绿色食品、无公害食品和有机食品标识

绿色食品分为两级：AA 级绿色食品和 A 级绿色食品。AA 级绿色食品系指生产地的环境质量符合 NY/T 391 - 2 000 要求，生产过程中不使用化学合成的肥料、农药、兽药、饲料添加剂、食品添加剂和其他有害于环境和身体健康的物质，按有机生产方式生产，产品质量符合绿色食品产品标准，经专门机构认定，许可使用 AA 级绿色食品标志的产品。A 级绿色食品系指生产地的环境质量符合 NY/T 391 - 2 000 的要求，生产过程中严格按照绿色食品生产资料使用准则和生产操作规程要求，限量使用限定的化学合成生产资料，产品质量符合绿色食品产品标准，经专门机构认定，许可使用 A 级绿色食品标志的产品。

据《无公害农产品管理办法》中规定，无公害食品是指产地环境、生产过程和最终产品符合标准和规范，经专门机构认定，许可使用无公害农产品标识的食品。无公害食品生产过程中允许限量、限品种、限时间地使用人工合成的安全的化学农药、兽药、渔药、肥料、饲料添加剂等。

有机食品（organic food）是指来自于有机农业生产体系，根据国际有机农业生产要求和相应标准生产、加工，并通过合法的具有资质的独立认证机构认证的一切农副产品。包括粮食、蔬菜、水果、奶制品、禽畜产品、蜂蜜、水产品、调料等。

一般食品即各种供人食用或者饮用的成品和原料以及按照传统既是食品又是药品的物品，但是不包括以治疗为目的的物品。

③ 根据食品摄入人体后的代谢状况，食品分酸性食品和碱性食品。

酸性食品是指一种食物所含的酸性元素的总量高于所含碱性元素的总量，或含有不能完全氧化的有机酸类，即阳性略强于阴性。

碱性食品是指一种食物含碱性元素（钾、钠、钙、镁等）的总量高于它所含的酸性元素（氯、硫、磷、氟等）的总量，即阴性略强于阳性而且又不含有不能氧化的有机酸。

（2）服装商品概念和类型。

服装一方面与衣服、衣裳同义（衣服是指上体和下体的覆盖物，衣裳是指上体和下体衣装的总称）；另一方面指人体着装后的一种状态，如女性青年的俏丽，中年女性的风韵，老年女性的矍铄都可以通过服装来体现。

成衣是按照规定的尺寸，以批量生产方式制作的服装。它是按一定规格、号型标准批量生产的成品衣服。具有经济、规格系列化、生产机械化、质量标准化、包装统一化等特点。"号"

指人体的身高，以"cm"为单位，是设计和选购服装长短的依据。"型"是指人体的上体胸围或下体腰围，以"cm"为单位，是设计和选购服装肥瘦的依据。服装号型的关键要素是身高、净胸围、净腰围和体型代号。

①　服装按用途和功能分为工作服装、生活服装、礼仪服装、运动服装。

工作服装包括标识服、职业制服、团体制服和办公服。

生活服装包括家居服和休闲服。

礼仪服装分为男子礼服（第一礼服、正式礼服和日常礼服）和女子礼服（晚礼服和晨礼服）

运动服装包括竞技服装和运动便装。

②　服装按款式分类如图 1-10 所示。

图 1-10　服装款式

（3）家用电器商品概念和类型。

家用电器商品是指日常家庭使用条件下或类似使用条件下电子器具和电器器具的总称。电子器具是指以电子线路为主的器具，如电视机等。电器器具是指以电动机为主的电工器件组成的器具，如洗衣机、冰箱等。

① 按家用电器防触电保护方式分类

O 类电器：依靠基本绝缘来防止触电危险的电器，它没有接地保护，一般用于工作环境良好的场所。

OI 类电器：至少有基本绝缘和接地端子的电器，电源软线中没有接地导线，插头也没有接地插脚，不能插入带有接地的电源插座。目前，国内生产的家用电动洗衣机多为 OI 类电器。

I 类电器：该类电器的防触电保护不仅依靠基本绝缘，而且还有一个附加预防措施，其方法是将易触及的导电部件与已安装在固定线路中的保护接地导线连接起来，使易触及的导电部件在基本绝缘损坏时不成为带电体。例如，国产电冰箱多为 I 类电器。

II 类电器：该类电器在防止触电保护方面，不仅依靠基本绝缘，而且还具有附加的安全预防措施。其方法是采用双重绝缘或加强绝缘结构，但没有保护接地或依靠安装条件的措施。例如，国内生产的电热毯多为 II 类电器。

III 类电器：电器在防触电保护方面，依靠安全特低电压供电，同时在电路内部任何部位均不会产生比安全特低电压高的电压。

GB8877 标准明确规定：在一般的房间条件下必须选用 I 类、II 类、III 类电器，只有在没有间接触电危险的场所才允许选用 O 类电器。然而在市场中发现，一般的房间条件下使用的家用电器选用 O 类防触电保护的现象较为普遍，如电热杯、电动食品加工器类、日用电炉、电烙铁等。一旦基本绝缘损坏使外壳带电，就会有触电危险，直接危及人身安全。

GB8877 标准还规定：在使用中与人体皮肤和毛发直接接触的电器，必须选用 II 类、III 类电器。

② 按家用电器的用途分类。

空调器具：主要用于调节室内空气温度、湿度以及过滤空气之用，如电风扇、空调器、空气清洁器等。

制冷器具：利用所属单位装置产生低温，以冷却和保存食物和饮料，如电冰箱、冷饮机、制冷机、冰淇淋机等。

清洁器具：用于个人衣物、室内环境的清理与清洗、如洗衣机、干衣机、淋浴器、抽烟机、排气扇、吸尘器、地板打蜡机、擦窗机等。

熨烫器具：用于熨烫衣物，如电熨斗、熨衣机、熨压机等。

取暖器具：通过电热元件使电能转换为热能，供人们取暖，如空间加热器、电热毯等。

保健器具：用于身体保健的家用小型器具，如电动按摩器、按摩靠垫、空气负离子发生器、催眠器、脉冲治疗器等。

整容器具：用于修饰人们面容，如电吹风、电推剪、电动剃须刀、多用整发器、烘发机、修面器等。

照明器具：包括室内各类照明及艺术装饰用的灯，如各种室内照明灯具、镇流器、启辉器等。

家用电子器具：是指家庭和个人用的电子产品，这类家电产品门类广、品种多。主要包括以下几类：音响产品，如收音机、录音机、组合音响、电唱机等；视频产品，如电视机、录像机等；记时产品，如电子手表、电子钟等；计算产品，如计算器、家用电子计算机、家用电脑学习机等；娱乐产品，如电子玩具、电子乐器、电子游戏机等；其他家用电子产品，如电子人、家用通讯产品、医疗保健产品等。

厨房器具：用于食物准备、食具清洁、食物制备、烹调等的电器器具，如电饭锅、电火锅、电烤箱、微波炉、电磁灶、开罐器、搅拌器、绞肉机、洗碗机、榨汁机等。

（4）日用工业品商品概念和类型。

日用工业品是指满足人们日常生活使用需要的工业产品，俗称日用百货。如肥皂，牙膏，香皂，塑料梳子，牙刷，洗衣粉，护手霜，洗面奶，洗涤剂，洗发液，染发剂、洁厕灵、洗手液、各种美白、防护霜剂、沐浴液等，是日常生活中必须经常使用，非天然的、采用各种方法加工而成的工业产品。

常见的主要包括塑料制品、洗涤制品、化妆品、玻璃制品、陶瓷制品、铝制品、箱包及玩具等种类。

在商品流通领域，按照经营习惯一般划分为以下几类，如表 1-1 所示。

表 1-1　主要日用工业品的产品分类

类　别	组　成
清洁用品	扫帚、刷、抹布、地拖、磨光用具、垃圾斗、垃圾铲、冰箱除臭剂、去污剂、锅具清洁用品、洗窗用具
洗涤用品	肥皂、浴室海绵、浴室用垫、浴室用镜、肥皂托盘、洗发与护理用品、塞子、湿毛巾、浴帽、浴帘、毛巾、毛巾架、牙膏、牙刷等
护理用品	化妆品、梳子、唇膏、化妆袋、化妆扫、化妆镜、发刷、剃须用品、日用发刀剪、护肤用品、护齿用品、按摩用品、护甲用具、护足用具、香水等
一般家庭用品	雨伞、阳伞、民用手套、劳保用品、盆、桶、衣夹、衣架、洗衣篮、衣叉、钩、熨衣板、鞋架、鞋盒、鞋柜、烟具、打火机、温度计、废纸篓、储物柜、酒瓶架、购物手推车、其他家庭用品等
日用器皿	不锈钢器皿、玻璃器皿、陶瓷器皿、其他材料器皿等
餐桌与厨房用品	餐具、餐巾、餐布、刀叉、餐桌用蜡烛、餐桌装饰、开瓶器、瓶塞钻、开罐器、火锅器具、水壶、厨房与专业用刀、厨房用纸、去皮器、铅箔、过磅秤、磨刀器、净刀器、锅、铲、勺等
箱包	日用箱、公文箱、包带类、其他箱包及配件等
玩具类	婴儿玩具、电动或遥控及发条类玩具、动作类玩具、游戏类智类玩具、毛绒及布制玩具、玩具、玩偶、骑乘类玩具、玩具乐器、充气玩具、其他玩具与玩具零配件等

3．现代商品的整体概念

【案例 5】

"美国大杏仁"实为扁桃仁消费者被误导多年

在北京市场，标注"美国大杏仁"、"加州大杏仁"的产品比比皆是，然而这种中国消费者吃了多年的"美国大杏仁"实际上根本不是杏仁，而是扁桃仁。

这个"谎言"其实早有人揭开，但是源于利益的诱惑，一些进口商、销售商便"知假卖假"，让"美国杏仁"的身份成为牟取暴利的噱头。根据《预包装食品标签通则》强制规定，产品名称必须标示正确的真实属性，目前，一些食品企业已开始将包装上的"美国大杏仁"中文名更名为"扁桃仁"或"巴旦木"。

"美国大杏仁"被误译

"很多消费者都认为美国大杏仁就是产自美国的大杏仁，而且因为美国大杏仁圆润饱满颗粒大，中国杏仁相对扁平颗粒小，就认为美国大杏仁比中国杏仁质量好。这其实是一种误解，美国大杏仁并不是杏仁，而是扁桃仁。"坚果炒货行业业内人士告诉记者，在 20 世纪 70 年代美国扁桃仁出口到我国时，被误译成"美国大杏仁"，以讹传讹。

记者查阅资料发现，美国大杏仁的原生植物分类上归于桃属（Amygdalus），其中国学名是扁桃，也叫巴旦木。美国加州杏仁商会相关人士两年前接受媒体采访时曾表示，十几年前开始在中国推广产自加州的美国杏仁（Amyg-dalus），在中国沿用杏仁这个名称，后来，为了与中国的杏仁加以区分，便开始在中国推广使用"美国大杏仁"这个名称。于是，美国扁桃仁被叫作"美国大杏仁"，并广泛传播。

"这种名称错误，对我国杏仁产业造成了严重影响。"中国食品工业协会坚果炒货专业委员会相关人士表示，20 世纪 70 年代，"美国大杏仁"还没有大量进入中国市场之前，国产杏仁因其药用价值一直很受欢迎，然而当美国扁桃仁以"美国大杏仁"的身份进入中国市场后，中国杏仁行业遭遇不公平竞争，由兴转衰。

名字差别的背后是利润差

"名称不一样，利润也会相差许多。"多位坚果行业业内人士透露，美国扁桃仁的进口价远低于开心果、美国山核桃等进口坚果，但是经过向国内经销商批发、分装等环节进入零售市场后，打着"美国大杏仁"旗号的产品与开心果等产品的价格便基本相当，"其中的利润多数都被进口商赚走了。"

"美国大杏仁"的进口价格和国内零售价格到底有多大差价？记者了解到，美国扁桃仁以"美国大杏仁"的身份进入国内，原料价格在每公斤 23～31 元之间，而在北京市场，一袋 150 克装的"美国大杏仁"零售价格为 18.5 元，即 1 公斤"美国大杏仁"的零售价达 120 多元。也就是说，"美国大杏仁"的零售价是原料价的 4～6 倍。而国内的杏仁和扁桃仁原料价格约为每公斤 35～40 元和每公斤 20～22 元。

协会敦促企业尽快更名

"美国大杏仁"张冠李戴的盖子被掀开后，坚果协会一直致力于将市场上的相关产品更名，还消费者知情权。中国食品工业协会近期发出关于"美国大杏仁"更名及相关事宜的解释说明。

说明中称，美国大杏仁不是杏仁是扁桃仁。这一论断事实清楚、理由充分、依据科学。20 世纪 70 年代至今，大量进口的美国扁桃仁，在我国的中文名称被误译成"美国大杏仁"，这是由于历史、社会、认知等多方面原因造成的，这不是食品企业的过错。

协会方面表示，当前众多食品企业本着诚信经营、对消费者负责的态度，同时维护企业的自身权益，根据《预包装食品标签通则》强制规定的"产品名称必须标示正确的真实属性，不能产生混淆与误导"的要求，正在将"美国大杏仁"中文名称更名为"扁桃仁"（巴旦木）中文名称。

食品工业协会希望有关商超流通企业予以理解，准予标示"扁桃仁"、"巴旦木"标签的食品产品进场正常销售。另外，由于"美国大杏仁"这一名称的误译时间较长，目前企业新、旧名称包装更换需要一定的时间，现阶段（至少生产日期在 2012 年 12 月底前）进场销售的产品会同时出现"扁桃仁"、"巴旦木"、"美国大杏仁"名称共存的现象。

商品是指能提供给市场以满足需要和欲望任何东西。随着科技水平和人们生活水平的提高，商品的种类也呈快速增加的趋势，商品既包括生产资料和生活资料等实物商品，也包括科学技术、文化艺术和信息等无形商品。

一般情况下，我们所说的实物商品的整体概念是由核心商品、有形商品和无形商品三部分构成。如图 1-11 所示。

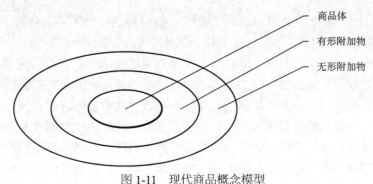

商品体
有形附加物
无形附加物

图 1-11 现代商品概念模型

（1）核心商品。核心商品是商品所具有的满足某种用途的功能，是消费者购买某种商品时所追求的利益。

（2）有形附加物。有形附加物是指实物商品体本身。如商品的材料、结构、外观、商标、包装、标志等。

（3）无形附加物。无形附加物是消费者购买有形商品时所获得的附加利益和服务。如送货、免费安装、售后技术服务和信息咨询等。

总之，商品是指提供给市场，用于满足人们某种欲望和需要的任何事物。在消费需要的动因之下，基于各种物质、技术和经济条件，人类创造了丰富多彩的商品世界，商品的范畴发生了巨大的变化，商品既包括物质形态的劳动产品，如生产资料商品和生活资料商品，也包括各种知识产品、技术商品、信息商品、文化艺术商品等，如技术成果、股票、债券、服务、版权等，它们都具有商品的主要特征。

1.2 商品学的研究对象

商品具有使用价值和价值两个基本范畴。商品学研究的商品主要是侧重于生产劳动所创造的有形物质商品，而不包括劳务、证券、信息、版权等无形商品。其范围包括市场流通的大众消费品，特别是纺织、服装、食品、电子电器、日用化学等轻工产品。

1. 商品价值

商品价值是凝结在商品中的无差别的人类劳动。人们按商品价值互相交换商品，实质上是互相交换各自的劳动。价值的表现形式是交换价值，交换价值的基础是价值。商品价值是人们在社会生产劳动中形成的，反映了人与人之间的社会关系。因此，商品价值反映了商品具有的社会属性。

2. 商品使用价值

商品的使用价值是商品对其消费（或使用）者的效用或有用性。对具体商品而言，商品的有用性是商品体本身具有能满足人与社会生产、生活的某种需要的用途和功能。商品的使用价值反映了商品的自然属性。

商品的价值范畴由有关经济类学科研究，商品的使用价值范畴主要由商品学来研究。

3. 商品学的研究对象

自从 18 世纪在德国的大学里开设商品学课程，开展商品学研究以来，经过了 200 多年的发展，商品学已成为既有自然科学性质，又有社会科学性质的综合性应用学科。

商品学是研究商品质量的科学，而且是着重从商品的使用价值方面研究商品，因此商品使用价值及其变化规律就成为商品学的研究对象。商品的使用价值是在商品的生产过程中逐渐形成和固定下来的，商品作为有用途的物体，在形成使用价值时，起直接和主导作用的是商品的自然属性，主要包括商品的成分、结构、性质等；商品的社会属性是由商品的自然属性派生的，主要包括社会、经济、文化和艺术多方面的内容。商品的使用价值构成了社会财富的物质内容。同时，它又是商品交换价值的物质承担者。研究商品的使用价值，不仅要研究商品的成分、结构、性质等商品的自然属性，也要研究商品的经济性、民族性、时尚性等社会经济属性。

商品自然属性的相对稳定性和商品社会经济属性的相对变化性，使商品使用价值成为一个动态的、综合性的概念，因此，商品学还要研究商品使用价值的变化规律，保证生产和销售的商品的品种和数量能满足消费者的需求。

1.3 商品学的研究内容

【案例 6】

2012 年上半年全国消协组织受理投诉情况分析

根据全国消协组织受理投诉情况不完全统计，2012 年上半年共受理消费者投诉 256 713 件，解决 234 371 件，投诉解决率 91.7%，为消费者挽回经济损失 26 335 万元。其中，因经营者有欺诈行为得到加倍赔偿的投诉 3 320 件，加倍赔偿金额 555 万元。上半年各级消协组织支持消费者起诉 524 件，接待消费者来访和咨询 105 万人次。

投诉性质分析

上半年投诉中，根据投诉性质划分：质量问题占 52.2%；售后服务问题占 11.1%；营销合同问题占 10.9%；价格问题占 6.4%；虚假宣传 2.2%；安全问题占 2.0%；假冒问题占 1.4%；计量问题占 1.4%；人格尊严占 0.3%。

商品和服务类别分析

上半年商品大类投诉中，家用电子电器类、服装鞋帽类、日用商品类投诉量居前。商品类投诉占投诉总量的比重继续保持下降趋势，由 2011 年同期的 67.1%下降到 61.0%。然而，与消费者衣（服装鞋帽类）、食（食品类）、住（房屋建材类）相关商品的投诉比重同比均有所上升如图 1-12 所示。

服务类投诉占投诉总量的比重继续呈上升趋势，由 2011 年同期的 32.9%上升到 34.5%。其中，互联网服务、销售服务、教育培训服务投诉量及占投诉总量的比重同比增加明显，如图表 1-2 所示。

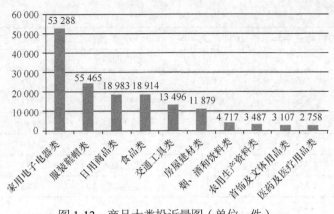

图 1-12 商品大类投诉量图（单位：件）

表 1-2 服务大类投诉量表（单位：件）

服务大类	2012 年 上半年	投诉量占投诉总量 的比重（%）	2011 年 上半年	投诉量占投诉总量 的比重（%）
生活、社会服务类	24 249	9.4		
房屋装修及物业服务	3 113	1.2	4 245	1.4
旅游服务	1 297	0.5	1 743	1.4
文化、娱乐、体育服务	1 687	0.7		
邮政业服务	3 257	1.3	3 601	1.2
电信服务	16 642	6.5	21 463	7.0
互联网服务	9 110	3.5	9 031	2.9
金融服务	1 061	0.4	2 246	0.7
保险服务	963	0.4		
卫生保健服务	3 076	1.2		
教育培训服务	1 644	0.6	1 598	0.5
公共设施服务	5 118	2.0		
销售服务	17 058	6.6	13 394	4.4
农业生产技术服务	358	0.1	193	0.1
总计	88 633	34.5	101 037	32.9

热点商品和服务投诉量变化分析

上半年商品投诉中，投诉量居前的以家电产品为主，如通讯类产品、视听产品、厨房电器类产品、计算机类产品和空气调节类产品等，其中，视听产品投诉占投诉总量的比重上升了 0.5个百分点。此外，汽车及零部件投诉占投诉总量的比重上升了 0.8 个百分点。服务投诉中，投诉量居前的是移动电话服务、媒体购物、网络接入服务等。其中，交通运输中的航空服务投诉量由 2011 年同期的 448 件增加到 484 件。如表 1-3 所示。

表 1-3 投诉量居前十位的商品和服务（单位：件）

商 品 类 别	2012 年上半年	2011 年上半年	服 务 类 别	2012 年上半年	2011 年上半年
通讯类产品	17 382	28 263	移动电话服务	11 689	
服装	15 167		媒体购物	10 672	
食品	14 487		网络接入服务	7 097	

商 品 类 别	2012 年上半年	2011 年上半年	服 务 类 别	2012 年上半年	2011 年上半年
鞋	7 911		餐饮服务	4 561	
视听产品	7 669	7 662	美容、美发	4 505	
汽车及零部件	7 638	8 235	洗涤、染色	3 983	6 010
装修建材	6 321	6 900	保养和修理服务	3 198	
厨房电器类产品	5 929	10 628	整形服务	2 630	
计算机类产品	4 930	7 388	快递服务	2 344	
空气调节产品	4 654	7 023	交通运输	2 263	3 219

商品是用来满足人和社会需要的，其有用性即满足人们需要的程度的大小，是通过商品质量和品种集中反映和衡量。

1. 商品质量

商品质量的含义包括狭义和广义两种。狭义的商品质量即自然质量，广义的商品质量即市场质量。

商品的自然质量通常称为产品质量、实用质量、技术质量、客观质量和商品品质，是评价商品使用价值及与其规定标准技术条件的符合程度。它是反映商品的自然有用性和社会适应性的尺度。可概括为商品的性能、精度、寿命、美观、音响、气味、手感、安全性、艺术性、可靠性、经济性及售后服务等。它以国家标准、行业标准、地方标准或订购合同中的有关规定作为评价的最低技术依据。

狭义的质量又包括两个要素，即外观质量和内在质量。人们在评定商品质量时，通常以这两个要素为依据。商品的外观质量，主要指商品的外表形态，如商品的艺术造型、形态结构、花色图案、款式规格以及气味、滋味、光泽、声响、包装等；商品的内在质量是指商品在生产过程中形成的商品体本身固有的特性：如化学性质、物理性质、机械性质、光学性质、热学性质及生物学性质等。

商品的市场质量通常称为消费者最满意的质量、产品的制造质量和产品的售后服务质量，是指在一定条件下，评价商品体所具有的各种自然、经济、社会属性的综合及其满足消费者使用、需求的程度。它是一个动态的、发展的、变化的、相对的概念。消费者对质量的评价受时间、地点、使用条件、使用对象、用途和社会环境以及市场竞争等因素的影响。

2. 商品品种

商品品种是指按某种相同特征划分的商品群体，或者是指具有某种（或某些）共同属性的和特征的商品群体。商品学研究商品品种的重点是研究商品品种发展变化的规律。通过对商品品种发展各种规律的认识，可运用不断发展的新技术开发新品种，对商品品种结构进行调整和更新，有效地配置资源，追求最大化地满足消费需求，使社会经济有序、健康发展。

3. 商品学研究的内容

商品质量和商品品种是商品学研究的中心内容。围绕商品质量和品种，商品学研究的具体内容还包括商品成分、结构、性质、生产工艺、功能、质量要求、检验评价、包装、储运与养护、使用和维护等，如图 1-13 所示。商品学的研究内容还包括商品与人、商品与社会、商品与环境等内容。

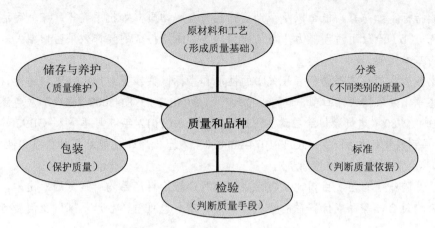

图 1-13　商品学研究的主要内容

　　原材料、生产工艺及流通领域各个环节是形成和影响商品质量的多种因素；

　　商品分类、商品标准和标准化、商品检验等是研究管理、监督和评价商品质量的主要手段。主要内容涉及商品分类与编码的原则、方法及应用，国际和国内商品分类与编码体系；国内外商品质量法律、法令、规章以及相关法律、法规与突破国际贸易技术壁垒的对策；商品的标准化与计量技术；商品的质量控制技术；商品质量管理组织与质量管理体系的策划、建立、运行、审核及改进；商品（服务）的宏观质量管理与质量监督；商品的抽样技术与质量检测技术；商品（服务）质量认证的基础、方式、标志；

　　商品包装、运输、仓储、养护的理论和方法是研究维护商品质量的理论和技术措施。具体内容涉及商品包装的质量要求、环保要求与检测技术；商品储运质量管理与商品的养护技术。

1.4　商品学的研究任务

【案例7】

中消协公布 15 种涂料比较试验结果：内墙涂料抗甲醛等性能差别大

　　消费者对于居室空气环境越来越重视，如何快速去除新装修环境中的甲醛等有害物质，不仅是消费者最为关心的话题，也是整个家装行业面临的重大挑战。目前市场上标注具备"抗甲醛"功能的涂料产品种类繁多，但其质量以及甲醛净化性能却参差不齐。为了让消费者及时、准确地了解目前市场上抗甲醛涂料产品质量状况，指导消费者选择适合的涂料产品，2012 年上半年中国消费者协会工作人员以普通消费者的身份从北京百安居四季青店、北京京西板材交易市场、北京集美家居定慧店涂料超市、北京绿馨家园四季青店、北京东运乔建材城等 10 家经销场所共购买 15 种标注具备"抗甲醛"功能的涂料样本，委托国家建筑材料质量监督检验中心以盲测的方式重点对甲醛净化功能等进行了检测。

　　本次比较试验样品基本包括了北京市场销售的主流家装内墙涂料样品，样本除大澳品牌样品为大桶（25kg）外，其余 14 种样品均为 5L 左右的小包装，销售对象主要面向家装市场，购买价格从每桶 280 元～760 元不等（大桶为 980 元）。品牌包括立邦、嘉宝莉、多乐士、三棵树、鳄鱼、嘉乐士、华润、大澳、美涂士等。

　　从专业角度来看，内墙涂料最为消费者关注的性能依次是：（1）环保健康指标。包括某些宣称的功能指标，如防霉、低毒以及帮助消除某种有害物质，如抗甲醛等。（2）耐沾污：包括（a）耐擦洗，（b）涂层耐污渍能力。与墙面涂料能否保持持久的装饰效果密切相关。（3）遮盖力。涂料的基本性能。

本次比较试验项目依据消费者最关心的性能和指标，共涉及对比率、耐沾污性、甲醛净化性能及甲醛净化效果持久性四项，适用参考的标准是 GB/T 23981-2009《白色和浅色漆对比率的测定》、GB/T 9780《建筑涂料涂层耐沾污性试验方法》（2012 年 5 月草案）、GB9266-2009《建筑涂料 涂层耐洗刷性的测定》、JC/T 1074-2008《室内空气净化功能涂覆材料净化性能》、GBT 9 756-2009《合成树脂乳液内墙涂料》。

从比较试验结果看出，目前北京市场上销售的内墙涂料产品均有良好的对比率，所抽检产品测试结果均符合一等品或优等品的要求，从另一方面也可看出生产厂家以及消费者对该项性能的重视程度。

内墙涂料耐沾污性是反映漆膜耐污渍的能力。本次 15 个样本中，有 3 个样本耐洗刷性低于8 000 次，所占比例为 20%。剩余 12 个样本中，有 2 个样本做完耐沾污测试后，漆膜严重破损、露底，无法评估漆膜耐沾污性。从本项目测试结果来看，本次比较试验结果该项性能并不理想。

本次比较试验的重点是样品的甲醛净化功能。按照 JC/T 1074-2008《室内空气净化器净化功能涂覆材料净化性能》标准要求，测定样品对甲醛的净化性能和净化效果持久性。将甲醛净化测试结果与物理性能测试结果进行对比，发现二者之间没有明显的相关性，物理性能好的甲醛净化功能未必好；甲醛净化功能好的，物理性能也未必好。本次比较试验结果表明，样品在甲醛净化功能方面差距较大。

本次比较试验还针对样品性能（仅对样品负责），按照消费者使用需求及实际指标进行了评价，本次评价针对每个项目单项给出，并不能理解为积累最多的产品质量就最高（详见后附表格）。

根据本次试验结果，建议消费者购买内墙涂料产品时应关注以下几点。

1. 选择品牌知名度高的产品。该类产品的生产企业管理严格，产品性能稳定。

2. 选择产品时除了考虑价格，应向销售人员索取产品检测报告，尽量要求提供性能和环保一体化的报告，因分开的报告很难保证产品的一致性。同时也可对标准外的内容加以关注，如抗甲醛性、耐污渍性等项目，最好也是同份报告反映多项内容。

涂料消费背景：

内外墙涂料是建筑涂料的重要组成部分，其中内墙涂料消费比例超过 50%。内墙涂料同墙纸、石材、瓷砖等装饰材料比较，具有施工方便、价格便宜、色彩丰富等优点，同时符合了人们新近流行的 "DIY" 趋势，在内墙装饰材料中所占比例逐年增加，成为居室装修的主体材料之一。据国家统计局发布的数据，2010 年我国建筑涂料的产销量为 352 万吨，比上年增长 23.7%，占涂料总产量的 36%左右，已成为世界第一大建筑涂料消费国，2011 年我国建筑涂料产量更是创纪录达到 394 万吨，其中内墙涂料消费比例超过 50%。

1. 商品学研究的目的

商品学是阐明商品质量形成、评价、实现、维护及再生等内外因素及规律，解决与商品质量密切相关的问题，使商品使用价值充分实现，满足消费者的需求，最大限度维护消费者权益，并为政府和企业提供商品从规划开发、生产、流通、消费直至废弃处理全过程实行科学管理和决策服务的一门应用科学。

商品学研究目的是为了促进商品生产的发展，促进企业经营管理水平的提高，保护消费者的利益。具体表现在以下几点。

① 做好商品信息反馈，促进商品生产发展。

② 恰当评价商品质量，保护消费者利益。

③ 准确了解消费需求，组织适销对路的商品。

④ 科学进行包装和储运，保护商品质量。

⑤ 科学进行商品分类，利于经营管理现代化。

⑥ 正确指导消费，充分发挥商品的作用。

2. 商品学研究的任务

（1）在商品的设计开发环节，指导商品使用价值的形成。

【案例8】

泉州纺织服装加速信息全球化启动首个产业云平台

选购服装时，需要先脱掉自己的衣服，再换上要选购的服装，如果一件还好，若想尝试对比不同颜色的效果，那就非常麻烦了。而现在，消费者只需要一台电脑，就可以轻松逛品牌服装店；选择衣服后，也不需要到狭小的试衣间里一件件地试穿，只需站在"虚拟试衣应用"前摆摆手，单击选中的服装，电脑屏幕上就自动出现穿着效果，还可以转动身体感受不同角度的效果……上周，石狮甲骨文纺织服装创新发展云体验广场（以下简称"云广场"）开幕，记者在现场亲身体验到。

据悉，云广场是"石狮纺织服装创新发展云"项目的首期工程之一。该项目由全球领先的IT 解决方案供应商——美国甲骨文公司，以及中国移动、福诚（中国）有限公司等企业共同打造的。除了网络试衣外，数据订货会、数字化服装设计制造、线上线下一体化营销、绿色数据库等都可在这个云平台里实现。

首个产业云平台的正式启动标志着泉州纺织服装跨入"云时代"，将助推该产业进入信息全球化破局之旅。

"一对一"量体裁衣

在云广场现场，通过云技术平台，消费者可以在网络浏览各大品牌的实体店，就跟现实中的逛街没什么两样。一旦想试穿衣服，只要点击选中的衣服，拉进"试衣间"，站在电脑前就可以一件一件地试穿，几分钟内就可以轻松试穿几十件衣服。

除了可单击喜欢的衣服进行试衣选购，消费者还可以享受"一对一"设计服务。不需要接触人体，就可以量出人体尺寸，并且在短时间内实现成衣制作。在云广场内的"三维量体/试衣"空间内，工作人员现场展示了三维量体技术。

据介绍，"三维量体机"是通过对人体进行激光扫描后，利用反射光线形成三维点形图，再利用数学计算方法让数据传到后台系统。顾客只要站在"三维量体机"旁的小房间内 15 秒，旁边一台人体三维扫描设备就开始获取人体尺寸，一方面可以用来设计衣服，另一方面还可以将设计好的数字成衣，直接在扫描到的身体模型上面试穿，由此可以让设计师从各个角度观察设计效果，改进设计产品。

"一般扫描只要 15 秒就可以搞定，如果设计能够很快满足消费者需要，从量体到成衣的出品，将是几个小时内便能完成的事情。"福诚（中国）、盖奇、卡宾等多家企业表示，这一技术将大大助推闽派服装"高级定制"的发展，"能够为企业快速建立人体测量尺寸和外形数据库，实现款式设计适身性分析、样板优化分析、样板市场覆盖率分析和人体尺寸数据统计学分析，开辟高级定制市场。"

服装业内人士分析，随着消费者"个性化需求"的发展趋势，这种一对一定制更利于加强与消费者之间的信息沟通，对于设计师品牌和高端定制品牌来说最有好处。"快速精准地获取三维人体模型，自动提取各项尺寸，从而提供给设计师，为消费者打造最佳的量身定制方案。这等同于让设计师直接为消费者服务，将是未来服装品牌终端发展的一种趋势。"

通过对市场的调查预测，结合商品资源和商品的需求研究等手段，为相关部门提供信息，为实施商品结构调整，商品科学分类，商品的进出口管理与质量监督管理，商品的环境管理，制定商品标准及政策法规，商品发展规划提供决策的科学依据；同时也为企业提供评价商品基本质量要求标准，指导商品质量改进和新商品开发，促进企业产品适销对路，满足市场需求，提高企业的经营管理素质。

（2）在商品的生产环节，形成和评价商品使用价值的高低。

【案例9】

深圳市市场监督管理局通报餐饮环节食品抽查情况

为保障深圳市餐饮环节食品消费安全，深圳市市场监督管理局对深圳市餐饮服务单位使用和销售的集体食堂成品、旅游景点及周边餐饮店快餐食品、食用冰、粉丝、腐竹、即食果蔬、餐前小吃、凉茶进行抽检。现将上述产品的检验情况通报如下：

1. 集体食堂食品成品共抽检 300 批次，检测项目为沙门氏菌、志贺氏菌、金黄色葡萄球菌、单核细胞增生李斯特氏菌、副溶血性弧菌。1 批次检测不合格，不合格检测项目为检出金黄色葡萄球菌。

2. 旅游景点及周边餐饮门店快餐食品共抽检 200 批次，全部合格。检测项目包括沙门氏菌、志贺氏菌、金黄色葡萄球菌、单核细胞增生李斯特氏菌、副溶血性弧菌。

3. 食用冰共抽检 100 批次。检测项目为感官、大肠菌群、沙门氏菌、志贺氏菌、金黄色葡萄球菌、总砷、铅、铜。2 批次检测不合格，不合格项目为大肠菌群超标。

4. 粉丝、腐竹共抽检共抽检 100 批次。检测项目为感官、总砷、铅、着色剂（柠檬黄、日落黄）、甲醛、二氧化硫残留量、黄曲霉毒素 B1。1 批次检测不合格，不合格检测项目为检出甲醛。

5. 即食果蔬共抽检 71 批次，全部合格。检测项目包括沙门氏菌、志贺氏菌、金黄色葡萄球菌、单核细胞增生李斯特氏菌、大肠埃希氏菌 O157：H7/NM、小肠结肠炎耶尔森氏菌、副溶血性弧菌、溶血性链球菌。

6. 餐前小吃共抽检 132 批次。检测项目包括微生物项目、食品添加剂、非食用物质及相关标准涵盖的大部分理化指标。7 批次检测不合格，不合格检测项目为大肠菌群、菌落总数超标及检出金黄色葡萄球菌。

7. 凉茶共抽检 48 批次，全部合格。检测项目为致病菌、糖精钠、甜蜜素、安赛蜜、防腐剂及着色剂。

大肠菌群、菌落总数超标主要原因除了生产企业对生产加工环节的卫生条件管理不严格外，还与经销单位对食品的储藏环境控制有一定关系。

金黄色葡萄球菌在自然界中无处不在，空气、水、灰尘及人和动物的排泄物中都可找到，因此食品受其污染的机会很多。

腐竹蛋白质含量高，易腐败变质，保质通常有两种方法，一是使用吊白块，二是晒干。晒干虽然能延长腐竹存放时间，但是晒干的腐竹重量明显要轻不少。因此为了追求利润，有的商家选择了吊白块，使用吊白块后，腐竹看起来还会更白一些。吊白块经过加热后，会分解出甲醛等剧毒的致癌物质。

对本次抽检不合格的产品，深圳市市场监督管理局已及时控制，防止不合格产品进一步流入市场，并监督经营单位依法做好索证索票工作。

商品质量是决定商品使用价值高低、竞争力强弱、销路、价格的基本因素。通过对商品使用价值的分析和综合，明确商品的质量指标，检验和识别方法，能全面准确地评价、鉴定商品的质量，杜绝伪劣产品流入市场，保证商品质量符合规定的标准或合同，维护正常的市场竞争秩序，保护买卖双方的合法权益，切实维护国家和消费者的利益，创造公平、平等的商品交换环境。

（3）在商品的运输环节，防止商品使用价值的降低和监督商品使用价值的效用。

【案例 10】

进口散装食用植物油运输工具查"三代"

根据国家质检总局要求，从 2013 年 1 月 1 日起，进口散装食用植物油运输工具及其前三航次装载货物应符合有关要求；进口食用植物油报检时，应提供运输工具前三航次装载货物名单；油罐上航次装运货物应是食品或在《允许装运货物列表》中的物质；油罐前第二、第三航次装运货物应是《禁止装运货物列表》以外的物质。

在国际贸易和货物运输中，植物油脂的运输一般采用油罐。由于船运公司的油罐不可能仅用于装载植物油脂，在运载本航次植物油脂前，船方会对油罐内部进行清洗。但是这种清洗不可能做到干净彻底，船舶的管线或船舱夹缝等不易清洗处理的地方就可能残留上一航次的物质，特别对于熔点较高的棕榈硬脂，简单的清舱处理不足以消除前三航次苯类及某些化学产品的污染残留问题。

近期部分植物油脂国际贸易合同悄然增加了一则新的合同条款：如果检验检疫机构对前三航次装载货物作出要求，则买方承担每吨棕榈油 30 美元的加价。很显然，实施进口散装食用植物油运输新规，严格了食用植物油的运输条件，提高了运输准入门槛，也间接提高了运输成本。若按棕榈油每吨 1 200 美元的单价计算，加价达 2.3%，幅度可谓不低。但是与消费者的生命健康安全相比，与整船退运给贸易方带来的损失相比，这样的成本花得值得。

中国作为植物油脂的世界第一大消费国，植物油脂的进口量一直保持增长势头。根据海关 2012 年 1 月至 7 月的统计数据，国内菜子油同比进口增幅高达 109%。在第四季度传统的消费旺季来临时，植物油脂的进口势必迎来一个新的高峰。因此，及时出台进口散装食用植物油的运输新规保护了国内消费者的健康安全，也维护了进口商的利益。

通过分析和研究影响商品质量的内外因素，采用适宜的商品包装、储运和养护技术，保护商品质量，努力降低商品损耗。

（4）在商品的交换环节，促进商品使用价值的实现。

【案例 11】

中消协警示：羽绒服定制翻新花样多 消费者小心"偷梁换柱"

随着深冬渐入，天气更加寒冷。很多消费者都会选择在寒风瑟瑟的日子穿上羽绒服保暖御寒。由于商场里的羽绒服动辄上千元，因此不少讲究实惠的消费者把目光转向了羽绒服定制翻新上，花上二三百元就可以搞定。随着天气转凉，在很多老小区、菜市场的门口，翻新羽绒服的加工店纷纷开张。翻新的羽绒服真的"物美价廉"吗？

据调查，羽绒质量差、以次充好等现象十分严重，这已成为羽绒服定制翻新行业的潜规则，并存在三大猫腻。

1. 面料：即使加羽绒成本亦不足百元

通常定制、翻新羽绒服的面料成本是极为低廉的，一件羽绒服所需面料成本，仅需三四十元，较为好一点的，也只要50~60元一件。普通消费者单从面料的表面，很难辨出好坏。因此，大部分商家为了获取最大利润，在进货的时候，往往都选用价格便宜的面料。面料差几乎成为羽绒服翻新、定制店的一个通病。

2. 含绒量：宣称90%，实际上远远达不到国家标准

不管什么标号的羽绒，表面上看起来都差不多，普通消费者很难辨别，但是，用含绒量低的羽绒填充的羽绒服，穿不到一年，就会出现"钻绒"、"跑绒"、"羽绒结板"等现象，穿在身上既不美观也不暖和。在定制羽绒服前，商家一般都会告诉消费者，称自己用来填充衣服的羽绒纯度是"90"（含绒量为90%以上的羽绒），但事实上，市场上用"90"羽绒的极少，国家羽绒服标准规定羽绒的含绒量明示值不得低于50%，很多从事羽绒服翻新、定制的小店铺使用的羽绒都达不到这个标准。

所用的羽绒差，一方面是因为货源紧，好的羽绒多被品牌商家订购，小商家很难拿到；另一方面，由于好羽绒含绒量较高，其售价也会相对高出许多。

3. 偷工减料：翻新时把好羽绒换成差羽绒

翻新时偷工减料，趁消费者不注意，把原衣服里的好羽绒换成差的，这是羽绒服翻新行业存在的又一猫腻。大品牌使用的羽绒相对较好，因此，不少店铺就动起了歪脑筋，或在充绒时偷工减料，扣下一点羽绒，或"偷梁换柱"，用差羽绒换下好的羽绒。

针对上述三大问题，中国消费者协会提醒广大消费者翻新定制羽绒服时需要注意以下问题：

1. 翻新前最好掏出羽绒自己保管，待外套加工好，再由消费者现场监督加工方充绒封口，并提前自留一些"样品"，以防出现纠纷时没有维权依据。

2. 一般穿了几年的羽绒服，羽绒上会附着一定量的细菌，很多翻新定做羽绒服的小店不具备羽绒的消毒处理能力，顾客自己最好先清洗、消毒，再填充进去。衣服做好以后最好拿到洗染店进行洗涤和消毒。

3. 为防止"钻绒"现象出现，应选择密度较大的面料，同时要特别注意缝制时"针码"要尽量小。

4. 取衣时索要正规票据，没有票据就让店主写下相应证明，以便维权时作为证据。

指导企业生产符合标准的产品、引导科学的消费观念；通过消费者教育，大力普及商品和消费知识，使消费者在充分了解商品的基础上，学会科学地选购和使用商品，掌握正确的消费方式和方法，促进商品使用价值的实现。

（5）在商品的消费环节，研究商品的使用方法、售后服务和废弃处理

【案例12】

晨鸣集团顺利通过中国环境标志（II型）认证

2012年11月23日下午，中国环境标志（II型）认证现场审核末次会议在晨鸣集团研发中心召开，晨鸣集团顺利通过中国环境标志（II型）认证。

此次审核由中环联合（北京）认证中心组织，专家们对晨鸣集团特种纸工厂、轻涂纸工厂、铜版纸工厂、80 万吨铜版纸工厂及相关部门的企业守法达标、产品质量保证及自我声明验证等进行了现场验证。经审核，晨鸣集团生产的双面胶版印刷纸、轻型纸、书写纸、铜版纸所作的环境管理自我声明真实准确，符合国家相关行业法律法规的规定，顺利通过认证。

环境标志是一种标在产品或其包装上的标签，是产品的"证明性商标"，它表明该产品不仅质量合格，而且在生产、使用和处理处置过程中符合特定的环境保护要求，与同类产品相比，具有低毒少害、节约资源等环境优势。发放环境标志的最终目的是保护环境，它通过环境标志告诉消费者哪些产品有益于环境，并引导消费者购买、使用这类产品。因此，这一认证的通过是企业对外形象和品牌影响力的一次大提升，对产品销售和市场推广大有裨益。

通过对商品废弃物与包装废弃物处置、回收和再生政策、法规、运行机制、低成本加工技术等问题的研究，推动资源节约、再生和生活废物减量，达到保护环境的目的。

1.5　商品学的研究方法

研究方法是指为了获取关于研究对象的知识和为了建立与发展科学理论应该遵循的程序以及采用的途径、手段、工具方式等等。研究方法对学科发展具有十分重要的意义。

从研究内容看，商品学是一门文理结合、多学科交叉的边缘学科；从研究对象看，商品学是一门为技术经济管理服务的应用学科。商品学既要应用自然科学—技术学的研究方法，又要应用社会科学—经济学的研究方法。自然科学的研究方法包括实验、推理、归纳、演绎、数学、计算机技术等；社会科学的研究方法包括调查、分析、统计、比较、系统论、信息论等。商品学常用的研究方法有以下几种。

1. 科学实验法

科学实验法是指在实验室内运用一定的测试仪器和设备，对商品的成分、结构和性能等进行理论分析鉴定的研究方法。

如人们发现臭氧虽然与氧气是同种元素组成的物质，但性质却大不相同。臭氧比氧气重，有特殊气味。在雷雨时，闪电使一些氧气转变为臭氧，大气中存在低浓度的臭氧，使雷雨后的空气格外清新。臭氧有极强的除臭、杀菌、防霉效能。生活中碰到的不愉快气味，如含硫化合物的臭蛋味，醛类化合物的刺激性气味，胺类化合物的血腥味等，与臭氧发生反应后的最终产物都没有异味，没有毒性，不存在二次污染的可能。基于这种发现，提出了开发电冰箱电子灭菌除臭器的创意。通过定性实验，我们可以解决利用臭氧能否杀菌除臭的问题。同时对设计的电子线路能产生多大臭氧浓度；针对不同的消毒物品，应提供多大臭氧浓度；平均杀灭菌率大概多大；能在多少时间内杀灭电冰箱中危害人类的细菌和病毒等问题则借助定量实验，以深入了解事物和现象的性质，揭示各因素之间的数量关系，确定某些因素的数值。为产品的研制开发提供科学的依据。

2. 现场实验法

【案例 13】

海尔的"高度"

随着家电下乡、节能补贴等政策的相继退出，家电产业告别了高速增长的年代，各家电巨头纷纷低调着手转型。

但这并不意味着家电巨头放弃自身的品牌营销，其中海尔便利用神九发射这一公众事件来加强品牌传播的效果。6月16日，"神舟九号"飞船成功发射升空。在飞船里，还有一位神秘"乘客"——海尔集团研发的航天冰箱。这台航天冰箱的任务是保存医学试剂，为中国航天医学研究提供重要的样本支持，并为后期航天空间站的建立和航天员的正常科研工作提供决策依据。尤其值得关注的是，海尔是全球首个成功研发航天冰箱的家电企业。

2008年，海尔就赞助了北京奥运会，并通过为世界顶级赛事提供产品和服务，打造海尔的全球化品牌形象。奥运会期间，海尔为北京、青岛的奥运村量身制定了整套家电解决方案，从运动员的生活起居到日常训练到医疗保健，提供了全面的保障。同时，海尔所有家电都可以实现网络远程控制，为奥运村提供科技、人性化的服务。借助这一全球顶级赛事，海尔将自身在产品创新、技术实力、品质体验等方面实力进行了全面展示。

此次，海尔借助航天冰箱事件，成功塑造了自身品牌形象。海尔自2006年起参与航天冰箱的研发，2011年研发出中国第一台航天冰箱，并搭乘"神舟八号"飞船成功飞天，在飞船返回地面后经相关机构严格检测，冰箱全程运转良好，各项指标全部正常。随后，海尔航天冰箱再次搭乘"神九"实现成功飞天，并圆满完成了保存医学试剂的任务。

作为全球首个成功研发航天冰箱的家电企业，海尔拥有全球领先的研发体系和技术体系。海尔集团技术中心连续十年蝉联全国企业技术中心评价第一名，并拥有1个国家重点实验室和2个国家工程实验室。在品管体系上，海尔不仅实现了产品从保修期到保证期的颠覆式创新，而且拥有全球领先的检测体系。该体系共有175个检测实验室，各种测试设备600余套，其中具有世界先进水平的大型精密实验室和测试设备达40余套，可以完成500多项标准2 000多个项目的测试。

现场实验法是通过一些商品专家或有代表性的消费者群，借助人体的感官直觉，对构成商品质量有关方面作出评价的研究方法。

3. 技术指标分析法

技术指标分析法是在科学实验的基础上，对一系列同类商品，根据国内或国际生产水平，确定质量技术标准，供生产者、销售者、消费者和相关部分共同鉴定商品质量的方法。

如进出口商品残损鉴定是CIQ（中国检验检疫）检验鉴定业务中一项重要工作。所出具的残损鉴定证书为有关方面办理索赔、理赔、交接、结算、通关等提供了可靠的依据。

4. 社会调查法

【案例14】

尼尔森报告称中国消费者信心指数超美国

3月11日，尼尔森公司发布的2011年第四季度中国消费者信心指数显示，四季度消费者信心指数为108点，较上季度上升4点，超过全球平均水平19点，而消费者信心指数的回升是缘于对收入预期的乐观情绪。

中国消费者信心指数超美国

尼尔森调查报告显示，中美两大经济强国的消费者信心指数均有所上升，分别达到108点和83点。相比之下，全球60%市场的信心指数均呈下降趋势。

在对未来持乐观情绪的国家排名中，中国跻身前十，排名第六，印度则以122点位居榜首。

亚洲成为全球七大市场中乐观情绪最高的地区。对于工作预期的乐观态度，中国排名第五；对于个人财务前景的预期，中国的乐观态度全球排名第七。

中国炒股与娱乐支出居全球榜首

尼尔森调查报告显示，2012 年年底，中国消费者在外出娱乐、科技产品以及股票投资方面的支出位居全球榜首。在购买服装方面，中国的消费仅次于俄罗斯，排名全球第二。

尼尔森大中华区总裁严旋表示："2012 年，中国 GDP 增速将放缓，而中国经济将持续由输出和资源型向消费与创新型转变。减缓 GDP 增速的举措表明中国决心努力改进经济增长的质量。"

严旋称，中国 30%的消费者认为，2012 年物价水平将保持稳定或有所下降，这一人群的比例在一年前为 17%。通胀水平的趋稳减少了消费者的担忧，他们认为 2012 年国内经济形势将更加平稳。

社会调查法主要借助现场调查、填写调查表、直接面谈、定点统计等方法和手段搜集、整理和分析商品相关信息，为商品的研制、生产和开拓市场等提供有价值的信息，有效地增强生产和消费之间的双向沟通，充分发挥商品的使用价值功效。

5．对比分析法

【案例 15】

欧盟新版 EN 60335-1:2012 的变化及对企业的影响

欧盟新版家用电器通用安全标准 EN 60335-1:2012 于 2012 年 1 月 13 日发布，该版标准采用了国际标准 IEC 60335-1:2010。新版标准将从 2014 年 11 月 21 日起取代旧版标准 EN 60335-1:2002 及其增补件，从此输欧的家用电器将强制执行新的安全标准。

新版 EN 60335-1:2012 标准引入了一些变化，这些变化将影响到家用电器的通用安全要求，因此家电制造商在进行产品合格评定程序时应考虑到这些新的要求。标准 EN 60335-1 是低电压指令（2006/95/EC 或 LVD）和机械指令（2006/42/EC）下的协调标准。

新版 EN 60335-1:2012 的主要变化有以下几方面。

1．某些 III 类器具的标记

对于电池驱动器具（电池在器具外充电或初级电池），不需要使用 III 类器具符号（IEC 60417-5180:2003 规定的标准符号）。

2．安全软件的变化

对于集成安全软件的家用电器，该软件应根据标准中规定的数据进行软件评估。

3．使用说明书的变化

在产品使用说明书中增加了儿童使用器具的额外警告（这些在标准中定义为三类：非常年幼的儿童、年幼的儿童、年龄较大的儿童）。使用说明书中增加：

"此设备可以为 8 岁及以上年龄的儿童以及物理、感官或精神能力低下或缺乏经验和知识的人使用，如果他们被给予有关安全使用本产品并且理解相关危险的监护或指导。儿童不得玩耍该产品。儿童不得在没有监护的情况下进行清洗和维护。"

有关电器使用安全的具体说明应放在一起，并置于使用说明书的顶部。说明字符的高度应至少 3 毫米，并且这些说明文字也应以替代的方式提供，譬如放在公司网站上。

4．考虑到易受伤害人群使用产品的附加要求

如果有用于启动/停止器具的操作功能的装置，应通过形状、大小、表面纹理或位置与其他手动装置相区别。

该设备已被操作的指示应通过触觉反馈、或者声音和视觉反馈的方式给出。

5. 第 2 部分产品特殊安全标准 EN 60 335-2-X 的变化

随着通用安全标准 EN 60 335-1 带来的变化，第 2 部分针对具体产品的特殊安全标准定义了测试表面温度（如烹饪器具、烧烤器具、电烙铁），因为欧盟有意愿总体降低电器的表面温度。

此外，EN 60 335-1:2012 整合了旧版本的 A14 修订件，该修订件引入了将产品标准区分为低电压指令（2006/95/EC 或 LVD）或者机械指令（2006/42/EC）范围下的协调标准的准则。

对比分析法是将不同时期、不同地区、不同国家的商品资料搜集积累，通过比较分析，找出提高商品质量、增加花色品种、拓展商品功能新途径的一种分析方法。通过对比分析方法有利于生产部分不断改进产品质量，实现产品的升级换代；有利于流通部门有效组织货源，充分满足生产需要。

 **本章小结**

商品是为了交换或出卖而生产的劳动产品，是使用价值和价值的统一体。

实物商品的整体一般是由核心商品、有形商品和无形商品三部分构成。

商品学的研究对象是商品的使用价值及其变化规律。

商品质量和商品品种是商品学研究的中心内容。围绕商品质量和品种，商品学研究的具体内容还包括商品成分、结构、性质、生产工艺、功能、质量要求、检验评价、包装、储运与养护、使用和维护等。

商品学研究目的是为了促进商品生产的发展，促进企业经营管理水平的提高，保护消费者的利益。具体表现在：做好商品信息反馈，促进商品生产发展；恰当评价商品质量，保护消费者利益；准确了解消费需求，组织适销对路的商品；科学进行包装和储运，保护商品质量；科学进行商品分类，利于经营管理现代化；正确指导消费，充分发挥商品的作用。

商品学常用的研究方法有：科学实验法、现场实验法、技术指标分析法、社会调查法、对比分析法。

 **习题与实训**

1. 填空题

（1）实物商品的整体一般是由_____、_____、_____三部分构成。

（2）商品学的研究对象是_____。

（3）商品学研究的中心内容是_____。

（4）商品学常用的研究方法有_____、_____、_____、_____。

（5）商品学在其发展过程中产生了两个研究方向_____、_____。

2. 名词解释

现代商品整体概念

3. 简答题

（1）举例说明如何理解实物商品的整体构成？

（2）简述商品学的研究对象。

（3）简述商品学的研究内容。

（4）联系实际分析学习商品学的重要性。

4. 案例分析

内贸"十二五"规划将出台　家电下乡拉动 6 千亿消费

据商务部 2012 年 7 月 5 日发布的信息：近年来市场体系建设工作取得明显成效。自万村千乡市场工程实施以来，全国累计建设改造农家店约 60 万家，覆盖 75%的行政村，初步形成了以城区店为龙头、乡镇店为骨干、村级店为基础的农村市场网络。累计培育了 568 家国家级社区商业示范社区，支持 1 500 多家社区菜市场建设改造。

有关人事表示，市场体系建设工作取得的成绩得益于三个方面的有力支撑。

① 规划引导能力不断增强。《国内贸易发展规划（2011—2015 年）》（内贸"十二五"规划）即将出台，这是改革开放以来第一部国家级内贸发展专项规划。一些地方发布了本地内贸"十二五"规划。全国地级以上城市均已完成商业网点规划编制工作。

② 市场制度环境逐步优化。市场标准框架基本确立，重点标准陆续出台。

③ 政策支持实现较大突破。消费促进政策取得明显成效，通过实施家电下乡政策，已累计销售下乡产品 2.48 亿台，拉动消费近 6 000 亿元，家电企业已经在农村建立了 20 万个销售网点。通过实施老旧汽车报废更新、汽车以旧换新等政策，累计淘汰老旧汽车 94.6 万辆，拉动新车消费近千亿元。

试分析本案例说明了什么问题？给我们哪些启示？

5. 实训任务

为了更好地了解消费者对商品的认识程度，分析商品知识对人们的工作和生活的重要性，提出人们应该掌握的基本的商品知识，试设计一份与此相关的调查表格并完成一份调查报告。

（1）小组成员分工列表和预期工作时间计划表

任 务 名 称	承 担 成 员	完成工作时间	老师建议工作时间
商品调研设计（调研计划、调研内容、调研结果等）			

（2）任务工作记录和任务评价

项　　目	记　　录
工作过程	签名：
个人收获	签名：
存在的问题	签名：
任务评价	（教师）签名：

6. 自学与拓展

现代商品学以商品体为基础，围绕商品—人—环境系统，从技术、经济、环境、资源、市场和消费需求等多方面系统、综合和动态地研究商品使用价值及商品的质量和品种。特别是在环境与资源保护、资源开发与利用等方面如何更好发挥商品研究作用。

试分析现代商品质量和环境质量关系。

第二章

商品分类与编码

 **学习目标**

了解商品分类的概念和基本原则；

了解常见的商品目录和商品分类体系；

熟悉主要的分类标志；

掌握商品分类和商品编码的方法；

掌握商品条码的概念和类型。

案例导入

商品分类具有普遍性，商品经营管理、商品定价、商品统计、商品储存等工作都是建立在商品分类的基础上。如商务部对全国进出口重点商品的监测就是依据商品分类而进行的。

2012 年 11 月全国进口重点商品量值表

单位：千美元

商品名称	计量单位	当月		1 至当月累计		2011 年同期累计		累计比去年同期比 ± %	
		数量	金额	数量	金额	数量	金额	数量	金额
鲜、干水果及坚果	吨	220 818	258 543	2 979 649	3 330 270	2 894 171	2 589.542	3.0	28.6
谷物及谷物粉	万吨	87	299 389	1 342	4 565 903	446	1 676 383	200.7	172.4
大豆	万吨	416	2 818 561	5 249	31 170 581	4 713	26 907 058	11.4	15.8
食用植物油	万吨	92	998 236	733	8 567 832	584	6 853 269	25.6	25.0
铁矿砂及其精矿	万吨	6 578	7 233 691	67 291	87 606 653	62 181	103 450 451	8.2	−15.3
原油	万吨	2 337	18 847 340	24 735	202 016 133	23 186	179 065 270	6.7	12.8
成品油	万吨	350	2 871 868	3 566	29 731 330	3 656	29 437 555	−2.5	1.0
肥料	万吨	35	166 103	809	3 899 705	751	3 249 108	7.6	20.0
农药	吨	6 683	55 981	60 938	537 764	48 015	445 422	26.9	20.7
初级形状的塑料	万吨	204	3 945 024	2 165	42 281 629	2 093	43 218 321	3.4	−2.2
ABS 树脂	吨	132 833	285 584	1 536 585	3 347 216	1 694 413	3 788 248	−9.3	−11.6
聚酯切片	吨	14 688	25 990	170 271	301 773	176 200	317 135	−3.4	−4.8
天然橡胶（包括胶乳）	万吨	22	608 583	197	6 218 178	190	8 619 105	3.7	−27.9
合成橡胶（包括胶乳）	吨	117 658	382 544	1 314 730	4 708 276	1 309 261	4 872 075	0.4	−3.4
原木	万立方米	337	618.437	3 476	6 708 180	3 909	7 649 412	−11.1	−12.3
锯材	万立方米	186	499 079	1 873	5 008 211	1 965	5 201 200	−4.7	−3.7

续表

商品名称	计量单位	当月		1至当月累计		2011 年同期累计		累计比去年同期比 ± %	
		数量	金额	数量	金额	数量	金额	数量	金额
木质胶合板	万立方米	1	6 262	13	80 331	13	80 848	-2.8	-0.6
纸浆	万吨	141	921 519	1 507	10 067 580	1 307	10 900 335	15.3	-7.6
纸及纸板（未切成形的）	万吨	23	306 731	289	3 548 174	302	3 762 925	-4.3	-5.7
纺织用合成纤维	万吨	3	75 170	30	917 527	31	1 010 963	-3.8	-9.2
合成纤维纱线	吨	32 939	149 196	373 145	1 763 488	427 254	1 878 034	-12.7	-6.1
钢坯及粗锻件	万吨	4	38 906	33	448 833	59	630 209	-44.9	-28.8
钢材	万吨	106	1 335 468	1 261	16 516 612	1 439	19 923 589	-12.3	-17.1
未锻造的铜及铜材	吨	365 331	3 046 980	4 306 367	35 776 848	3 564 341	32 746 143	20.8	9.3
废铜	万吨	47	1 418 037	442	13 565 457	424	14 908 380	4.1	-9.0
氧化铝	万吨	54	194 212	463	1 674 172	168	700 644	175.8	138.9
未锻造的铝及铝材	吨	72 501	362 799	1 104 873	4 464 429	806 745	4 007 135	37.0	11.4
废铝	万吨	24	361 355	238	3 799 472	241	4 159 941	-1.3	-8.7

2.1 商品分类概念和原则

1. 分类含义理解

分类是指根据一定的目的和标志（特征），按照归纳共同性、区别差异性的原则，将某集合总体科学、系统地逐次划分成若干概括范围更小、特征更趋一致的部分（局部集合体），直到划分成最小单元的一种方法。

分类是人类社会发展的必然产物，是科学研究的重要方法。分类水平反映着科学技术水平，科学的分类使复杂的事物和现象系统化、条理化，从而深化人们的认识能力，更有效地认识和研究其发生、发展的规律。

【案例1】

登录企业网络销售平台，了解其商品分类，如图 2-1 所示。

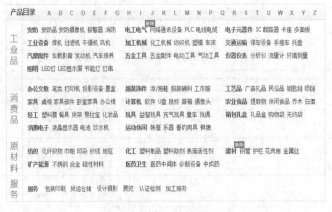

图 2-1 产品分类目录

【案例2】

以商务部服贸司对我国服务贸易的分类和统计为例,为了更好地了解我国服务贸易的整体状况,将我国的服务贸易类型进行了分类,如运输服务、通讯(信)服务等,并在分类的基础上进行统计分析,如表2-1所示。

表2-1 1997-2010年中国服务进出口差额

单位:亿美元

年份	1997	1998	1999	2000	2001	2002	2003	2004	2005	2006	2007	2008	2009	2010
总计	-32.2	-25.9	-48.0	-57.1	-61.3	-67.0	-84.8	-95.5	-92.6	-89.1	-76.0	-115.6	-295.1	-219.3
运输服务	-69.9	-44.6	-54.8	-67.3	-66.9	-78.9	-103.3	-124.8	-130.2	-133.5	-119.5	-119.1	-230.1	-290.5
旅游	39.4	34.0	32.3	31.2	38.8	49.9	22.2	65.9	75.4	96.3	74.5	46.9	-40.3	-90.7
通讯服务	-0.2	6.1	4.0	11.0	-0.5	0.8	2.1	-0.3	-1.2	-0.3	0.9	0.6	-0.1	0.8
建筑服务	-6.2	-5.3	-5.5	-3.9	-0.2	2.8	1.1	1.3	9.7	7.0	24.7	59.7	36.0	94.2
保险服务	-8.7	-13.7	-17.2	-23.6	-24.8	-30.4	-42.5	-57.4	-66.5	-82.8	-97.6	-113.6	-97.1	-140.3
金融服务	-3.0	-1.4	-0.6	-0.2	0.2	-0.4	-0.8	-0.4	-0.1	-7.5	-3.3	-2.5	-2.9	-0.6
计算机和信息服务	-1.5	-2.0	0.4	0.9	1.2	-4.9	0.7	3.8	12.2	12.2	21.4	30.9	32.8	62.9
专有权利使用费和特许费	-4.9	-3.6	-7.2	-12.0	-18.3	-29.8	-34.4	-42.6	-51.6	-64.3	-78.5	-97.5	-106.4	-122.1
咨询	-1.2	-2.4	-2.4	-2.8	-6.1	-13.5	-15.6	-15.8	-8.6	-5.6	7.2	46.1	52.1	76.8
广告、宣传	0.0	-0.5	0.0	0.0	-0.2	-0.2	0.3	1.5	3.6	4.9	5.8	2.6	3.6	8.4
电影、音像	-0.3	-0.2	-0.3	-0.3	-0.2	-0.7	-0.4	-1.3	-0.2	0.2	1.6	1.6	-1.8	-2.5
其他商业服务	24.3	7.8	3.2	9.7	15.4	38.3	85.9	74.7	75.0	84.3	86.8	28.9	59.2	184.1

注:① 遵循WTO有关服务贸易的定义、中国服务进出口数据不含政府服务。

② 数据来源:中国商务部。

2. 商品分类含义

商品是由数以万计的具体商品品种集合而成的总体。商品分类是根据商品的属性或特征,按照一定的原则和方法,将商品总体进行区分和归类,并建立起一定的分类系统和排列顺序,以满足某种需要。或者说,商品分类是为了一定目的,选择恰当的分类标志或特征,将商品集合总体逐级划分为一系列不同的门类、大类、中类、小类、品类、品种、细目直至最小单元,并在此基础上进行系统编排,形成一个有层次的逐级展开的商品分类体系的过程,如表2-2所示。

表2-2 商品分类排列程序及其应用

商品类目名称	应 用 实 例	
商品门类	消费品	消费品
商品大类	日用工业品	食品
商品中类	家用化学品	食粮

续表

商品类目名称	应 用 实 例	
商品小类	肥皂、洗涤剂	乳和乳制品
商品品类或品目	肥皂	奶
商品种类	洗衣皂、浴皂	牛奶
商品品种	透明洗衣皂	全脂饮用牛奶
商品细目	238g 立白透明洗衣皂	1000ml 全脂饮用牛奶

- 商品门类。门类是按国民经济行业共性对商品总的分门别类。
- 商品大类。商品的大类是根据商品生产和流通领域的行业来划分，既要与生产行业对口，又要与流通组织相适应。如食品、日用百货、纺织等大类。
- 商品中类或小类。商品中类或小类，一般按中、小行业或专业来划分。
- 商品品类或品目。商品品类或品目是具有若干共同性质或特征的多个商品品种的总称。
- 商品种类。商品的种类是指具体商品的名称。如西服、洗衣机、皮鞋、啤酒等品种。
- 商品品种。商品品种是指按某种相同特征划分的商品群体，或者是指具有某种（或某些）共同属性和特征的商品群体。
- 商品细目。商品细目是对商品品种的详尽区分，包括商品的规格、花色、质量等级，可以更具体地反映出商品的特征。如 170/72 A 型女西服、23 号女式高跟皮鞋等。

【案例 3】

宝洁公司始创于 1837 年，是世界上最大的日用消费品公司之一。宝洁公司通过其旗下品牌服务全球大约 46 亿人。公司拥有众多深受信赖的优质、领先品牌，包括帮宝适、汰渍、碧浪、护舒宝、潘婷、飘柔、海飞丝、威娜、佳洁士、舒肤佳、玉兰油、SK-II、欧乐 B、金霸王、吉列、博朗等。宝洁公司在全球大约 75 个国家和地区开展业务。

3. 商品分类基本原则

商品分类是将千万种商品在商品生产与交换中实现科学化、系统化管理的重要手段，通过科学的方法对商品进行条理化、系统化的分类，有利于实现商品使用的合理化和流通管理的现代化。对发展生产，促进流通，满足消费，提高现代管理水平和企业效益等有着重要作用。

① 商品分类为国民经济各部门实施各项管理活动奠定了科学基础。
② 商品分类为促进行业发展决策提供一定的依据。
③ 商品分类有助于企业的生产、经营管理活动的进行。
④ 商品分类便于消费者和用户选购商品。

对商品进行分类时，首先应明确分类的商品集合体所包括的范围；其次必须提出商品分类的明确目的；最后必须选择适当的分类标志。为了实现商品的科学分类，使商品分类能够满足特定的需要，应遵循以下原则。

① 科学性原则。科学性是分类的基本前提，是指商品在分类中所选择的标识必须能反映商品的本质特征并具有明显的区别功能和稳定性，以满足分类的客观要求，发挥分类的作用。

② 系统性原则。商品分类的系统性是指以选定的商品属性或特征为依据，将商品总体按一定的排列顺序予以系统化，并形成一个合理的科学分类系统。

③ 实用性原则。商品分类首先应满足国家总政策、总规划的要求，同时应充分满足生产、流通及消费的需要。

④ 可扩展性原则。可扩展性原则又称后备性原则，即进行商品分类要事先设置足够的收容类目，以保证新产品出现时不至于打乱已建立的原有的分类体系和结构，同时为下级部门便于在本分类体系的基础上进行开拓细分创造条件。

⑤ 兼容性原则。商品分类要与国家政策和相关标准协调一致，又可与原有的商品分类保持连续性和可转换性，以便进行历史资料对比。

2.2 商品分类标志的选择和使用

商品分类标志实质是商品本身所固有的种种属性，分类标志是编制商品分类体系和商品目录的重要依据和基准。

商品分类标志的选择是商品分类的基础，可供商品分类的标志较多，按其适用性可分为普遍适用分类标志和局部适用标志。

普遍适用分类标志常用作划分商品大类、中类、小类等高层次类目的划分，如商品种类共存特征、性质、原材料、生产方法、用途等。

局部适用分类标志又称特殊分类标志，是指部分商品共有的特征。如某些商品的化学成分、颜色、外观、产地、收获季节、功率等，常用于某些商品的细目的划分。

1. 按商品的原材料分类

原材料的种类和质量，在很大程度上决定商品的性能和质量。选择以原材料为标志的分类方法是商品的重要分类方法之一。

下面以纺织纤维为例说明原料的分类。

纤维是天然或人工合成的细丝状物质，纺织纤维是指可以用来制成纺织品的纤维，一般是直径为几微米到几十微米，而长度比直径大许多倍的细长物质。纺织纤维需要具有一定的柔软性、弹性、机械性能、化学稳定性、成纱性以及保温保湿性等。纺织纤维原料的分类，如图 2-2 所示。

2. 按商品的生产加工方法分类

很多商品，即使采用相同的原材料制造，由于生产方法和加工工艺不同，所形成商品的质量、性能、特征等都有明显差异。因此，对相同原材料可选用多种加工方法生产的商品，适宜以生产加工方法作为分类标志。

以商品茶为例，商品茶按制造方法有绿茶、红茶、乌龙茶、花茶、黑茶、黄茶、白茶等。如表 2-3 所示。

3. 按商品的主要成分或特殊成分分类

商品的成分尤其是组成商品的主要成分或特殊成分决定商品的许多性能、质量、用途，因此，按商品的主要成分或特殊成分为分类标志，可以通过商品的主要成分或特殊成分说明其主要性能和用途。

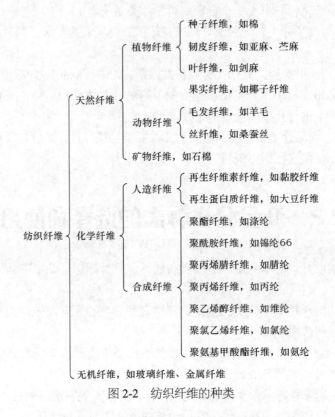

图 2-2　纺织纤维的种类

表 2-3　商品茶按加工方法形成的品种

茶叶品种	加 工 方 法	品 种 特 点	代 表 品 种
绿茶	未经发酵，采取高温杀青	茶汤碧绿清澈，味清香鲜醇	西湖龙井、洞庭碧螺春、黄山毛峰等
红茶	发酵茶，经过萎凋、揉捻、发酵、干燥等工艺	茶色浓艳，味醇厚润	安徽的祁红、云南的滇红、广东的英红、四川的川红等
乌龙茶	半发酵茶，轻度萎凋和局部发酵	香气馥郁，回味悠长	武夷岩茶、铁观音、大红袍、水仙等
花茶	茶叶加香花窨制而成	浓郁爽口的茶味和鲜美芬芳的花香	茉莉花茶、玉兰花茶等
黑茶	经杀青、揉捏、渥堆、干燥过程制成	外形油黑、汤底橙黄叶底黄褐	安化黑茶、四川边茶、普洱茶、六堡茶等
黄茶	轻发酵，制造中加以闷黄	黄汤黄叶	君山银针、广东大叶青
白茶	只经过萎凋和晾干	成茶外表披满白色茸毛	白毫银针、贡眉等

　　以塑料制品为例，可按其主要成分合成树脂的不同，分为聚乙烯塑料制品、聚氯乙烯塑料制品、聚苯乙烯塑料制品、聚丙烯塑料制品等。如表2-4所示。

表 2-4　不同类别塑料制品的储藏适宜温湿度

品 　 类	适宜温度（℃）	适宜相对湿度（％）
聚氯乙烯	0～30	≤80

续表

品　类	适宜温度（℃）	适宜相对湿度（%）
聚乙烯	≤35	≤80
聚丙烯	10～35	≤80
聚苯乙烯	≤35	≤80
人造革与合成革	≤35	≤80
酚醛	≤35	≤80
脲醛	≤35	≤80
密胺	−10～30	≤80
有机玻璃	−10～35	≤80
赛璐珞	−10～35	≤80
尼龙	−10～35	≤80
泡沫塑料	−10～35	≤80

4. 按商品的功能分类

商品的用途是体现商品使用价值的标志，同时还是探讨商品质量的重要依据，所以按商品的用途分类，在实际工作中应用最广泛。它不仅适用于商品大类的划分，也适用于对商品种类、品种等的进一步详细分类。

以化妆品为例，按其功能不同分类如表 2-5 所示。

表 2-5　化妆品分类（GB/T18670-2002）

	清洁类化妆品	护理类化妆品	美容/修饰类化妆品
皮肤	洗面奶 卸妆水（乳） 清洁霜（蜜） 面膜 花露水 痱子粉 爽身粉 浴液	护肤膏霜、乳液 化妆水	粉饼 胭脂 眼影 眼线笔（液） 眉笔 香水 古龙水
毛发	洗发液 洗发膏 剃须膏	护发素 发乳 发油/发蜡 焗油膏	定型摩丝/发胶 染发剂 烫发剂 睫毛液（膏） 生发剂 脱毛剂
指甲	洗甲液	护甲水（霜） 指甲硬化剂	指甲油
口唇	唇部卸妆液	润唇膏	唇膏 唇彩 唇线笔

5. 以其他特征为分类标志

除上述分类主要标志外，商品的形状、结构、尺寸、颜色、重量、产地、产季等均可作为商品分类的标志。

各种分类标志选择方法皆有一定的局限性，也只能满足一定的需要。因此在确定采用的分类方法时，需根据工作的要求，选择适宜的商品分类标志对商品进行分类。

2.3 商品分类方法的使用

1. 线分类法

线分类法又称层级分类法。该法将初始分类对象按选定的若干属性或特征，逐次地分成相应的若干个层级的类目，并排成有层次的、逐级展开的分类体系。同位类目之间存在着并列关系，下位类目与上位类目之间存在着从属关系。如图 2-3 所示。

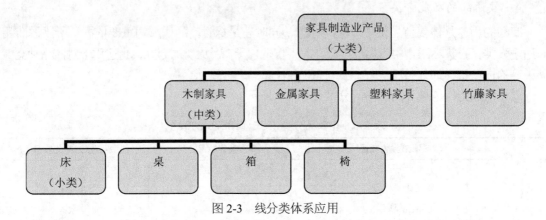

图 2-3 线分类体系应用

2. 面分类法

将选定的分类对象的若干个属性视为若干个"面"，每面又可分为独立的若干个类目，将这些类目加以组合，形成一个复合类目。如服装的分类就是按面分类法组配的，把服装用的面料、式样和款式分为三个互相之间没有隶属关系的"面"，每个面又分成若干个类目，如表 2-6 所示。使用时，将有关类目匹配起来，便成为一个复合类目，如纯毛男式中山装、中长纤维女式西装等。

表 2-6 面分类体系应用

面 料	款 式	样 式
纯棉	西装	男式
纯毛	中山装	女式
毛涤	茄克	
涤棉	连衣裙	
中长纤维	猎装	

2.4 商品编码

1. 商品编码的概念

商品编码又称商品代码。商品代码编制是赋予某类或某种商品的一组或一个有序的符号排列的过程。

编制商品代码可提高商品分类体系的概括性和科学性,有利于加强企业经营管理,提高工作效率,同时也有利于商品分类的标准化和信息化手段的应用。

编制商品代码应遵循以下原则:每一个代码对应着唯一的编码对象;代码体系中留有足够的备用码,从而使分类和编制代码工作可以进行必要的修订和补充;代码应尽可能简明,便于处理,减少差错;代码必须格式规范,与国际或国家的商品分类代码相一致或相协调,以利实现信息交流和信息资源共享;代码不宜频繁变动等。

2. 商品编码的种类

(1)数字型代码。数字型代码是指用阿拉伯数字赋予商品以代码符号。其具有结构简单、使用方便等特点,便于计算机进行处理,是世界各国普遍采用的一种方法。

层次编码。层次编码是按商品类目在分类体系中的层级顺序,依次赋予对应的数字代码,主要采用线分类体系。如GB/T 7635.1—2002《全国主要产品分类与代码第1部分:可运输产品》采用层次码,代码分六个层次,各层分别命名为大部类、部类、大类、中类、小类、细类。代码用8位阿拉伯数字表示。代码结构图如图2-4所示。

图2-4 GB/T 7635.1-2002 代码结构

其中,大部类分为4类。0大部类为农林(牧)渔业产品;1大部类为矿和矿物、电力、可燃气和水分类代码;2大部类为加工食品、饮料和烟草、纺织品、服装和皮革制品分类代码;3大部类为除金属制品、机械和设备外的其他可运输物品分类代码;4大部类为金属制品、机械和设备分类代码。

(2)平行编码。平行编码以商品分类面编码的一种方法,即每个分类面确定一定数量的码位,各代码之间是并列平行的关系。平行编码多用于面分类体系中。以国产空调型号编码"KFR-23GW"为例。

空调型号:KF(R)-23GW、KC-23、KF-50LW

K代表空调器　F代表分体式　R代表热泵型冷暖　C代表窗式

横杠后数字代表名义制冷量:23代表制冷量为2300W

数字后的字母L代表室内落地式　G代表挂壁式,W代表室外机。

(3)混合层次编码。混合层次编码是层次编码和平行编码的合成。如《机动车检测维修设备及工具分类与代码》标准采用字母与数字混合层次编码法。大类为一位字母型代码,小类为二位数字型代码。大类代码可以单独使用,小类代码须与大类代码组合使用。编排代码时留有空码备用。如A49表示汽车密封性试验装置。

2.5 商品条形码的使用

【案例4】

全球统一标识，提高医疗服务水平

医疗卫生产品的生产和分销与其他行业产品相类似，包括原材料采购，产品加工生产、包装，通过直销或经批发商、零售商、医疗机构流向最终用户的整个供应链过程，如图 2-5 所示，其主要参与方有制造商、物流服务商（仓储、经销商、承运人）、医疗卫生机构/药房、零售商等。

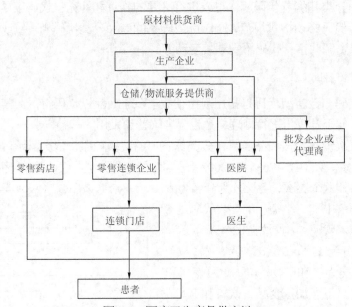

图 2-5 医疗卫生产品供应链

为了确保医疗卫生产品从生产厂商高效、安全地传递到患者手中，必须完善监督管理机制，提高供应链的管理水平，对供应链中原材料、产品和患者的信息进行管理，保证物流与信息的协调一致，实现产品和信息的可追溯，是我国医疗卫生体系建设的中心工作。

GS1 系统作为一种开放的、多环节、多领域应用的全球统一商务语言，能为贸易项目、物流单元、资产、位置和服务提供全球唯一的标识，能够提高供应链管理效率和透明度，提高对客户的反应能力，降低管理成本，实现物流各个环节的信息共享。它在医疗卫生供应链各个环节的应用，可以带来以下好处。

① 提高对产品和原材料跟踪的可靠性；

② 减少供应链合作伙伴之间的摩擦，并能有效协调订单、收据和发票；

③ 避免信息处理和标识的重复投入；

④ 在产品准备、运送和接收环节中节省时间；

⑤ 改善可追溯性能，提高患者安全；

⑥ 确定产品召回目标，促进产品召回高效管理；

⑦ 提升可靠性并优化库存；

⑧ 改善医疗服务质量；

⑨ 实现数据自动记录，确保信息与追溯的质量。

1. 条码在生产环节的使用

对产品批号、生产日期或有效期的管理是国家医疗卫生产品生产和销售管理的特殊要求。在生产环节，医疗卫生产品生产企业可利用 SSCC 对原材料进行数量控制，通过原材料包装上的 GTIN 及附加信息代码标识对原材料进行到货管理，并登记其生产日期和生产批号；产品下线包装后企业为产品分配 GTIN，创建产品的生产批号，并标识相应的条码，GTIN 可以采用 GTIN-13 或 GTIN-8，也可采用 "GTIN+生产批号、有效期等附加信息代码" 形式；同时建立产品生产批号与所用原材料之间的联系，对产品的储运、物流单元分配 GTIN-14 或 GTIN-13 和 SSCC，对产品进行库存、销售管理，实现产品的去向跟踪和信息追溯。如图 2-6 所示。

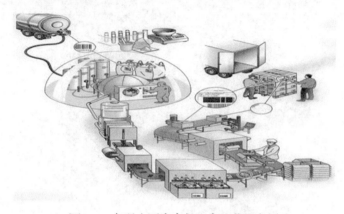

图 2-6　条码在医疗产品生产环节的应用

2. 条码在物流配送环节使用

物流/仓储服务提供商可根据或创建医疗卫生产品物流单元的 SSCC，对产品的到货与运送进行管理，分配存货区域，登记货物的流转，跟踪库存动态，利用相应的条码对医疗卫生产品的入库、分拣、盘点、出库、复核等环节进行管理。如图 2-7 所示。

图 2-7　条码在物流配送环节的应用

3. 条码在销售企业的应用

创建商品条码管理数据库。对于已有商品条码的医疗卫生产品定量消费单元，销售企业要查验供货商的《中国商品条码系统成员证书》，核对厂商识别代码的有效期、系统成员名称，检验商品条码印刷质量，并将医疗卫生产品的商品条码代码及其相关信息录入数据库。

对于医疗卫生产品的变量消费单元，如散装中药饮片，销售企业应先设计变量医疗卫生产品的编码方案，根据管理需要采用代码结构中的一种，然后购置合适的打印机，进行条码的预打印或销售时打印条码，并将其贴在变量产品包装上。

医疗卫生产品的销售企业（如药房、零售药店等），通过零售商品条码可进行医疗卫生产品的自动扫描结算；产品的进、销、存、调管理；商品的退换货、盘点、药品的有效期核查管理等。如图 2-8 所示。

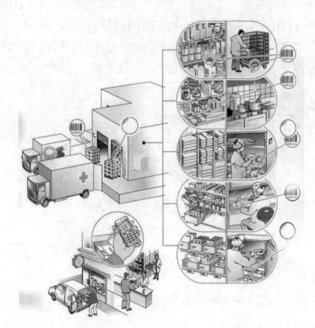

图 2-8　条码在医疗产品销售环节的应用示意图

2.6　商品条码的概念、结构及产品电子标签

1. 商品条码的概念

根据 GB 12904-2003，商品条码是指由国际物品编码协会（European Article Numbering Association，EAN）和美国统一代码委员会（UCC）规定的、用于表示商品标识代码的条码，包括 EAN 商品条码（EAN—13 商品条码和 EAN—8 商品条码）和 UPC 商品条码（UPC—A 商品条码和 UPC—E 商品条码），如图 2-9 所示。

UPC-A

UPC-E

EAN-13

EAN-8

图 2-9　消费单元商品条形码类型

1977 年欧洲物品编码委员会，1981 年改名为国际物品编码委员会（International Article Numbering Association）。UPC 为 Uniform Product Code（通用产品代码）的缩写。

随着全球经济一体化对物流供应链管理要求的不断提高，国际物品编码协会也在不断地完善 EAN·UCC 系统，并相应调整自身的组织架构。继美国统一代码委员会（UCC）和加拿大电子商务委员会（ECCC）加入国际物品编码协会后，2005 年 2 月，该协会正式向全球发布了更名信息，将组织名称由 EAN International 正式更名为 GS1（Global Standard one）。国际物品编码协会致力于建立"全球统一标识系统和通用商务标准-EAN·UCC 系统"，通过向供应链参与方及相关用户提供增值服务，来优化全球供应链的管理效率。更名后的 GS1 从一个单一的标准化组织，发展成为一个集"标准推广"和"服务提供"功能为一体的机构，成为供应链管理领域的国际一流的标准化组织。意味着机构从单一的条码技术向更全面、系统的技术领域及服务体系发展。

经过 30 多年的不断完善和发展，GS1 已拥有一套全球跨行业的产品、运输单元、资产、位置和服务的标识标准体系和信息交换标准体系，使产品在全世界都能够扫描和识读；GS1 的全球数据同步网络（GDSN）确保全球贸易伙伴都使用正确的产品信息；GS1 通过电子产品代码（EPC）、射频识别（RFID）技术标准提供更高的供应链运营效率；GS1 可追溯解决方案，帮助企业遵守欧盟和美国食品安全法规，实现食品消费安全。

EAN-13、EAN-8、UPC-A、UPC-E 共同组成了全球范围内用于 POS 结算的商品条码标识体系，实现了全球范围内零售结算的革命。

2. **商品条码的结构**

全球贸易项目代码（GTIN）是目前 ANCC 系统编码体系中应用最广泛的标识代码，贸易项目是指一项产品或服务，该产品需要获取预先的信息，并且可以在供应链的任意节点进行标价、订购或开据发票，以便所有贸易伙伴进行交易。UPC-A、UPC-E、EAN-13、EAN/UCC-8 以及 ITF-14 统称为全球贸易项目代码。

GTIN 有四种数据结构：EAN/UCC-14、EAN/UCC-13、EAN/UCC-8 和 UCC-12，如图 2-10 所示。

EAN/UCC-14 数据结构	指示符	内含项目的GTIN（不含校验位）	校验位
	N_1	N_2 N_3 N_4 N_5 N_6 N_7 N_8 N_9 N_{10} N_{11} N_{12} N_{13}	N_{14}

EAN/UCC-13 数据结构	厂商识别代码	项目代码	校验位
	N_1 N_2 N_3 N_4 N_5 N_6 N_7 N_8 N_9 N_{10} N_{11} N_{12}		N_{13}

UCC-12 数据结构	厂商识别代码	项目代码	校验位
	N_1 N_2 N_3 N_4 N_5 N_6 N_7 N_8 N_9 N_{10} N_{11}		N_{12}

EAN/UCC-8 数据结构	前缀码	项目代码	校验位
	N_1 N_2 N_3 N_4 N_5 N_6 N_7		N_8

图 2-10　GTIN 的四种数据结构

在我国，零售商品的标识代码主要采用 GTIN 的三种数据结构，即 EAN/UCC-13、EAN/UCC-8 和 UCC-12。EAN/UPC 商品条码包括 EAN 商品条码（EAN-13 和 EAN-8）和 UPC 商品条码（UPC-A 和 UPC-E）。EAN-13 商品条码又称标准版商品条码，表示 EAN/UCC-13 代码。EAN-8 商品条码也称缩短版商品条码，表示 EAN/UCC-8 代码（GB 12904-2003）。

通常情况下，选用 13 位的数字代码结构用 EAN-13 条码表示。只有当产品出口到北美地区并且客户指定时，才申请使用 UCC-12 代码（用 UPC 条码表示）。中国厂商如需申请 UPC 商品条码，须经中国物品编码中心统一办理。

（1）EAN/UCC-13 的数据结构。当前缀码为 690、691 时，条码由 3 位国别码、4 位厂商代码、5 位商品代码及 1 位校验码构成；EAN/UCC-13 的代码结构如图 2-11 所示。

当前缀码为 692、693 时，条码由 3 位国别码、5 位厂商代码、4 位商品代码及 1 位校验码构成 EAN/UCC-13 的代码结构如图 2-12 所示。

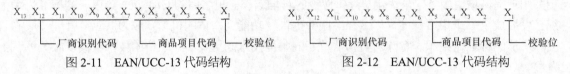

图 2-11　EAN/UCC-13 代码结构　　　　图 2-12　EAN/UCC-13 代码结构

厂商识别代码是由中国物品编码中心统一向申请厂商分配。厂商识别代码左起三位是由国际物品编码协会分配给中国物品编码中心的前缀码。商品项目代码由厂商根据有关规定自行分配。校验位是用来校验其他代码编码的正误（计算方法参见 GB 12904 附录）。

商品项目识别代码是 EAN 在 EAN 分配的前缀码（X8X7X6）的基础上分配给厂商特定商品项目的代码。

校验位是用来校验其他代码编码的正误。

（2）EAN/UCC-8 的代码结构如图 2-13 所示。

图 2-13　EAN/UCC-8 代码结构

3. 产品电子标签（EPC）

【案例 5】

香港迪士尼乐园王国"衣"道　小芯片邂逅大乐园

香港迪士尼乐园服装管理系统引进新一代的无线射频辨识芯片阅读技术（RFID），管理乐园的戏服。香港迪士尼乐园拥有全港最大的衣橱，藏衣总量超过 20 万。每天，度假区为约 2500 名演艺人员分发 6000 件戏服，还将另外 6000 多件送洗，并收回 6000 件戏服。RFID 的应用有效地减少了员工排队等待戏服的时间，提高了服装管理的效率。

每天乐园超过万件的演出服装需要处理安置。相对于之前采用的服装管理技术，RFID 操作简单高效，工作人员只需要在工作证打卡后，将所有衣服一次性放在感应器上，再点击屏幕确认即可。

技术创新和应用是香港迪士尼乐园的核心价值之一。RFID 应用于戏服自助服务系统，不仅读取精度高，速度快，同时可读取多件服装。乐园会为每一件戏服贴上独一无二的芯片标签，并透过芯片把资料自动上载到互联网，当若干件戏服通过阅读器检查时，就可瞬间检测到所有戏服的型号、大小、颜色等信息，不需要逐一扫描条码。

RFID 系统应用不仅使存货统计的精准率进一步提高，有效地点算库存服饰数量。更重要的是节约时间，提升营运效率。运用新系统前，每天在人流高峰时段，有时员工要排近 20 分钟长队等待戏服领取，现在新系统运作过程只需 3 秒，大大缩短了戏服领取时间。"香港迪士尼乐园是一个创造欢乐的王国，我们希望乐园能让游客和员工都能感到欢乐舒适。RFID 系统的应用不仅提高了工作效率，也为我们的员工节省很多时间，让他们工作得更轻松、愉快。"香港迪士尼乐园度假区服装营运经理叶孙全先生在香港智能城市论坛上分享成功经验时表示。

为了提高标签的使用效率，迪士尼乐园做了技术上的改进，新标签耐热耐洗，能循环清洗数百次，即使服饰老化标签仍可循环使用。RFID 技术广泛应用于交通和物流，但是在道具管理方面应用尚属首次。香港迪士尼乐园做出了大胆创新，经由 RFID 技术改进产生的戏服自动系统也在乐园运营中体现了价值。

在人们的生活中，RFID 被应用于很多场所。比如商店购买衣服的条形码，机场的行李标签，车辆的自动识别，电子票证等，都是通过 RFID 准确地将物品进行定位，并且迅速地搜索到相关信息，既省时又省力。而乐园中的此项应用也获得了由香港货品编码协会举办的香港无线射频识别大奖"2009 最佳 EPC/RFID 应用银奖"及"最具 EPC/RFID 创意银奖"，也将被美国佛罗里达迪士尼乐园采用。随着时间的推移，RFID 的价格将不断降低，而本身的稳定性也会不断提高，在商业中的应用空间必然会不断增大。

"RFID 技术已有几十年历史，但只是最近几年才被商界使用，其中最大的挑战就是把技术推展到适合的应用层面。首先，管理层要认定科技策略在长远策略中所占的重要性。不仅如此，该技术的应用也需获得各有关部门支持。一种技术在应用层面上需要创意，也需要不断实验与调整，以及为使用者提供培训。第三方面，也需要行业协会在教育、认证与争取方面，增加使用用者的信心。"

据悉，该系统开始运作前，服装组的五位缝纫员和一位协调员在 6 个月内，专责把标签缝到共 110 000 多件戏服上，使香港迪士尼乐园内的戏服逐步实现自助服务系统管理。而上海与香港同是各大公司最新的营运地点，将是本技术的推广和应用重要的区域和平台。

产品电子标签是一种新型的射频识别标签，每个标签包含唯一的产品电子代码，可以对所有实体对象提供唯一有效的标识。它利用计算机自动地对物品的位置及其状态进行管理，并将信息充分应用于物流过程中，详细掌握从企业流向消费者的每一件商品的动态和流通过程，这样可以对具体产品在供应链上进行跟踪。

EPC 系统是集编码技术、射频识别技术和网络技术为一体的新兴技术，EPC 系统的推广和应用将引起物流管理过程的革命。EPC 的编码体系完全与 EAN·UCC 编码体系相兼容。

EPC 系统的组成如下。

（1）EPC 编码标准。EPC 是新一代的与 EAN/UPC 码兼容的新的编码标准，在 EPC 系统中 EPC 编码与现行 GTIN 相结合，因而 EPC 并不是取代现行的条码标准，而是由现行的条码标准逐渐过渡到 EPC 标准或者是在未来的供应链中 EPC 和 EAN·UCC 系统共存。EPC 码段的分配是由 EAN·UCC 来管理的。在我国，EAN·UCC 系统中 GTIN 编码是由中国物品编码中心负责分配和管理。

（2）EPC 标签。EPC 标签由天线、集成电路、连接集成电路与天线的部分、天线所在的底层四部分构成。96 位或者 64 位 EPC 是存储在 RFID（Radio Frequency Identification，射频识别）标签中的唯一信息。

（3）解读器。解读器使用多种方式与标签交互信息，近距离读取被动标签中信息最常用的方法就是电感式耦合。标签利用这个磁场发送电磁波给解读器。这些返回的电磁波被转换为数据信息，即标签的 EPC。

（4）网络的神经系统。完成数据校对、解读器协调、数据传送、数据存储和任务管理等主要任务。

（5）对象名解析服务（Object Naming Service，ONS）。当一个解读器读取一个 EPC 标签的信息时，EPC 就传递给了 Savant 系统。Savant 系统然后再在局域网或因特网上利用 ONS 对象名解析服务找到这个产品信息所存储的位置。

（6）物理标记语言（Physical Markup Language，PML）。EPC 识别每一个产品，但是所有关于产品有用的信息都用一种新型的标准的计算机语言——物理标记语言（PML）所书写，PML是基于为人们广为接受的可扩展标识语言（XML）发展而来的。PML 文件包括那些不会改变的产品信息、经常性变动的数据（动态数据）和随时间变动的数据（时序数据）。

2.7 商品分类体系的了解和使用

在实际分类工作中，常常是先选择一个主要标志，将商品分成大类，然后再按不同的标志依次地将商品划分成中类、小类直至细目等，形成一个完整的商品分类体系。目前我国常采用的商品分类体系有如下几种。

1. 国家标准分类体系

国家标准分类体系是为适应现代化经济管理的需要，以国家标准形式对商品进行科学、系统的分类编码所建立的商品分类体系，如《全国主要产品分类与代码》。

中华人民共和国国家标准《全国主要产品分类与代码第 1 部分：可运输产品》（GB/T 7635.1—2002）（以下简称"可运输产品代码"标准）经中华人民共和国国家质量监督检验检疫总局发布，于 2003 年 4 月 1 日开始实施。"可运输产品代码"标准是一个大型的基础性标准，是与国际通行产品目录协调一致的国家产品分类编码标准体系。规定了全国可运输产品的分类原则与方法、代码结构、编码方法、分类与代码。主要用于信息处理和信息交换。

《全国主要产品分类与代码》的组成：《全国主要产品分类与代码》由相对独立的两个部分组成，第一部分为可运输产品，第二部分为不可运输产品。第一部分由五大部类组成，与联合国统计委员会制定的《主要产品分类》（CPC）1998 年 10 版的第 1 部分相对应，一致性程度为非等效。

"可运输产品代码"标准是对《全国工农业产品（商品、物资）分类与代码》（GB/T7635—1987）的修订。主要变化有：（1）对 GB/T7635—1987 标准名称进行了修改；对代码结构和编码方法进行了修改。GB/T7635—1987 代码结构是四层 8 位数字码，每层 2 位码，采用了平均分配代码的方法。"可运输产品代码"标准代码结构是六层 8 位数字码，前五层是一层 1 位码，第六层是 3 位码，采用了非平均分配代码方法；（2）产品分类和类目的设置进行了较大幅度的调整。采用了 GB/T10113—1988《分类编码通用术语》中确立的术语；产品类目采用了规范的产品名称。

新的《全国主要产品分类与代码》结构共 6 层 8 位码，前 5 层采用了 CPC 的结构，其内容与 CPC 可运输产品部分相对应，并根据我国国情在相应位置增加了产品类目，第六层是新增加的产品类目。可运输产品分 5 大部类，共列入 5 万余条类目，40 多万个产品品种或品类。该标准是标准化领域中一项大型的基础性标准，可提供一种具有国际可比性的通用的产品目录体系，为国家、部门、行业及企业对产品的信息化管理和信息系统提供依据，以实现各类产品的各种信息数据的采集、处理、分析和共享。

如在"可运输产品代码"标准中，与粮食行业相关的产品分类代码涉及我国原粮、米面油产品和粮油加工机械产品等三个方面，如表 2-7 所示。

表 2-7　与粮食行业相关的产品分类代码

代　码	产 品 名 称	说　　　明
0	农林（牧）渔业产品；中药	
01	种植业产品	包括农产品、园艺和供应市场的菜果园产品等，即包括农业和林业种植业产品，如花卉、水果和林木种子、苗等
011	谷物、杂粮等及其种子	薯类、杂豆类（干的去荚的豆），入代码 0121、0122；薯类根茎、块茎见代码 01213， 用 GBl351-1999 的产品名称和分类
0111 01111 01111·010 —·099	小麦及混合麦 小麦 冬小麦	
01111·011	白色硬质冬小麦	种皮为白色或黄色的麦粒不低于 90%，角质率不低于 70%的冬小麦
01111·012	白色软质冬小麦	种皮为白色或黄色的麦粒不低于 90%，粉质率不低于 70%的冬小麦
01111·013	红色硬质冬小麦	种皮为深红色或红褐色的麦粒不低于 90%，角质率不低于 70%的冬小麦
01111·014	红色软质冬小麦	种皮为深红色或红褐色的麦粒不低于 90%，粉质率不低于 70%的冬小麦
01111·100 —·199	春小麦	
01111·101	白色硬质春小麦	种皮为白色或黄色的麦粒不低于 90%，角质率不低于 70%的春小麦
01111·102	白色软质春小麦	种皮为白色或黄色的麦粒不低于 90%，粉质率不低于 70%的春小麦
01111·103	红色硬质春小麦	种皮为深红色或红褐色的麦粒不低于 90%，角质率不低于 70%的春小麦
01111·104	红色软质春小麦	种皮为深红色或红褐色的麦粒不低于 90%，粉质率不低于 70%的春小麦
01112	混合麦	
0112	玉米（指谷类）	用 GB 1353-1999 的产品名称和分类；菜玉米、笋玉米除外，见代码 01239·011、·012
01121	黄玉米	种皮为黄色，并包括略带红色的黄色玉米；专用玉米除外
01121·011	黄马齿型玉米	
01121·012	黄硬粒型玉米	
01122	白玉米	种皮为白色，并包括略带淡黄色或粉红色的白色玉米；专用玉米除外
01122·011	白马齿型玉米	
01122·012	白硬粒型玉米	
01123	混合玉米	指混入本类以外玉米超过 5.0%的玉米
01124	专用玉米	甜玉米、笋玉米除外，见代码 01239. 011、012
01124·011	爆裂玉米	

续表

代 码	产品名称	说 明
01124·012	糯玉米	
01124·013	高油玉米	
01124·014	高淀粉玉米	
01124·015	优质蛋白玉米	
0113	稻谷、谷子和高粱	
01131	稻谷	用 GB1350—1999 的产品名称和分类

2. 《海关合作理事会商品分类目录》（CCCN）

《海关合作理事会税则目录》（Customs Cooperation Council Nomenclature，CCCN）是国际上使用最广泛的商品分类目录之一。海关合作理事会于 1950 年 12 月 15 日在比利时首都布鲁塞尔成立。其税则目录于 1959 年生效，1965 年、1972 年及 1978 年经过了三次系统的修订。《海关合作理事会税则目录》在 1974 年前称为《布鲁塞尔税则目录》（Brussel Tariff Nomenclature，BTN）。CCCN 第三次修订本将所有商品归为 21 类 99 章，计 1011 个税目。第 1 章到 24 章为农产品；第 25 章到 99 章为工业品。税目号以四位数字表示，中间用圆点隔开。前两位数字表示所属章次号，后两位数字表示该税目在此章内的顺序。采用 CCCN 的约有 150 个国家（或地区），其中包括 20 个对中国给惠的国家。

修订后的《中华人民共和国海关进出口税则》（2012）共有 22 大类，98 章。如图 2-14 所示。

第二章 肉及食用杂碎	Chapter 2 Meat and edible meat offal

注释：

本章不包括：

一、税目02.01至02.28或02.10的不适合供人食用的产品；

二、动物的肠、膀胱、胃（税目05.04）或动物血（税目05.11、30.02）；

三、税目02.09所列产品以外的动物脂肪（第十五章）。

Notes:

This Chapter does not cover:

1. Products of the kinds deserihed in headings No. 02.01 to 02.08 or 02.10, unfit or unsuitable for human consumption；

2. Guts, bladders or stomachs of animals（heading No. 05.04）or animal hlood（heading No. 05.11 or 30.02）；

3. Animal fat, other than products of heading 02.09（Chapter 15）.

税则号列	货品名称	最惠(%)	普通税率	增值税	出口退税	计量单位	监管条件	Article Description
02.01	鲜、冷牛肉：							**Meat of bovine animals, fresh or chilled!**
0201.1000	-整头及半头	20	70	13	5	千克		-Carcasses and half-carcasses
0201.1000 10	整头及半头鲜或冷藏的野牛肉	20	70	13	5	千克	47xABFE	Meat of wold bovine animals, carcasses and half-carcasses, fresh or chillerl
0201.1000 90	其他整头及半头鲜或冷藏的牛肉	20	70	13	5	千克	47xAB	Other meat of bovine animals, carcasses and half-carcasses, fresh or chillerl
0201.2000	-带骨肉	12	70	13	5	千克		-Other cuts with hooe in
0201.2000 90	鲜或冷藏的带骨野牛肉	12	70	13	5	千克	47xABFE	Meat of wild bovine animals, with booe in, fresh or chillerl
0201.2000 90	其他鲜或冷藏的带骨牛肉	12	70	13	5	千克	47xAB	Other meat of bovine animals, with bone in, fresh or chillerl
0201.3000	-去骨肉	12	70	13		千克		-Boneless
0201.3000 10	鲜或冷藏的去骨野牛肉	12	70	13	5	千克	47xABFE	
0201.3000 90	其他鲜或冷藏的去骨牛肉	12	70	13	13	千克	47xAB	Other meat of bovine animals, boneless, fresh or chillerl
02.02	冻牛肉：							**Meat of bovine animals, frozen:**
0202.1000	-整头及半头	25	70	13	5	千克		-Carcasses and half-carcasses

图 2-14　《中华人民共和国海关进出口税则》（2012）（部分）

3.《国际贸易标准分类》（SITC）

《国际贸易标准分类》（Standard International Trade Classification，SITC），由联合国统计局主持制订，联合国统计委员会审议通过，联合国秘书处出版颁布，旨在统一各国对外贸易商品的分类统计和分析对比。

采用经济分类标准，按照原料、半制品、制成品顺序分类，并反映商品的产业来源部门和加工阶段。第 3 版采用 5 位数编码结构，把全部国际贸易商品按经济类别划分为 10 大类：食品和活动物，饲料和烟草，非食用原料（燃料除外），矿物燃料、润滑油和相关原料，动植物油、脂及腊，化学和相关产品，按原料分类的制成品，机械和运输设备，杂项制品，未分类的商品。大类下依次分为 67 章、261 组、1033 个目和 3118 个基本编号。

商品分组反映了（1）生产中使用的原料；（2）加工阶段；（3）市场惯例及产品使用；（4）商品在世界贸易中的重要性；（5）技术变化。

4.《商品名称及编码协调制度》（HS）使用

《商品名称及编码协调制度》简称《协调制度》（Harmonized Commodity Nomenclature and Coding system，HS），是《商品名称及编码协调制度公约》的附件，是海关合作理事会在《海关合作理事会商品分类目录》和《国际贸易标准分类》的基础上，参照国际间其他主要的税则、统计、运输等分类协调制定的一个多用途的国际贸易商品分类目录，于 1988 年 1 月 1 日正式实施。

我国 1992 年成为《协调制度公约》缔约国以来，我国海关先后执行了 1992 年版、1996 版、2002 版和 2007 版《协调制度》。2012 年 1 月 1 日起，我国实行 2012 年版《协调制度》。

《协调制度》将国际贸易涉及的各种商品按照生产部类、自然属性和不同功能用途等分为 21 类、97 章，如表 2-8 所示。《协调制度》的前 6 位数是 HS 国际标准编码，HS 有 1 241 个四位数的税目，5 113 个六位数子目。部分国家根据本国的实际，已分出第七、八、九、十位数码。

从整体结构来看，《协调制度》主要是由税（品）目和子目构成，税（品）目号中第 1 至第 4 位称为税（品）目，第 5 位开始称为子目。为了避免各税（品）目和子目所列商品发生交叉归类，在许多类、章下加有类注、章注和子目注释，设在类、章之首，是解释税（品）目、子目的文字说明，同时有归类总规则，作为指导整个《协调制度》商品归类的总原则。

例：第四十八章中的"三、子目 4 805.11 所称"半化学的瓦楞纸"，是指所含用机械和化学联合法制得的未漂白硬木纤维不少于全部纤维重量的 65% 的成卷纸张，并且在温度为 23℃和相对湿度为 50% 时，经过 30 分钟的瓦楞纸平压强度测定（CMT30），抗压强度超过 1.8 牛顿/平方米。"

表 2-8　HS-2012 世界海关组织商品分类标准

第一类	活动物；动物产品
第二类	植物产品
第三类	动、植物油、脂及其分解产品；精制的食用油脂；动、植物蜡
第四类	食品；饮料、酒及醋；烟草、烟草及烟草代用品的制品
第五类	矿产品
第六类	化学工业及其相关工业的产品
第七类	塑料及其制品；橡胶及其制品
第八类	生皮、皮革、毛皮及其制品；鞍具及挽具；旅行制品、手提包及其类似容器、动物肠线（蚕胶丝除外）制品

第九类	木及木制品；木炭；软木及软木制品；稻草、秸秆、针茅或其他编结材料制品；篮筐及柳条编结品
第十类	木浆及其他纤维状纤维素浆；回收（废碎）纸或纸板；纸、纸板及其制品
第十一类	纺织原料及纺织制品
第十二类	鞋、帽、伞、杖、鞭及其零件；已加工的羽毛及其制品；人造花；人发制品
第十三类	石料、石膏、水泥、石棉、云母及类似材料的制品；陶瓷产品；玻璃及其制品
第十四类	天然或养殖珍珠、宝石或半宝石、贵金属、包贵金属及其制品；仿首饰；硬币
第十五类	贱金属及其制品
第十六类	机器、机械器具、电气设备及其零件；录音机及放声机、电视图像、声音的录制和重放设备及其零件、附件
第十七类	车辆、航空器、船舶及有关运输设备
第十八类	光学、照相、电影、计量、检验、医疗或外科用仪器及设备、精密仪器及设备；钟表；乐器；上述物品的零件、附件
第十九类	武器、弹药及其零件、附件
第二十类	杂项制品
第二十一类	艺术品、收藏品及古物

5. 国际危险品分类

危险品是指一切在运输时能对健康、安全、财产或环境构成危险的物品或物质。根据国家标准 GB12268《危险货物品名表》和国际海事组织制定的《国际危险货物运输规则》，危险货物具有爆炸、易燃、毒害、腐蚀、放射性等特性，在水路运输、港口装卸和储存等过程中，容易造成人身伤亡和财产毁损而需要特别防护的货物。危险品分类如表 2-9 所示。

表 2-9　危险品分类［国际民航组织（ICAO）］

第一类	爆炸品（Explosives）
1.1 项	具有整体爆炸危险性的物品或者物质
1.2 项	具有抛射危险性而无整体爆炸危险性的物品或者物质
1.3 项	具有起火危险性、较小的爆炸和（或）较小的抛射危险性而无整体爆炸危险的物品或者物质
1.4 项	不存在显著危险性的物品和物质
1.5 项	具有整体爆炸危险性而敏感度极低的物质
1.6 项	无整体爆炸危险性且敏感度极低的物质
第二类	气体（Gases）
2.1 项	易燃气体
2.2 项	非易燃、非毒性气体
2.3 项	毒性气体
第三类	易燃液体（Flammable Liquids）
第四类	易燃固体（Flammable Solids）
4.1 项	易燃固体
4.2 项	自燃物质
4.3 项	遇水释放易燃气体的物质
第五类	氧化性物质（Oxidizing Substances）及有机过氧化物（Organic Peroxides）

5.1 项	氧化剂
5.2 项	有机过氧化物
第六类	毒性物质（Toxic）及感染性物质（Infectious Substances）
6.1 项	毒性物质
6.2 项	感染性物质
第七类	放射性物料（Radioactive Materials）
第八类	腐蚀性物质（Corrosive Substances）
第九类	其他危险物质和物品（Miscellaneous dangerous substances and articles）

本章小结

　　商品分类是为了一定目的，选择恰当的分类标志或特征，将商品集合总体逐级划分为一系列不同的大类、中类、小类、品类、品种、细目直至最小单元，并在此基础上进行系统编排，形成一个有层次的逐级展开的商品分类体系的过程。

　　对商品进行分类时，应明确分类的商品集合体所包括的范围、提出商品分类的明确目的、选择适当的分类标志。

　　商品分类标志的选择是商品分类的基础，普遍适用分类标志常用作划分商品大类、中类、小类等高层次类目的划分，局部适用分类标志常用于某些商品的细目的划分。

　　常用的商品分类方法有线分类法和面分类法。

　　商品编码又称商品代码。商品代码编制是赋予某类或某种商品的一组或一个有序的符号排列的过程。商品条码是指由国际物品编码协会（EAN）和统一代码委员会（UCC）规定的、用于表示商品标识代码的条码，包括 EAN 商品条码和 UPC 商品条码。

　　目前我国常用的商品分类体系有国家标准分类体系、《商品名称及编码协调制度》（HS）等。

习题与实训

1. 选择题

（1）对商品进行分类时，（　　）是最至关重要的。

　　A. 确定分类目的　　　　　　　　　　　B. 选择适当的分类标志

　　C. 明确分类的商品集合体所包括的范围　　D. 科学定义

（2）选择商品分类标志应遵循（　　）的基本原则。

　　A. 满足分类的目的和要求　　　　　　　B. 对商品进行科学定义

　　C. 便于计算机处理　　　　　　　　　　D. 在同一类别范围内只能采用一种分类体系

　　E. 能囊括分类的全部商品

（3）能用于商品编码的符号有（　　）。

　　A. 字母　　　　　　B. 数字　　　　　　C. 字母和数字

　　D. 条型符号构成的图形　　　　　　　　E. 特殊标记

（4）《商品名称及编码协调制度》将所有国际贸易商品分为（　　）类

    A. 19　　　　　　　B. 20　　　　　　　C. 21　　　　　　　D. 16

（5）《商品名称及编码协调制度》编码子目号第四位与第五位数字间有一圆点，前四位数字表示该商品的（　　）。

    A. 子目号　　　　　B. 品目号　　　　　C. 章序号　　　　　D. 顺序号

2. 名词解释

（1）商品分类　（2）商品条形码

3. 简答

（1）简述 UPC、EAN 码的基本构成

（2）简述商品分类体系的主要构成。

4. 案例分析

"义乌·中国小商品指数"主要由小商品价格指数、小商品市场景气指数和小商品市场单项指数构成，共选取了40个调查指标，包括场内、网上、订单、出口成交价格和交易额及商品周转次数、资金周转次数、商品毛利率等；采样商品按四级分类，其中大类17个、中类68个、小类100个、细类1006个，每一个细类选择3~5个代表商品；数据从义乌小商品市场中的3000余家商户中采集，编制工作由义乌商城集团和浙江工商大学承担。"义乌·中国小商品指数"是我国第一个基于单类商品、一个市场建立的商品指数，它将从一个侧面反映我国宏观经济走势。"义乌·中国小商品指数"的发布，是义乌小商品市场发展史上的里程碑，它将进一步提高义乌小商品市场的知名度和美誉度，凸显其在全国乃至全球日用消费品市场中的龙头地位，进一步促进义乌小商品市场进行功能创新，实现从商品展示、信息发布、商品交易等向价格形成、标准制造上转变。

"义乌·中国小商品指数"的发布也说明了商品分类的重要性。科学的商品分类有利于实现商品使用的合理化和流通管理的现代化。对发展生产，促进流通，满足消费，提高现代管理水平和企业效益等有着重要作用。

本案例说明了什么？试分析商品分类在实际工作中的作用

5. 实训

（1）试选择一家商业企业，或登录淘宝网、中国制造网 http://www.2008eshop.cn/等了解如何根据需要对商品进行分类。

（2）选择一种具体的商品，了解其条码的基本构成。

小组成员分工列表和预期工作时间计划表：

任务名称	承担成员	完成工作时间	老师建议工作时间
任务一：试选择线上或线下一家企业，了解其商品分类			
任务二：试选择食品、日用工业品、服装和图书，了解其条码的类型及构成			

任务工作记录和任务评价：

项　　目	记　　录
工作过程	签名：
个人收获	签名：
存在的问题	签名：
任务评价	（教师）签名：

6. 自学与拓展

2010 年 3 月 5 日《政府工作报告》中指出物联网的概念是：通过信息传感设备，按照约定的协议，把任何物品与互联网连接起来，进行信息交换和通讯，以实现智能化识别、定位、跟踪、监控和管理的一种网络，它是在互联网基础上延伸和扩展的网络。

随着信息技术的迅猛发展，人们对物联网的了解和认识就显得尤为重要了。物联网到底是什么？与我们的日常用品有何关联？离我们的生活有多远？

第三章

商品质量管理

 **学习目标**

认识商品质量的重要性；

了解并掌握商品质量的要求；

具备在分析影响商品质量因素的基础上做好商品质量管理工作的能力。

 **案例导入**

鄂尔多斯毛纺织企业从诚信入手塑品牌

内蒙古鄂尔多斯市质监局与该市 178 家绒毛纺织品生产经营企业签署了《鄂尔多斯市绒毛纺织品生产经营者产品质量承诺书》（以下称《承诺书》），旨在以诚信入手塑造和维护鄂尔多斯毛纺织业品牌。

鄂尔多斯市 178 家绒毛纺织品生产经营企业作出如下承诺：绝不从事或参与假冒伪劣产品的生产、加工和销售行为；在生产经营活动中严格按《承诺书》要求，制定生产、销售和委托生产加工合同，对产品执行标准和纤维成分含量等各项质量指标做出明确规定，明确合同双方的法律关系和各自应承担的法律责任；在生产经营活动中，严格按照相应的产品标准对原材料、半成品和成品质量进行检验把关，保存相应质量检验记录、报告、产品合格证等相关质量证明，并严格按照国家强制性标准 GB5296.4—1998《消费品使用说明 第 4 部分 纺织品和服装使用说明》规定，如实对产品进行正确标注；在不具备产品自检能力的情况下，委托有资质的产品质量检验机构进行检验，所有产品经检验合格后交付或出厂销售。（来源：中国质量报）

3.1 商品质量概念和基本构成

1．商品质量的概念

【案例1】

全国多地下架酒鬼酒

上海、沈阳和广州等地部分超市已将酒鬼酒产品下架，联华超市和农工商集团也传来旗下门店下架酒鬼酒的消息，并等待相关检测结果的公布。

"塑化剂"风波还在发酵。11 月 20 日，针对爆出的"酒鬼酒塑化剂超标"一事，商务部新闻发言人沈丹阳表示，目前白酒行业安全追溯体系正在试点，且有进一步情况将及时通报。"通过安全追溯体系，可把问题食品的源头找出来。"沈丹阳说，追踪过程中，主要通过追踪食品加工过程中各个环节的责任找出来，以此达到保障食品安全的作用。

ISO9000-2000 和 GB/T19000—2000 对质量的定义是，质量是一组固有特性满足要求的程度。特性是区分特征的。特性是指不同类别商品所特有的性质（即品质特征）。

固有特性是产品、过程或体系的一部分，如机器的生产率、连通电话的等候时间等技术特性，赋予的特性（如某一产品的价格）不是固有特性。特征是指用来区分同类商品不同品种的显著标志。

特性按其类别有物质的，如机械的、电的、化学的或生物学的特性；感官的，如嗅觉、触觉等；行为的，如诚实、正直等；时间的，如准时性、可靠性、可用性等；人体功效的，如语言的或生理的特性或有关人身安全的特性；功能的，如飞机的航程等。

商品质量特性就是根据一定的准则，将对商品的需要转化为特性，这些特性就称为质量特性。如工业产品特性主要有性能、可靠性、维修性和保障性、安全性、适应性、时间性和经济性。而服务产品质量的特性有功能性、安全性、时间性、舒适性、文明性和经济性。ISO9000-2000所给出的关于质量的概念是广义的、大质量的，代表了当前世界各国对于质量概念的最新认识，体现了在质量概念方面的进步。

（1）狭义的商品质量是指产品与其规定的标志技术条件的符合程度，它是以国家或国际有关法规、商品标准或贸易双方在合同中的有关规定作为最低的技术条件，是商品质量合格的依据。

（2）广义的商品质量是指商品适用其用途所需的各种特性的综合及满足消费者需求的程度，是生产商品质量的反映。

人们对商品质量的认识和理解是随着社会生产和经济的发展而变化的。在商品生产尚不发达，商品供不应求的社会条件下，物质必然占据主导地位。这时商品质量的核心内容是商品的基本性能和寿命，即强调商品的内在质量。

随着科学技术的进步，商品生产和市场经济的发展，商品交换逐渐由卖方市场转化为买方市场，市场竞争日趋激烈。人们不再只是满足于基本的物质需要，而是开始追求更高层次的文化精神满足。现代的商品质量观已从最初仅考虑商品的内在质量，发展到越来越注重商品的美学质量、包装质量和市场质量。

2. 商品质量的构成

（1）在形成环节上，商品质量由设计质量、制造质量和市场质量构成。

① 设计质量是指在生产过程之前的设计阶段，对商品品种、质地、规格、造型、花色、包装装潢等方面要求的质量因素；

② 制造质量是指在生产过程中所形成的符合设计要求的质量因素；

③ 市场质量是指在流通过程中，对在生产环节中已形成的质量的维护保证与附加的质量因素。

（2）在表现形式上，商品质量由内在质量、外观质量和附加质量构成。

① 内在质量是指通过测试、实验手段而能反映出来的特性或性质，如商品的物理性质、化学性质和机械性质等；

② 外观质量是指商品的外形以及通过感觉器官而能直接感受的特性，如色泽、气味及规格等；

③ 附加质量主要是商品信誉、销售服务等方面的要求。

（3）在有机组成上，商品质量由自然质量、社会质量和经济质量构成。

① 自然质量是商品自然属性给商品带来的质量因素，是构成商品质量的基础；

② 社会质量是商品的社会属性所要求的质量因素，是商品质量满足社会需要的具体体现；

③ 经济质量是商品消费时投入所考虑的因素，反映人们对商品质量经济方面的要求。

3. 商品质量的重要性

美国著名的管理专家朱兰博士曾说，"20 世纪是生产率的世纪，21 世纪是质量的世纪。"

（1）质量是治国之本，关系党和政府在人民群众心中的威望。

（2）加强产品质量工作，对振兴我国经济具有非常重要的意义。

（3）商品质量是决定企业竞争能力的重要因素。

（4）提高人民实际生活水平的一条途径。

3.2　商品质量的基本要求

1. 商品质量的基本要求

商品质量是商品能满足规定或潜在要求需要的特征和特性的总和。规定是指国家或国际有关法规、质量标准或买卖双方的合同所规定的要求等；潜在要求（或需要）是指人和社会对商品的适用性、卫生安全性、可靠性、耐用性、经济性、美观性和信息性等方面的人为期望。商品质量的具体要求有以下几方面。

（1）使用性能（适用性）。适用性也即有用性，它是指商品为满足一定的用途（或使用目的）所必须具备的各种性能或功能，它是构成商品使用价值的基本条件。不同使用目的商品，对其性能的要求也各不相同。

（2）可靠性。可靠性是商品在规定条件下和规定时间内，完成规定功能的能力。商品的可靠性常与商品的使用寿命、耐用性联系在一起，与商品在使用过程中的稳定性和无故障性密切相关。

如海尔为了提升产品在全球市场上的竞争力，率先在家电行业开展了家用电器可靠性测试方面的探索，通过研究家用电器产品适用的可靠性验证方案，以期实现对用户承诺的"保修期"向"保证期"的过渡。

（3）安全卫生性与环境要求。安全卫生性是指商品在生产、流通，尤其是在使用过程中保证人身安全与健康以及环境不受污染、不造成公害的要求。它是评价商品质量的重要指标之一。

商品的卫生安全性不仅要考虑对消费者直接造成的危害，同时还应考虑到商品对人类社会和人类生存环境构成的潜在的威胁。

如发达国家和地区都对纺织品服装的安全卫生项目提出了强制检测的要求，我国实施的GB18401—2003《国家纺织产品基本安全技术规范》也将纺织品服装的安全卫生项目列入了强制性检测范围。不同的国家所制定的标准不同，如输往欧盟的检测项目有纤维成分标签、禁用偶氮染料和含氯苯酚等；输往美国、加拿大的检测项目有纤维成分标签、阻燃；输往法国、芬兰、德国、挪威、奥地利、荷兰、日本的检测项目有甲醛等。

（4）美观舒适性。商品的美观性是商品能够满足人们审美需要的属性。商品的外观艺术性是通过商品的造型、款式、装饰、色泽、花纹、图案等来体现。

商品的舒适性是指商品造型、选材等满足人体运动生理学的要求，有利于人们的活动和健康。

如舒适性住宅的特征概括起来有四点：舒适、健康、高效和美观。舒适和健康是住宅的基础。住宅除满足居住的功能外，首先要满足的是人体的舒适性，如功能空间的比例和尺度、功能分区的合理性、交通流线的流畅与节奏、主要功能房间与室外环境的关系、良好的日照朝向和景观朝向、城市主导风向以及组织室内良好的自然通风等。此外应有益于人的身心健康，如无辐射、无污染的室内装饰材料、充足的日照、流通的自然空气等。

（5）经济性。经济性是指商品使用效果在一定条件下，在商品寿命周期内的低成本、低费用属性。是优质与低成本（价格）和低使用维护费的统一。

低成本性是指商品质量性能与获得该种质量性能所需的低成本的统一，它取决于科技的发展及其带来的劳动生产率水平的提高。低费用性是指商品质量性能与享有该种有用性所需的低耗费的统一。

如尽管低油耗、小排量是衡量一辆汽车经济与否的重要标准，但却不是全部。汽车是否经济，还要考虑到整车使用寿命、车辆部件保养周期等相关因素。

（6）信息性与可追溯性。信息性是指商品所具有的承载商品信息的功能，它是消费者正确认识、甄别选购、合理使用、用后适当处理的信息依据。

如《产品标识、标注规定》中产品标识内容有规范中文、生产者名称、地址，进口产品原产地、代理或销售商名称、地址，质量检验合格证明，产品的有关技术指标，生产日期、保质日期、有效期，警示标志和说明，安装、维护、使用说明等。

【案例2】

预先报检　分级检验　减免抽样　优先检测　诚信监管

深圳检验检疫局大力推进盐田保税区进口葡萄酒基地建设取得明显成效。自2009年以来，盐田保税区进口葡萄酒批次和数量增长迅猛。2012年1月至10月，进口葡萄酒批次和数量增幅分别达到50.68%和51.14%。

在进口葡萄酒快速增长的同时，国内市场上频频出现假酒、劣酒充当高级酒、贴牌、傍名牌的现象，给进口葡萄酒的检验监管带来巨大风险和挑战。对此，深圳局高度重视。该局领导多次带队深入保税区进口葡萄酒企业调研，积极探索、创新检验监管模式，加快通关速度，加大对企业的扶持力度。另一方面，针对进口葡萄酒品种多、检验周期长、检验风险大等特点，制定管理办法，对保税区红酒物流企业及贸易企业实施分类管理，确保进口葡萄酒质量安全。

在此基础上，积极支持区内龙头企业积极开展进口葡萄酒防伪技术的开发、应用等工作。11月5日，"进口葡萄酒产地溯源技术"推广应用正式启动。该技术的应用能很好地解决进口葡萄酒无法溯源的问题，对进口葡萄酒质量安全起到较好的辅助作用。对应用该技术、获得防伪标签的进口葡萄酒及企业，深圳局开启绿色通道，给予"预先报检、分级检验、减免抽样、优先检测、诚信监管"等便利措施。

2. 食品商品的质量要求

（1）食品商品的卫生安全性。世界卫生组织（WHO）最初将食品安全（Food Safety）定义为食物中有毒、有害物质对人体健康影响的公共卫生问题。1996年WHO将食品安全性定义为对食品按其原定用途进行制作和食用时不会使消费者受害的一种担保。

目前对食品安全性的解释是在规定的使用方式和用量的条件下长期食用，对食用者不产生不良反应的实际把握。

影响食品卫生安全的因素除了食品自身所含的有害成分外，还包括食品在生产、流通中受外界污染的因素。

① 农药残留污染。农药、兽药、饲料添加剂对食品安全性产生的影响，已成为人们关注的焦点。如我国有机氯农药虽于 1983 年已停止生产和使用，但由于有机氯农药化学性质稳定，不易降解，在食物链、环境和人体中可长期残留，目前在许多食品中仍有较高的检出量。随之代替的有机磷类、氨基甲酸酯类、除虫菊酯类等农药，虽然残留期短、用量少、易于降解、但农业生产中滥用农药，导致害虫抗药性的增强，这又使人们加大了农药的用量，并采用多种农药交替使用的方式，进行农业生产。这样的恶性循环，对食品安全性以及人类健康构成了很大的威胁。

② 食品添加剂。联合国粮农组织（FAO）和世界卫生组织（WHO）联合食品法规委员会对食品添加剂定义为：食品添加剂是有意识地一般以少量添加于食品，以改善食品的外观、风味、组织结构或贮存性质的非营养物质。

《中华人民共和国食品安全法》中规定：食品添加剂，指为改善食品品质和色、香、味以及为防腐、保鲜和加工工艺的需要而加入食品中的人工合成或者天然物质。

按照使用目的和用途，食品添加剂可分为：提高和增补食品营养价值的，如营养强化剂；保持食品新鲜度的，如防腐剂、抗氧剂、保鲜剂；改进食品感官质量的，如着色剂、漂白剂、发色剂、增味剂、增稠剂、乳化剂、膨松剂、抗结块剂和品质改良剂；方便加工操作的，如消泡剂、凝固剂、润湿剂、助滤剂、吸附剂、脱模剂；食用酶制剂等。

③ 重金属。重金属指密度 4.0 以上的 60 种元素或密度在 5.0 以上的 45 种元素。环境污染方面所指的重金属主要指生物毒性显著的汞、镉、铅、铬以及类金属砷，还包括具有毒性的重金属铜、钴、镍、锡、钒等污染物。

④ 生物性污染。生物性污染是指食品在生产、运输、储存、销售和烹制过程中，受到致病微生物、寄生虫、细菌、霉菌等的污染。

⑤ 新型食品和其他食品。如对基因工程食品，欧洲一些国家规定应在食品标签上注明。

对辐照食品的安全性研究结果认为在规定剂量的条件下，基本上不存在安全性问题，但剂量过大的放射线照射食品可造成致癌物、诱变物及其他有害物质的生成，并使食品营养成分被破坏，伤残微生物产生耐放射性等，可对人类健康产生新的危害。

保健食品是具有某些特定功能的食品，它们既不是药品也不是一般食品，对其食用有特定的针对性，只适宜于某些人群，随意或盲目食用对自身无益的药膳或保健食品，可能会带来不良后果。

（2）食品商品的营养价值。食品的营养价值大小不仅和所含营养成分的数量和比例有关，还和食品的吸收率和发热量有关。

① 蛋白质。在人体各个器官、组织和体液内，蛋白质都是必不可少的成分。成年人体重的 16.3%是蛋白质。蛋白质是生命的物质基础。

组成：基本结构单位为氨基酸。

分类：营养学上根据食物蛋白质所含氨基酸的种类和数量将食物蛋白质分三类：完全蛋白质、半完全蛋白质、不完全蛋白质。

生理功能：构成和修补人体组织；调节身体功能；供给能量。

食物来源及其日供量：动物性食物如肉类、鱼类、蛋类、奶类是膳食中蛋白质最好的来源。植物大豆是最佳也是最经济的蛋白质来源。植物性食物如米、面、杂粮及豆类、蔬菜、菌藻类、干果等中的蛋白质也是膳食中蛋白质的主要来源。

一般认为，成人每日约需 80 克蛋白质。按体重计算，每日每公斤体重需 1.2 克左右，占进食总热量的 10%～14%。

② 脂类。

组成：包括两类物质。一类是脂肪，是由一分子甘油和三分子脂肪酸组成的甘油三酯。另一类是类脂，它与脂肪化学结构不同，但理化性质相似。

生理功能：供给能量，构成一些重要的生理物质，维持体温和保护内脏，提供必需的脂肪酸，是脂溶性维生素的重要来源，增加饱腹感。

③ 碳水化合物。

组成：由碳、氢、氧三种元素组成的一类化合物，其中氢和氧的比例与水分子中氢和氧的比例相同，因而被称为碳水化合物，又称糖类。

分类：根据其分子结构，碳水化合物分为单糖、双糖和多糖三大类。

生理功能：供给能量，构成一些重要的生理物质，节约蛋白质，起抗酮作用；糖原有保肝解毒作用。

碳水化合物的来源：谷类、薯类、豆类富含淀粉，是碳水化合物的主要来源。食糖（白糖、红糖、砂糖）几乎 100%是碳水化合物。蔬菜水果除含少量果糖外还含纤维素和果胶。

④ 维生素。

组成：维持机体正常生命活动不可缺少的一类小分子有机化合物。

分类：通常按溶解性质将维生素分为脂溶性和水溶性两大类。

生理功能：对物质代谢过程起非常重要的调节作用。

⑤ 矿物质。

组成：人体组织几乎含有自然界存在的所有元素，其中碳、氢、氧、氮四种元素主要组成蛋白质、脂肪和碳水化合物等有机物，其余各种元素大部分以无机化合物形式在体内起作用，统称为矿物质。

⑥ 水分。水是除氧之外维持人体生命的最重要的物质，体液的 90%以上是水。水在食品中通常以结合水、体相水和吸润水形式存在。

水与食品中其他组分结合的性质与强度直接影响到食品的外观、结构、味道以及稳定性。

含水是食品腐败变质的重要原因之一，含水量越多的新鲜食品，腐败变质的可能性越大。

我们常利用水分活度反映食品储藏的安全条件。水分活度（Aw）是指食品中呈溶液状态的水（自由水）的蒸汽压与纯水蒸气压之比。水分活度大小反映了食品中自由水可被微生物利用的程度，Aw 值越大，食品的安全性越低，各种微生物生长所需的水分活度值如表 3-1 所示。

表 3-1　微生物生长所必需的水分活度值

微　生　物	水分活度	微　生　物	水分活度	微生物	水分活度
常见的腐败菌假单胞菌	0.96	微球菌及红酵母、啤酒酵母、毕赤酵母	0.92	嗜盐菌	0.75
沙门氏菌、大肠埃希氏菌、芽胞梭菌属	0.95	假丝酵母、圆酵母	0.88	曲霉	0.65
乳杆菌、足球菌、分支杆菌	0.94	葡萄球菌	0.86	接合酵母	0.62
根霉、毛霉等食品霉变的主要霉菌	0.93	青霉菌	0.85	耐干霉	0.60

（3）食品的色、香、味、形。色、香、味、形是指食品本身固有的和加工后所应当具有的色泽、香气、滋味和造型。

颜色的作用主要有两个方面，一是增进食欲，二是视觉上的欣赏。食物的颜色主要和食物中以下因素有关：动物性色素及其变色，如肉中肌红蛋白的氧化及在肉类加工中加入的保色剂硝酸钠等；植物色素，如叶绿素、类胡萝卜素的存在和变化；微生物色素，如红曲霉菌所分泌的红曲色素；食品加工过程中的褐变等。

香是诉诸于嗅觉的物质成分，它的存在方式是一种气味，一种令人愉快的气味。广义的味觉审美包括嗅觉的参与，包括嗅觉对香的感知。香是品味的先导和铺垫，是引发食欲的重要前提。食物中的香气主要来自植物性食物的香气，如蔬菜、水果的香气；动物性食物的香气，如肉、乳制品的香气；发酵类食物的香气，如酒、酱类；加热食品时形成的香气。

舌面上的味蕾，能感受到口腔内各种化学刺激，当食物的可溶性有味物质与味蕾接触，味蕾里的细胞纤毛就把感觉信息传送至大脑皮质中枢，于是产生了味觉。人和动物根据味觉来区别食物的性质，调节食欲，控制摄食量。人类的基本味觉有四种，即酸、甜、苦、咸，可分别由 $H+$、糖类、奎宁和食盐（氯化钠）引起。

食物的色、香、味、形等感官性状，能反映食品商品的感官特性如食物的新鲜程度、成熟程度、加工精度等，也是食物对人体感官刺激的因素，它可形成人的条件反射，影响食欲。

3. 日用工业品商品的质量要求

【案例 3】

多款国产化妆品含违禁物质白芷

2012 年 11 月，有消费者投诉称，其购买的一款由广东真丽斯化妆品有限公司生产的"神奇魅力 BB 霜"添加了违禁物质白芷。

既然白芷属于禁止添加成分，为什么会在市场上公然销售？国家轻工业香料化妆品洗涤用品质量监督检测广州站工作人员表示，"日常检测一般只包含重金属以及微生物等数项，国家化妆品卫生规范中的禁用物质包含 700 多项，每种物质的检测方法不同，全部检测的话，难度高费用大，违禁物质添加的控制还是要靠企业自律。"

白芷有何危害为何被禁用？

专家指出，白芷具光敏性，经过长期光照会引起皮肤发黑长斑，使用量太多会引发抽搐、高血压等。

国外芳香疗法网站中这样写道："白芷在中药中有收敛功效，可做止痛药等，但是这个功能可能引起抽搐、高血压甚至孕妇流产。可以帮助治愈受核辐射的皮肤，但是不能白天用。"维基百科也有这样的描述，"白芷会提高皮肤敏感性，有可能引发皮炎。"无论是在含白芷化妆品的说明中，还是销售白芷粉的使用注意事项中，都并未提及使用白芷的相关注意事项，比如量一定不能太多，以免引发抽搐、高血压；白天尽量不要用，以免引发皮炎面斑；还有就是孕妇一定要禁用等。

白芷作为当归属的一种中药已被广泛使用，但作为美容产品使用还尚未普及。从给药方式来看，口服用药比较安全，但不等于作为化妆品原料是安全的。口服产品的原料中，有些对皮肤刺激性强，有些含有光毒性。为了治疗某种疾病，中药汤剂使用的原料可以接受一定副作用。

白芷作为口服用药对于某些皮肤病具有良好的治疗作用，但必须在专业皮肤科医生的指导下，精确控制口服剂量；如果强行将白芷添加到常规护肤品中，由于没有专业指导和控制，势必会导致药效的放大或缩小，例如使得皮肤出现色斑、红斑、红肿等。

此前，卫生部发布的一份公告称，根据在北京、上海、天津、重庆、广州等 5 家定点医院的监测，化妆品所致的皮肤病正在逐年增多，成为皮肤科常见疾病之一。同时，化妆品造成的难以恢复或不可逆皮肤损害的严重病例也在增多。公告表明，发病年龄主要集中在 20 岁至 40 岁，以化妆品接触性皮炎最为常见，其他依次是化妆品皮肤色素异常、化妆品痤疮、化妆品毛发损害、化妆品光感性皮炎和化妆品甲损害。其中，由普通化妆品引起的皮肤病共 327 例，占 57.9%；由特殊用途化妆品引起的皮肤病共 177 例，占 31.3%；由美容院自制产品和"三无"产品（指标签标识无卫生许可批件或卫生许可证、无生产企业名称地址和无有效期标识）引起的皮肤病 61 例，占 10.8%。

日用工业品商品质量是指日用工业产品适合一定的用途，满足人们日常生活需要所具备的产品特性和特性的总和。它既包括产品的内在特性，如产品的结构、物理性能、化学成分、可靠性、精度、纯度等；也包括产品的外在特性，如形状、外观、色泽、音响、气味、包装等，其基本质量要求可概括为：适用性、卫生安全性、坚固耐用性、外观美观性、结构合理性、经济性等。

（1）适用性。适用性是指日用工业品满足这种商品主要用途所必须具备的性能或质量要求，它是构成这种商品使用价值的基本条件，也是评价日用工业品质量的重要指标。不同商品的适用性各有不同的要求，

如洗涤用品必须去污，化妆用品必须具有美化、清洁的作用。即使是同一类商品，由于品种不同，用途也各不相同，比如化妆品的用途有护肤的，也有清洁的。日用工业品的多样性扩大了商品和适应范围，因此对它们提出适用性的要求，也必须与其具体用途相一致。

（2）卫生性、安全性。安全卫生性是指日用工业品在使用时不能影响人体健康和人身安全的质量特性。

如盛放食物的塑料制品、五金器皿、化妆品、玩具、口杯、牙膏等商品应具有无毒无害性，在使用过程中不应对人体皮肤有刺激作用，不会发生危险，还有无污染、无公害等。

（3）坚固耐用性。坚固耐用性是指日用工业商品抵抗各种外界因素对其造成破坏的能力，它反映了日用工业品坚固耐用的程度和一定的使用期限。

如皮革、橡胶制品常用强度和耐磨耗指标来评定其耐用性能；电器开关可以开关多少次，手机电池可用多长时间，这些都是通过直接测定其保持正常使用性能的工作总时间或使用寿命来反映其耐用性能。

（4）外观美观性。日用工业品的外观主要是指其表面特征。一方面包括商品的外观疵点，即影响商品外观或影响质量的表面缺陷。日用品的外观有疵瑕，不仅严重地破坏了商品的美观，而且有些疵瑕还直接影响这种商品的适用性能和坚固耐用性能。另一方面指商品的表面装饰，如造型、款式、色彩、花纹、图案等。对商品外观总的要求是式样大方新颖、造型美观、色彩适宜，具有艺术感和时代风格，并且应无严重影响外观质量的疵点。

（5）结构合理性。日用工业品的结构主要指其形状、大小和部件的装配要合理等。

如牙刷、锅、铲等的结构不当，不仅使人感到不舒服、不美观，而且无法使用，丧失了使用价值。对于那些起着美化装饰作用的日用工业品，它们的外观造型结构更具有特殊意义。

（6）经济性。由于日用工业品是人们日常生活中必须而且经常使用的，是非天然生长的、采用各种方法加工而成的工业产品，加之消费者市场的特点，因此商品的生产者、经营者、消费者必须用尽可能少的费用获得较高的商品质量，从而使企业获得最大的经济效益，使消费者感到物美价廉。

经济性反映了商品合理的寿命周期费用及商品质量的最佳水平，其成本、价格、使用维修费等应最低。

4. 纺织品和服装的质量要求

（1）纺织品商品的质量要求。纺织品面料的质量指标包括两个方面：一是内在质量指标；二是外观质量指标。内在质量关系到织物的使用寿命和使用特性。内在质量包括断裂强度、密度、缩水率、色牢度、长度、幅宽、撕破强度、耐磨性等。纺织品的外观质量缺陷是指织品上存在的各种缺陷。

具体质量分析要求主要包含以下几方面。

① 织品的原材料分析。主要包括纤维材料的类型、成分和性质对织品质量的影响；纱线中存在的其他成分对织品质量的影响；纱线的细度、匀度、捻度、强度及纱线外观疵点等对织品的使用价值和质量的直接影响。

② 织品的结构分析。主要有织纹组织、密度和紧度、织品的厚度、重量和体积重量、幅宽和匹长、歪斜等方面。

③ 织品的机械性能。织品的机械性能是指在外力作用下呈现的应力与变形之间的关系。用来反应织物机械性能的指标有：断裂强度与断裂伸长率、撕裂强度与顶破强度、折皱回复率及抗皱度等。

④ 织品的服用性能。织品的服用性能是指织物的内在质量，主要的服用性能有：起毛与结球、纺织品尺寸稳定性、织物的刚柔性、阻燃性等。

⑤ 染色指标及外观疵点。纺织品的色牢度对消费者来说是极其重要的内在质量。色牢度是指纺织品的颜色对它在加工和应用过程中所受的各种外作用的抵抗能力。有色纺织品在使用或加工过程中，由于种种环境因素，如日晒、风吹、雨淋、摩擦、汗渍、洗涤、熨烫等，使织物颜色的彩度、色相、明度发生变化，所以色牢度是评价有色纺织品质量的重要指标。

色牢度是反应印染纺织品的色泽耐受外界影响的坚牢程度，包括晒牢度、洗涤牢度、摩擦牢度、汗渍牢度、熨烫牢度等。

（2）服装商品的质量要求。

① 适应性。服装的适应性是指服装产品具有的适应外界环境变化的能力。具体表现在：在生产环境方面，服装设计可操作性强；在流通环境方面，包装方法便于储藏、运输和陈列展销；在消费环境方面，服装规格应具有合体性、合目的性、方便保养；在生态环境方面，服装具有气候适应性；在社会环境方面，服装对社会公德、人的道德规范、行为准则应有积极贡献。

② 审美性。服装的审美性是指服装的美学质量满足消费者审美要求的程度。从服装的内在美看，服装蕴含有丰富的文化内涵；从服装的外在美看，服装的外观美感包括造型、色彩、装饰、工艺；从服装的流行美看，服装应能满足人们渴求新变化和获得社会认同的内外动机需要。

③ 舒适性。服装的舒适性是指人体着装后，服装具有满足人体要求并排除任何不舒适因素的性能。主要包括：触觉舒适性，温度舒适性和运动舒适性。

④ 卫生安全性。服装的卫生安全性是指服装保证人体健康和人身安全所应具备的性能，如服装的卫生无害性、阻燃性、带电性、抗污性等。

⑤ 耐久性。服装的耐久性是指服装在一定使用条件下保持功能持续稳定的能力。影响服装耐久性的因素有机械力、环境气体、水、光线、微生物、昆虫等。

服装的耐久性包括结构耐久性和材质耐久性。结构耐久性包括尺寸稳定性和形态稳定性。材质耐久性关系着服装的穿用寿命。服装面料的结实耐久性指标有耐磨性、耐疲劳性、撕裂强度、顶破强度、色牢度、耐洗涤性、耐光气候性等。

⑥ 经济性。服装的经济性是指合理的产品寿命周期费用，包括开发研制、生产制造、流通使用、用后处置等费用。

3.3　影响商品质量的主要因素

【案例4】

《人民日报》肯定格力电器自主创新成就

2012年11月，《人民日报》特别策划了"国企改革与发展特刊"，并整版深入报道珠海格力电器股份有限公司的发展之道（《造世界上最好的空调》《做实业就不要想着挣快钱》）。

《人民日报》肯定了格力电器在经济增速连续7个季度下滑、经济下行压力不减、制造行业普遍面临需求低迷、家电市场增长乏力的情况下，仍能实现自身发展，并保持稳步的增长态势。

而对于实现这一增长的因素，珠海格力电器股份有限公司董事长、总裁董明珠说，"外部市场环境变化我们没有办法左右，唯一能做的就是加强品牌管理、成本控制、技术创新、售后服务。""只有产品做得更好，才能在市场下滑的时候，让消费者首先选择的还是格力。所以虽然行业在下滑，但格力在增长。蛋糕小了，我切得大了。"

份额增大直接反映在广交会的成交额上。在广州举办的第112届广交会上，格力"全能王"系列挂机首次亮相，吸引了全球客商的眼球。

这一门庭若市的景象同样出现在格力电器公司总部，在格力总部的展览大厅里，肤色多样的客商往来不绝。为了规避欧洲市场低迷，格力今年新推出的"全能王"空调，可以实现零下30摄氏度制热、54摄氏度制冷，这大大扩展了市场接受面，充分考虑到了高纬度和低纬度地区消费者的需求。

格力对产品创新的要求很高。关于离心机，美国四大家族的产品有几十年的历史，在这个基础上，格力现在生产的产品，同等条件下节能40%，攻克中央空调领域的多项世界难题，技术处于国际领先水平。

支持产品创新离不开投入。看看格力电器那雄厚的科研班底，就能明白为什么格力空调可以连续17年销量全国第一，连续7年全球第一。格力拥有5 000多名科技研发人员、两个国家级技术研究中心、3个研究院、26个研究所、300多个实验室、6 000多项专利，其中发明专利1 300多项，年科研投入超过30亿元。

对于品质和技术的苛刻，也成就了格力电器在海外市场的成功。统计结果显示，格力空调产品目前已进入全球 200 多个国家和地区，在全球拥有两亿用户，其自主品牌空调产品已销往全球 100 多个国家和地区。2012 年上半年，格力海外销售额达 92.91 亿元，占全部销售额的 21.09%。目前，格力自主品牌的产品已占据海外销售额的 30%，分布地区不仅包括新兴市场，同时还有美国和欧洲等发达市场。

而在品质和技术的背后都离不开员工素质和队伍管理。

对管理队伍来说，格力 20 年一直打造诚信的企业文化，每个干部应该自觉和不自觉地遵从，遇到不遵从或不按照制度规定做的就免职，有的甚至受到了刑事追究。

产品质量是组织各项活动的综合结果。在其形成过程中，涉及质量的因素有许多，而其中任何一种因素都可能对产品产生不同程度的影响。任何一个组织，为了实现在激烈竞争中获胜的目标，都必须建立和健全质量体系，对质量环中影响产品质量的诸多因素实施全面控制，纠正和预防质量问题的发生，尽可能减少直至消除质量隐患。

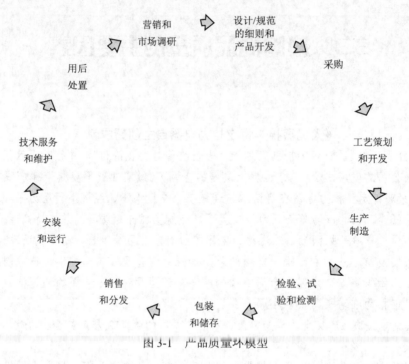

图 3-1　产品质量环模型

1. 市场调研

通过市场调研可以了解和掌握消费者的消费趋向、新的要求、消费偏好的变化等，市场调研在新产品开发中发挥着重要作用。

如有助于了解当前相关行业的发展状况和技术经验，为改进企业的经营活动提供信息；能了解分析提供市场信息，避免企业在制订营销策略时发生错误；可以帮助营销决策者了解当前营销策略以及营销活动的得失，做出适当建议；提供正确的市场信息，可以了解市场可能的变化趋势以及消费者潜在购买动机和需求，有助于营销者识别最有利可图的市场机会为企业提供发展新契机。

2. 生产过程中影响商品质量的因素

（1）产品开发设计。设计指为使产品和服务满足某方面的需要而进行的作业确定和解决问题的过程。或者说，根据某一目的要求，预先制订方案的过程。

产品设计是指从明确产品设计任务起，至确定产品整体结构的一系列工作过程。主要包括确定产品的结构、成分、特征、规格，产品加工制造时所需的材料和外购配件，产品应达到的技术经济指标及使用方法。

产品设计是进行工艺准备、物质准备、试制和鉴定等工作的依据和基础。其程序分为技术调查、工艺研究、原型机（研制的样机）设计、原型机制造、原型机试验、试制机的设计、试制机制造、试制机试验、生产设计 9 个阶段。

（2）原材料。原材料是商品生产过程中所使用的原料、材料和辅助物的总称。不同的原材料导致商品的性能、质量等方面的差异，原材料是决定质量的重要因素。

（3）生产工艺和设备。生产工艺主要指产品在加工制造过程中的配方、操作规程、设备条件以及技术水平等。生产工艺的制定和设备的加工性能，影响到商品的内在质量和外观质量的形成和固定，同样的原材料会因工艺的不同而产生不同品质的商品，也会因设备加工精度的不同而产生不同等级的商品。通过生产工艺的改进和设备的更新，能不断提高商品的质量。

【案例 5】

格力制作工艺

格力不但注重技术研发，同时还通过先进的设备和工装，以及不断提高的工艺水平，始终保持着制造方面的优势；格力不仅有适应多种工质（R22、R407C、R134A、R410A）的智能总装生产线，而且通过室外机管路的充氮焊接工艺、高效精确的冷媒灌注工艺、系统双向过滤杂质工艺、带模拟工况自动商检系统和自动打包、套包工艺的配合，形成了一套高质量、高效率的整机生产流程。

"好空调，格力造"一流的生产环境，一流的生产线，一流的生产工艺。在不断进取开拓中始终贯彻"一流"的原则，格力的生产工艺始终走在国际前列。

（4）检验与包装。商品检验是保证商品质量的重要措施。对商品质量形成和实现过程中的每道环节的检验，使不合格的原材料和零部件不能进入生产线，不合格的半成品不能继续进入下一流程，不合格的成品不能出厂进入流通和消费。

【案例 6】

格力在线检测系统

在线测试系统可同时对 10 台多联机进行制冷制热、电参数测试；户式机在线测试系统可以同时对 8 台水冷户式机进行制冷制热、电参数和部分关键工艺参数进行测试；

模块机在线测试系统可同时对 4 台 60～600kW 的模块机等风冷冷水和水冷机组进行测试；

水冷螺杆测试系统，可同时对 2 台 60～1 700kW 水冷螺杆机组进行测试。

氦真空箱检漏装置：管路的检漏精度可达 1.5 克/年，约合 1.23×10^{-5}mbar.l/s。

包装质量是商品质量的重要部分，商品包装能有效防止和减少外界因素对商品的影响，同时能宣传商品、美化商品，提高商品的外观质量，促进商品的销售。

3. 流通过程中影响商品质量的因素

【案例 7】

工商部门扎实开展流通领域儿童用品质量专项整治行动

2013 年，"六一"国际儿童节，国家工商总局部署各地工商部门开展了一次为期近两个月的流通领域儿童用品质量专项整治行动，严厉查处无照经营、销售假冒伪劣和不合格儿童用品等违法行为。

北京、天津、河北等 15 地工商部门精心组织开展专项整治工作，共出动执法人员 12.22 万人次、检查经营主体 15.44 万户次，查处销售假冒伪劣和不合格儿童用品案件 722 起，案值 313.40 万元；受理消费者涉及儿童用品的申诉 627 件，为消费者挽回经济损失 88.44 万元。

各地工商机关将继续把儿童用品作为流通领域商品质量监管的重点，加强流通领域商品质量监测，及时受理和依法处理有关儿童用品的申诉、举报，认真开展消费教育和引导，依法严厉查处销售假冒伪劣和不合格儿童用品以及虚假宣传等违法行为，并加强与质监、卫生、教育、工信、公安等部门的协作配合，形成监管合力，切实维护儿童用品市场秩序。

（1）商品的运输装卸。商品在运输和装卸过程中，由于外界的自然气候、一些物理机械作用及商品变质等化学作用的影响，降低了商品的效能。

运输和装卸对商品质量的影响主要与运输的路线、时间、方式以及运输和装卸的工具等因素有关。

（2）商品的储存。储存中商品自身的物理性质、化学性质是商品质量发生变化的内在因素，储存环境中的条件如温度、湿度、日光、氧气、微生物等因素是商品储存期间发生质量变化的外在因素。因此对储存场所的选择及对储存场所中的商品质量有效管理，可以将内在、外在因素对商品质量的不良影响降低到最低限度。

（3）商品的销售服务。销售过程的服务主要包括商品的进货验收、入库短期存放、商品陈列、提货搬运、装配调试、包装服务、送货服务、技术咨询、维修和退换服务等。这些服务质量的高低都会对消者购买的商品质量产生影响。商品良好的售前、售中、售后服务质量已逐渐被消费者视为商品质量的重要组成部分。

4. 使用过程中影响商品质量的因素

（1）商品的使用范围和条件。商品都有其一定的使用范围和条件，使用中只有遵守其使用范围和条件，才能发挥正常的功能。

（2）商品的使用方法和维护保养。为了保证商品质量和延长商品使用寿命，使用中消费者应在了解该种商品结构、性能特点的基础上，掌握正确的使用方法，具备一定的日常维护保养知识。

（3）商品的废弃处理。随着环境保护的日益重要，商品在使用过程中还应尽量减少和避免对环境的污染，使用完毕后，应及时进行回收或处理，逐步限制和严格禁止可能产生公害的商品生产，努力寻找无害的替代商品，以保护人类的生存环境。

5. 改善商品质量的对策

（1）市场调研质量管理。市场调研是商品开发设计的基础。在开发设计商品之前，首先要充分研究商品的消费需求，以满足消费需求为商品质量的出发点和归宿；其次要对影响消费需求的诸多因素进行研究，以保证商品的开发设计具有前瞻性；最后还须收集、分析及比较国内外、同行业不同生产者的商品质量、品种信息，通过市场预测确定商品的质量等级、品种规格、数量和价格，以确保适应目标市场的需要。

（2）商品生产质量管理。商品生产阶段是质量形成的主要阶段，商品生产质量管理的主要内容如下。

设计质量是使产品具有技术上的先进性和经济上的合理性，在设计中要积极采用新技术、新工艺和新材料，从而提高产品质量的档次；在工艺设计方面，使加工制造方便、降低制造成本、提高经济效益。

生产管理机构和管理制度方面，有完整的生产管理体系和指挥调度管理制度；建立从原辅料入库到成品出库各生产阶段的生产管理制度。

生产设备方面，建立了设备管理及保养制度，生产设备能够满足产品技术质量要求。

工艺设备方面，生产过程中，主要工序的加工工艺装备齐全、设备完好。

检测方面，检测手段齐全，建立计量管理制度，检测器具完好和准确。

（3）商品流通质量管理。商品流通质量管理主要是商业经营各环节中的商品质量管理。流通过程的质量管理涉及的环节具体介绍如下。

采购环节：建立商品进货管理制度、编制采购计划、选择合格的货源单位并签订商品质量合同、建立商品验收检验制度和检验机构、培训检验人员、对经销商品进行分类管理等。

运输环节：制订科学的运输计划、选择合理的运输路线、确定适宜的运输条件和运输工具、建立商品交接验收制度等。

储存环节：制订商品储存计划、建立商品出入库验收制度和仓库管理制度、选择适宜的储存条件和科学的储存养护方法、认真管理仓库温湿度、做好商品的在库检查、及时发现和处理商品质量问题、加快商品出库速度、提高经济效益等。

销售环节：编制商品的销售计划、制订合格营业员的条件、确定适宜的销售环境、规定销售过程及质量要求、提高服务质量等。

售后服务环节：制订和实行三包规定、送货上门、免费安装调试、开展质量咨询服务和质量信息反馈工作等。

（4）商品使用质量管理。商品使用质量管理是商品质量管理的最后环节，其目的是指导消费。通过售后服务，积极开展技术服务、技术咨询，最大限度地实现商品的使用价值。

3.4 商品质量管理方法的使用

【案例8】

温州新增 151 家海关信用 A 类企业 奥康成功晋级 AA 类

全市进出口企业诚信体系建设暨海关 AA 类企业授牌仪式在温州市人民大会堂举行。2012年温州海关辖区内共新增 AA 类企业 1 家——浙江奥康鞋业股份有限公司，A 类企业 151 家。此类企业将在通关手续办理、通关时间等环节中享受多种便利，将有效增加企业的竞争力。

实施企业分类管理以守法便利为原则，依据企业守法信用度，对企业从高到低划分为 AA、A、B、C、D 五个管理类别，AA 类企业是由海关从 A 类企业中"好中选优"，通过海关验证稽查并经海关总署批准，是海关信用等级最高的企业。海关对诚信守法的 AA、A 类企业适用相应的通关便利措施。

据悉，A 类企业评定标准为：上一年度年进出口总值 50 万美元以上，已适用 B 类管理 1 年以上，在海关和其他部门资信良好，上一年度进出口报关差错率 5%以下。AA 类企业评定标准为：符合 A 类管理条件且已适用 A 类管理 1 年以上，通过海关验证稽查，上一年度进出口报关差错率 3%以下。

A 类企业在全国各口岸享受优先选择作为海关便捷通关试点、可实施"属地申报、口岸验放"便捷监管模式等。AA 类企业在享受 A 类管理措施基础上，还可享受先行办理担保验放手续、现场适用较低查验率、对从事加工贸易的企业不实行银行保证金台账制度等便利措施。

据了解，2012 年以来，温州海关联合地方口岸单位开展企业培训和政策宣讲 20 余次，培训企业 500 多家。在温州海关的培育推动下，目前我市共有海关信用等级 AA 类企业 12 家，A 类企业 853 家，A 类及以上企业总数列杭州关区第二位，在全省处领先水平。

质量观是指企业在商品和服务的质量标准意义等方面所持有的观点和态度。

不同时期对质量的定义反映了质量观念的变化，ISO8401—86 对质量的定义是产品或者服务满足规定或潜在需要的特征和特性的总和；ISO9000—94 对质量的定义是反映实体满足明确和隐含需要能力的特性总和；ISO9000—2000 对质量的定义是：达到持续的顾客满意。

不同时期对质量的定义反映了质量观念创新经历了三个阶段。

一是符合型质量阶段，即符合标准。

二是适应型质量阶段，此阶段企业是被动的，即市场和用户提出要求后，企业再去满足。

三是满意型质量阶段，要求企业主动满足用户的要求，它与适应型阶段的最大区别在于能否主动适应市场、适应消费者。

1. 质量管理的发展阶段

质量管理是指在质量方面指挥和控制组织与质量有关的彼此协调的活动。指挥和控制组织与质量有关的活动通常包括质量方针和质量目标的建立、质量策划、质量控制、质量保证和质量改进。

质量管理经历了以下几个阶段：传统质量管理阶段、统计质量管理阶段、全面质量管理阶段、综合质量管理阶段。

（1）传统质量管理阶段。这个阶段从开始出现质量管理一直到 19 世纪末资本主义的工厂逐步取代分散经营的家庭手工业作坊为止。这一时期受小生产经营方式或手工业作坊式生产经营方式的影响，产品质量主要依靠工人的实际操作经验，靠手摸、眼看等感官估计和简单的度量衡器测量而定。工人既是操作者又是质量检验、质量管理者，且经验就是"标准"。质量标准的实施是靠"师傅带徒弟"的方式口授手教进行的，因此，有人又称之为"操作者的质量管理"。

资产阶级工业革命成功之后，机器工业生产取代了手工作坊式生产，劳动者集中到一个工厂内共同进行批量生产劳动，于是产生了企业管理和质量检验管理。就是说，通过严格检验来控制和保证出厂或转入下道工序的产品质量。检验工作是这一阶段执行质量职能的主要内容。质量检验所使用的手段是各种各样的检测设备和仪表，它的方式是严格把关，进行百分之百的检验。

传统质量管理阶段是以检验为基本内容，方式是通过严格把关，对最终产品是否符合规定的要求做出判定，因而属于事后把关，无法起到预防控制的作用。

（2）统计质量管理阶段。统计质量管理阶段是以数理统计方法与质量管理相结合，通过对过程中的影响因素的控制达到控制结果的目的。

利用数理统计原理，预防产出废品并检验产品质量的方法，由专职检验人员转移给专业的质量控制工程师承担。这标志着将事后检验的观念改变为预测质量事故的发生并事先加以预防的观念。

但在这个阶段过分强调质量控制的统计方法，忽视其组织管理工作，使得人们误认为"质量管理就是统计方法"，数理统计方法理论比较深奥，是"质量管理专家的事情"，因而对质量管理产生了一种"高不可攀、望而生畏"的感觉。这在一定程度上限制了质量管理统计方法的普及推广。

我国从 70 年代末开始制订数理统计标准，1981 年 11 月成立了全国统计方法应用标准化技术委员会（与 ISO/TC69 对应），现已初步形成一个数理统计方法标准体系。该标准体系主要有六个方面的标准：一是数理统计方法术语与数据标准，二是数据的统计处理和解释，三是控制国标准，四是以数据统计方法为基础的抽样检查方法标准，五是测量方法和结果的精度分析标准，六是可靠性统计方法标准。

（3）全面质量管理阶段。全面质量管理（TQM）是基于组织全员参与的一种质量管理形式，全面质量管理内容和特征可以概括为"三全"，即"管理对象是全面的、全过程的、全员的"。

（4）综合质量管理阶段。顾客满意是指顾客对其要求已被满足的程度的感受。综合质量管理阶段同样以顾客满意为中心，同时也重视与全员职工、社会、交易伙伴、股东等顾客以外的利益相关者的关系，重视中长期预测与规划和经营管理层的领导能力，重视人及信息等经营资源，使组织充满自律、学习、速度、柔韧性和创造性。

2. 商品质量管理方法

（1）商品质量管理内涵。商品质量管理是指以保证商品应有的质量为中心内容，运用现代化的管理思想和科学方法，对商品生产和经营活动过程中影响商品质量的因素加以控制，使用户得到满意的商品而进行的一系列管理活动。

商品质量管理包括两个方面：微观质量管理和宏观质量管理。微观质量管理是企业对所有生产经营商品的市场调研、设计和开发、生产、检验、包装、储运、销售、售后服务及用后处理的全程质量管理。宏观质量管理是指政府对商品质量的管理和调控，其管理对象是整个国家或地区或整个行业商品质量的规划、形成和实现的全过程，如商品质量的认证、标准化管理、质量监督、消费者保护、商品质量法规制定和实施。

（2）商品质量管理法规。

【案例 9】

中华人民共和国农产品质量安全法（节选）

（2006 年 4 月 29 日第十届全国人民代表大会常务委员会第二十一次会议通过）

第二章　农产品质量安全标准

第十一条　国家建立健全农产品质量安全标准体系。农产品质量安全标准是强制性的技术规范。

农产品质量安全标准的制定和发布，依照有关法律、行政法规的规定执行。

第十二条　制定农产品质量安全标准应当充分考虑农产品质量安全风险评估结果，并听取农产品生产者、销售者和消费者的意见，保障消费安全。

第十三条　农产品质量安全标准应当根据科学技术发展水平以及农产品质量安全的需要，及时修订。

第十四条　农产品质量安全标准由农业行政主管部门商有关部门组织实施。

第三章　农产品产地

第十五条　县级以上地方人民政府农业行政主管部门按照保障农产品质量安全的要求，根据农产品品种特性和生产区域大气、土壤、水体中有毒有害物质状况等因素，认为不适宜特定农产品生产的，提出禁止生产的区域，报本级人民政府批准后公布。具体办法由国务院农业行政主管部门商国务院环境保护行政主管部门制定。

农产品禁止生产区域的调整，依照前款规定的程序办理。

第十六条　县级以上人民政府应当采取措施，加强农产品基地建设，改善农产品的生产条件。

县级以上人民政府农业行政主管部门应当采取措施，推进保障农产品质量安全的标准化生产综合示范区、示范农场、养殖小区和无规定动植物疫病区的建设。

第十七条　禁止在有毒有害物质超过规定标准的区域生产、捕捞、采集食用农产品和建立农产品生产基地。

第十八条　禁止违反法律、法规的规定向农产品产地排放或者倾倒废水、废气、固体废物或者其他有毒有害物质。

农业生产用水和用作肥料的固体废物，应当符合国家规定的标准。

第十九条　农产品生产者应当合理使用化肥、农药、兽药、农用薄膜等化工产品，防止对农产品产地造成污染。

第四章　农产品生产

第二十条　国务院农业行政主管部门和省、自治区、直辖市人民政府农业行政主管部门应当制定保障农产品质量安全的生产技术要求和操作规程。县级以上人民政府农业行政主管部门应当加强对农产品生产的指导。

第二十一条　对可能影响农产品质量安全的农药、兽药、饲料和饲料添加剂、肥料、兽医器械，依照有关法律、行政法规的规定实行许可制度。

国务院农业行政主管部门和省、自治区、直辖市人民政府农业行政主管部门应当定期对可能危及农产品质量安全的农药、兽药、饲料和饲料添加剂、肥料等农业投入品进行监督抽查，并公布抽查结果。

第二十二条　县级以上人民政府农业行政主管部门应当加强对农业投入品使用的管理和指导，建立健全农业投入品的安全使用制度。

第二十三条　农业科研教育机构和农业技术推广机构应当加强对农产品生产者质量安全知识和技能的培训。

第二十四条　农产品生产企业和农民专业合作经济组织应当建立农产品生产记录，如实记载下列事项：

（一）使用农业投入品的名称、来源、用法、用量和使用、停用的日期；

（二）动物疫病、植物病虫草害的发生和防治情况；

（三）收获、屠宰或者捕捞的日期。

农产品生产记录应当保存二年。禁止伪造农产品生产记录。

国家鼓励其他农产品生产者建立农产品生产记录。

第二十五条　农产品生产者应当按照法律、行政法规和国务院农业行政主管部门的规定，合理使用农业投入品，严格执行农业投入品使用安全间隔期或者休药期的规定，防止危及农产品质量安全。

禁止在农产品生产过程中使用国家明令禁止使用的农业投入品。

第二十六条　农产品生产企业和农民专业合作经济组织，应当自行或者委托检测机构对农产品质量安全状况进行检测；经检测不符合农产品质量安全标准的农产品，不得销售。

第二十七条　农民专业合作经济组织和农产品行业协会对其成员应当及时提供生产技术服务，建立农产品质量安全管理制度，健全农产品质量安全控制体系，加强自律管理。

商品质量法规是指有关商品（产品）质量方面的法律、法令、规定、条例的总称。商品质量法规是世界各国政府解决商品质量的重要途径和手段，制定和实施商品质量法规能有效地管理和保证商品质量，保护消费者地合法权益，维护社会经济秩序，促进国内市场经济和对外贸易的发展。商品质量法规的种类如下。

① 产品责任法。产品责任是指产品的制造者和销售者由于其提供的产品具有缺陷造成消费者人身或财产方面的损害而应当向受害者承担的民事法律责任。产品责任法就是调整上述产品责任关系的法律规范总体，其目的在于最大限度地约束生产者和销售者的行为，维护消费者利益并促进商品经济的发展。

根据《中华人民共和国产品质量法》，对于产品生产者和产品销售者采用不同的归责原则。生产者的责任，规定在第 41 条："因产品存在缺陷造成人身、缺陷产品以外的其他财产（以下简称他人财产）损害的，生产者应当承担赔偿责任。"按照这一规定，因产品存在缺陷，造成人身财产损害的，应由该产品的生产者承担赔偿责任。此生产者的赔偿责任，不以生产者具有过错（故意或过失）为责任成立要件，因此属于严格责任。

销售者的责任，规定在第 42 条第 1 款："由于销售者的过错使产品存在缺陷，造成人身、他人财产损害的，销售者应当承担赔偿责任。"条文明示，销售者的过错使产品存在缺陷的情形，销售者应当承担赔偿责任。此销售者的责任，以销售者具有过错为责任成立要件，因此属于过错责任。

② 产品质量法。1993 年 2 月 22 日第七届全国人民代表大会常务委员会第三十次会议通过《中华人民共和国产品质量法》（以下简称《产品质量法》）。包括：总则；产品质量的监督管理；生产者、销售者的产品质量责任；损害赔偿；罚则共 5 章 51 条。2000 年 7 月 8 日第九届全国人民代表大会常务委员会第 16 次会议，通过《关于修改产品质量法的决定》，主要是强化产品质量的行政管理和行政责任。

③ 消费者保护法。1993 年 10 月 31 日八届全国人大常委会第四次会议通过了《中华人民共和国消费者权益保护法》（以下简称《消法》），并于同日公布。

《消法》的颁布标志着我国消费者保护法制建设发展到了一个新的阶段。《消法》是一部宣言性的法律，在我国消费者保护法律体系中起统帅作用，类似于消费者保护法总纲。其内容包括总则、消费者的权利、经营者的义务、国家对消费者合法权益保护、消费者组织、争议的解决、法律责任及附则，共 8 章 55 条。

消费者权益保护法律和法规明确规定：

消费者有权要求经营者提供的商品和服务，符合保障人身、财产安全的要求；

有权要求经营者提供商品的用途、性能、等级、有效期、检验合格证明、使用方法说明书等有关情况；

因购买、使用商品或者接受服务受到人身、财产损害的，享有依法获得赔偿的权利；

经营者向消费者提供商品或者服务，应依照《产品质量法》和其他有关法律、法规的规定履行义务；

对消费者就其提供的商品或服务质量和使用方法等问题提出询问，应作出真实、明确的答复；

应当保证其提供的商品或服务的实际质量与表明的质量状况相符。

经营者提供商品或服务如有缺陷，不具备应有的使用性能而出售时未作说明的，不符合在商品或其包装上注明的标准，不符合商品说明、实物样品等方式表明的质量状况，是国家明令淘汰的或失效变质的商品时，应依法承担民事责任，构成犯罪的，则追究刑事责任。

消费者保护法包括三部分：消费者政策法、消费者合同法、消费者安全法。消费者政策法，规定在现行《消费者权益保护法》，是消法的主要内容。消费者合同法，规定在统一合同法，主要是该法关于格式合同的规则和关于免责条款的规则。消费者安全法，包括产品质量行政管理法（即《产品质量法》主要内容）；产品质量刑法（上述刑法关于产品质量犯罪的规定）；严格产品责任法（《产品质量法》中）。《产品质量法》是消费者安全法的重要部分。其目的和任务是：通过确保产品质量以保障消费者人身安全，救济因产品缺陷导致人身安全遭受损害的消费者，制裁生产销售不合格产品的违法行为人。

④ 商品质量监督管理、检验、认证等方面的质量法规。

【案例 10】

出口欧盟食品接触塑料材料及制品需高度关注新法规

2011 年 12 月 10 日，欧盟官方公报公布了（EU）No 1282/2011 号法规，修订了关于食品接触塑料材料及制品的（EU）No 10/2011 号法规。新法规指出，对于 2012 年 1 月之前符合现有法规获准上市销售的塑料材料及制品而言，如果不符合该项最新法规规定，仍可在 2013 年 1 月 1 日之前上市销售，相关库存产品可以售完为止。该法规自其在欧盟官方公报公布 20 天后生效。2012 年 1 月 25 日，欧盟食品安全局（EFSA）又发表了食品接触塑料制品的新法规的细节说明，即塑料实施措施，对法规进行了进一步的补充说明。

须引起高度关注的是在新法规中，三聚氰胺的特定迁移限量（Specific migration limit, SML）由原来的 30mg/kg 减少到 2.5mg/kg。此外，根据 EFSA 的意见，2，4-双（2，4-二甲基苯基）-6-（2-羟基-4-正辛氧基苯基）-1，3，5-三嗪的 SML 由 0.05mg/kg 修订为 5mg/kg；N-甲基吡咯烷酮的 SML 设定为 60 mg/kg。此外，法规还修改了部分欧盟清单中已授权物质的限制和规范。

食品接触类塑料制品是宁波地区重要的出口消费产品。据统计，2011 年宁波地区检验检疫出口食品用包装容器、食品用具已突破 2.2 万批，货值突破 3.96 亿美元，其中塑料制品占有相当大的比重，欧盟地区为重要的出口市场。近年来，欧盟相继出台了一系列法规条例，不断提高进口食品接触材料的门槛，面对日趋严厉的贸易壁垒和管控要求，国内相关产品生产企业应当引起高度关注，在产品检测和原辅材料把关上投入更多的精力和成本。

鉴于此，检验检疫部门提醒相关食品接触塑料制品生产企业：一是要及时了解和掌握新法规的相关条款要求，对欧盟法规的限定项目和限量保持高度敏感，提高风险意识，避免由此带来的损失；二是要规范管理，建立可靠的原辅料供应渠道，尤其是以三聚氰胺-甲醛树脂（密胺塑料）为原辅料的生产企业，应高度重视新法规中对三聚氰胺可迁移限量从严要求的限制，警惕由此带来的质量安全问题；三是要加强与检验检疫部门的联系，密切关注政府部门发布的预警信息，提早防范，不断提高自身产品的品质，提升"中国制造"的品牌形象。

为了保护国家和消费者利益，督促企业保证产品质量，依据《产品质量法》、《标准化法》、《进出口商品检验法》等法律，由国家技术监督部门及有关部门制定了《产品质量监督办法》、《国家监督抽查产品质量的若干规定》、《建筑工程质量监督条例》、《锅炉、压力容器安全监察条例》

等一系列产品质量监督方面的法规和规章。

我国产品质量监督法规可以分为三类。

一是国家监督抽查检验法规和规章，包括国家技术监督部门发布的法规、进出口商品质量监督检验法规；

二是市场商品质量监督法规和规章，如国务院先后发布了《关于严厉打击在商品中掺杂使假的通知》(1989年9月)、《关于严厉打击生产和经销假冒伪劣商品违法行为的通知》1992年7月)等法规；1993年7月八届人大常委会第2次会议又通过《关于惩治生产、销售伪劣商品的犯罪的决定》作为刑法的补充规定；

三是专业产品质量监督法规和规章。

（3）商品质量管理的方法。

① PDCA循环。

PDCA循环是提高产品质量，改善企业经营管理的重要方法，是质量管理体系运转的基本方式。

PDCA循环最早是由美国质量管理学家戴明博士提出，他把质量管理过程分四个阶段，即计划（Play）、执行（Do）、检查（Check）、处理（Action）。

PDCA模式可分为四个阶段、八个步骤。

P，第一阶段是计划，它分为五个步骤：分析现状；找出存在问题的原因；分析产生问题的原因；找出其中主要原因；拟定措施计划，预计效果。

D，第二阶段是实施，执行技术组织措施计划。

C，第三阶段是检查，把执行的结果与预定的目标对比，检查计划执行的情况是否达到预期效果。

A，第四阶段是处理，巩固成绩，把成功的经验尽可能纳入标准，进行标准化，对遗留问题转入下一个PDCA循环去解决。

PDCA循环的特点：PDCA循环一定要按顺序进行，它靠组织的力量来推动，像车轮一样向前进，周而复始，不断循环。企业每个部门、车间、工段、班组，直至个人的工作，均有一个PDCA循环，这样一层层地解决问题。

② DMAIC模式。六西格码（6σ）模式由摩托罗拉公司于1993年率先开发，采取六西格码模式管理后，该公司平均每年提高生产率12.3%，由于质量缺陷造成的费用消耗减少了84%，运作过程中的失误率降低99.7%。通用公司的韦尔奇则指出："六西格码已经彻底改变了通用电气，决定了公司经营的基因密码（DNA），它已经成为通用电气现行的最佳运作模式。"

西格码原文为希腊字母sigma，其含义为"标准偏差"，六西格码意为"6倍标准差"，在质量上表示每百万坏品数少于3.4。

六西格玛管理的实现手段是持续的过程改进，DMAIC流程是6σ管理的过程改进模式，通过持续运行的DMAIC流程而实现质量的持续改进。

推行六西格码模式可以采用由定义、度量、分析、改进、控制（DMAIC）构成的改进流程。DMAIC的五个阶段：定义D（Define），确定主要问题，定义改进项目的目标和确定关键特性CTQ；度量M（Measure），度量现有水平，建立改进基线；分析A（Analyze），分析现有水平与目标水平的差距和问题的根本原因；改进I（Improve），用经济有效的方法求得突破和改进；保持C（Control），建立保持措施并使其标准化，将结果用于其他同样或类似的场合，并将其结果用于新产品（服务）的开发。

 **本章小结**

狭义的商品质量是指产品与其规定的标志技术条件的符合程度，它是以国家或国际有关法规、商品标准或贸易双方在合同中的有关规定作为最低的技术条件，是商品质量合格的依据。

广义的商品质量是指商品适用其用途所需的各种特性的综合及满足消费者需求的程度，是生产商品质量的反映。

商品质量要求包括适用性、卫生安全性、可靠性、耐用性、经济性、美观性和信息性等。

影响商品质量因素主要存在市场调研、生产环节、流通环节、销售和使用环节等。

商品质量管理是指以保证商品应有的质量为中心内容，运用现代化的管理思想和科学方法，对商品生产和经营活动过程中影响商品质量的因素加以控制，使用户得到满意的商品而进行的一系列管理活动。

商品质量法规是指有关商品（产品）质量方面的法律、法令、规定、条例的总称。商品质量法规是世界各国政府解决商品质量的重要途径和手段，制定和实施商品质量法规能有效地管理和保证商品质量，保护消费者地合法权益，维护社会经济秩序，促进国内市场经济和对外贸易的发展。

 **习题与实训**

1. 填空题

（1）在表现形式上，商品质量由_____、外观质量和附加质量构成。

（2）人和社会对商品的适用性、卫生安全性、可靠性、耐用性、经济性、美观性和信息性等。

（3）流通过程中影响商品质量的主要因素有_____、_____、_____、_____。

（4）PDCA 管理循环分_____、_____、_____、_____四个阶段。

2. 名词解释

（1）商品质量；（2）商品质量管理；（3）商品质量法规

3. 简答题

（1）简述提高和保证商品质量的重要性。

（2）简述影响商品质量的主要因素有哪些？

（3）简述商品质量管理所依据的法律有哪些？

4. 案例分析

2010 年美国消费品安全分析

消费品安全已经成为全球各国共同面临的问题。建立健全消费品安全体系，以保障消费者免受不安全消费品的伤害，是世界各国共同面临的一项重要挑战。世界各国都积极与企业和消费者加强合作，并采用多种方式来应对这一挑战。

美国是世界上最早实施产品召回制度的国家，是世界产品安全监管制度最为完善的国家之一。

美国 CPSC（Consumer Product Safety Commission）成立于 1972 年，是一个独立的联邦政府机构，它的责任是保护广大消费者的利益，通过减少消费品存在的伤害及死亡的危险来维护人身及家庭安全，它还制定消费品使用的安全性标准和法规并监督执行。CPSC 管辖多达 15 000 种用于家庭、学校等体育、娱乐的消费品，但车辆、轮胎、轮船、武器、酒精、烟草、食品、药品、化妆品、杀虫剂及医疗器械等产品不在其管辖范围内。CPSC 的规则是收集产品的安全数据、提示客户产品的危险性以及降低危害的途径，同时也适用于那些陷于诉讼案件、未能执行安全准则而造成伤害或死亡的产品。

1．CPSC 不安全产品召回总体情况分析

2012 年美国消费品安全委员会（CPSC）共发布不安全产品召回通报 267 批次，相比 2011 年（303 批次）有所减少。由于美国、加拿大在消费品安全领域实施监管合作，其中包括了与加拿大卫生部联合发布的 36 批次，占总召回次数的 13.48%。2012 年，美国 CPSC 召回不安全产品的原产地涉及 25 个国家和地区（部分召回涉及两个及两个以上原产地，按原产地涉及频次统计，共计 276 次），其中产自中国的产品被召回次数最多，远超其他国家，共 174 次；美国位列第二，40 次；其他国家和地区，共 62 次。

根据 CPSC 召回产品情况，将召回产品做两级分类处理。2012 年 CPSC 召回一级产品类别按召回批次由多到少依次排序为：轻纺类、机电类、玩具类、化工与危险品类以及其他类。该排名次序与 2011 年相同，轻纺类产品依然是年度总召回中占比最大的类别。就二级产品类别而言，2012 年 CPSC 发布的不安全产品召回涉及 28 个产品类别，以自行车、家具、灯具及儿童服装服饰类产品问题较为突出。

2．2012 年 CPSC 召回中国产品情况分析

2012 年，CPSC 共召回中国产品 174 批次，略低于 2011 年，尽管中国产品遭遇的召回数与 2011 年相比略有减少，由于 CPSC 总召回数逐年下降，其在总召回批次中所占比例高于前三年，并首次突破了 65%。

CPSC 召回中国产品类别分析 2012 年，美国 CPSC 共召回中国产品 174 批次，涉及轻纺类、机电类、玩具类、其他类以及化工与危险品类。相较 2011 年中国被召回产品类别，轻纺类产品、机电类产品和玩具类产品依然排在前三位。就二级产品类别来看，中国被召回的不安全产品涉及 22 个产品类别，以灯具、家具、儿童服装服饰为主要召回对象。

总体而言，在 2012 年 CPSC 发布的中国产品召回中，儿童用品是召回的重点，共召回 38 批次，占中国产品召回的 21.84%。其中，儿童服装服饰和儿童护理/保育用品两类产品占儿童用品召回的一半以上（55.26%）。

风险原因分析 2012 年，中国被召回的不安全产品中有 119 批次含事故报告，66 批次出现人身伤害。将召回原因按风险种类分为 20 类，按单项风险、两项及以上风险分别统计，其中机械性外伤包括：摔伤、割伤、撞伤、夹伤、擦/刮/划伤等。2012 年中国被召回产品涉及 12 类风险。在 174 批次不安全产品召回中有 140 批次的产品只含有单项风险，占 80.46%，中国产品被召回主要是因为产品质量问题给消费者造成的摔伤、割伤等机械性外伤（70 批次）以及引发火灾等起火危险（17 批次）。

可见，对消费者造成或存在机械性外伤风险占召回原因的首位，大多由于产品结构设计不当、产品断裂或部件脱离导致。如折叠式梯凳，该梯凳在使用时可能会产生断裂或意外的倒塌，导致消费者受伤；如搅拌机，塑料的搅拌杯可能会在运行过程中从刀片组件上分离，将刀片组件留在基座上并暴露出旋转的刀片，消费者有被割伤的危险。如果生产企业能够在产品结构设计细节上多做考虑，就能减少被召回的风险。

本案例说明了哪些问题并分析如何说明本案例带给我们的启示是什么？

5. 实训任务

试选择一家企业（生产型或销售型），了解其生产或经营的产品质量现状、分析其原因并提出质量改进对策。

（1）小组成员分工列表和预期工作时间计划表

任 务 名 称	承 担 成 员	完成工作时间	老师建议工作时间
分析企业产品质量现状和原因，并提出解决对策			

（2）任务工作记录和任务评价

项　　目	记　　录
工作过程	签名：
个人收获	签名：
存在的问题	签名：
任务评价	（教师）签名：

6. 自学与拓展

商品生态设计是 20 世纪 90 年代初出现的关于商品（产品）设计的一个新概念，也称对环境设计，或绿色设计，或生命周期设计。商品生态设计要求在商品整个生命周期内考虑自然资源、能源的节约、污染预防、无毒性、可拆卸性、可重复利用性、可再生性等，同时在满足环境要求的同时，确保商品的基本功能、质量、使用寿命和经济性等。

试分析目前商品功能与生态的关系。

第四章

商品标准

 **学习目标**

理解商品标准和商品标准化的概念及作用；

熟悉商品标准的分级及其表示方法；

掌握商品标准的内容并能利用商品标准对商品质量进行判断。

 **案例导入**

世界标准日

10 月 14 日是世界标准日，2012 年的主题是"减损耗，增收益——标准提高效率"。

标准是一种世界各地各种业务用以开发产品、服务和相关体系的技术语言，在这种语言基础上所生产的产品或所产生的服务无论在何地都应具有相同的质量。制定标准的核心目的是通过确定一系列的技术参数作为各地产品生产、服务和相关体系的衡量标准，实现产品安全生产，确保产品质量。

1969 年 9 月，国际标准化组织理事会发布决议，把每年的 10 月 14 日定为世界标准日，并于 1970 年 10 月 14 日举行了首次世界标准日庆祝活动。中国自 1978 年重新进入国际标准化组织以后，每年的 10 月 14 日都在全国各大、中城市举办各种形式的纪念活动，并开展有关标准化的宣传。

目前，世界上主要的三大标准化国际组织分别是国际标准化组织、国际电工委员会和国际电信联盟，它们负责为国际市场制定并发布标准与建议书、世界标准日主题。

4.1 商品标准的含义、类型

1. 商品标准的概念

（1）标准。

思考：什么是标准？总结一下生活中都有哪些表现是标准的应用？

郑人买履，以绳量脚，比绳买鞋，这就是标准的意识；秦始皇统一货币、统一度量衡，开始了我国标准化的历史；北宋毕昇发明的活字印刷是被公认的标准化发展的里程碑。在人类历史中有很多自然发生的标准化例子，如语言、文字、各种形式的工具和器具、生活礼节和社会仪式，标准化一直在我们的生活里。

概念： 标准是对重复性事物和概念所作的统一规定。它以科学技术和实践经验的综合成果为基础，经有关方面协商一致，由主管机构批准，以特定形式发布，作为共同遵守的准则和依据。对标准定义的理解要注意以下几点。

制订标准的基本出发点是取得国民经济的最佳效果；

制订标准的领域和对象是需要协调统一的重复性事物和概念；

制订标准的依据是科学技术和实践经验的综合成果；

标准是经有关方面在充分协商的基础上产生的；

标准的本质特征是统一，标准文件有着自己的一套格式和制订颁发的程序。

（2）商品标准

标准，按照其性质可以分为技术标准、工作标准和管理标准三大类。商品标准则是技术标准中的一个组成部分。

概念： 商品标准是指对商品质量和有关质量的各个方面（如成分、结构、等级、品种、规格、用途、检验方法、包装、运输、贮存、使用条件等）所规定的典范或准则。

例： 羽绒服装的标准，如图 4-1 所示。

3.3.1 面料

　　按有关纺织面料标准选用。

3.3.2 里料

3.3.2.1 采用与面料性能、色泽相适合的里料，特殊需要除外。

3.3.2.2 不允许使用不透气的薄膜。

3.3.2.3 与羽绒直接接触的织物必须有防钻绒性能。

3.3.3 辅料

3.3.3.1 衬布

　　采用适合面料的衬布，其收缩率应与面料相适应。

3.3.3.2 缝线

　　采用适合所用面料的辅料、里料质量的缝线。钉扣线应与扣的色泽相适宜；钉商标线应与商标底色相适宜（装饰线除外）。

3.3.3.3 纽扣及附件

　　采用适合所用面料的纽扣（装饰扣除外）及附件。纽扣及附件经洗涤和熨烫后不变形、不变色。

3.4 填充物规定

3.4.1 成品的含绒量不低于 50%，其偏差比 FZ/T81002 规定的指标增加一个百分点。

3.4.2 成品的充绒量允许偏差为-5%。

3.4.3 羽品质中的含绒量、蓬松度、耗氧量、清洁度、异味及微生物（嗜温性需养菌、粪链球菌、亚硫酸还原的梭状芽孢杆菌、沙门氏菌）的指标按 FZ/T81002 的规定执行。

3.5 经纬纱向技术规定

3.5.1 前身经纱以门襟线为准，不允斜。

3.5.2 后身经纱以背中线为准，倾斜度不大于 1.0cm，大衣倾斜不大于 1.5cm，条格料不允斜。

3.5.3 袖子经纱以前袖中线为准，大袖片倾斜不大于 1.0cm，小袖片倾斜不大于 1.5cm（特殊工艺除外）。

3.5.4 前身顺翘（不允许倒翘），后身、袖子、前后裤片允许程度按表 1 规定。

图 4-1　羽绒服装的国家标准（部分）

GB/T14272-2002 标准适用于以纺织织物为原料，以羽绒为填充物，成批生产的各种服装。标准中规定了羽绒服装的要求、检验（测试）方法、检验分类规则，以及标志、包装、运输和储存等全部技术特征。

2. 商品标准的作用

《中华人民共和国标准化管理条例》规定，对正式生产的商品都必须制订商品标准，并认真执行。商品标准是商品生产和商品流通的一种共同技术依据，是评定商品质量的准则，也是产销双方对商品质量产生争议时，进行仲裁的依据。

【案例1】

农业标准化助推葡萄产业连锁发展

作为国家级葡萄标准化示范区，"蓬莱初步形成了贯通葡萄种植、葡萄酒加工、葡萄生态旅游的完整产业链，实现了一二三产业的连锁发展。2012 年，蓬莱葡萄种植基地 16 万亩，葡萄酒年产量 14 万吨，葡萄酒行业实现销售收入 26 亿元，年均递增 24.3%，税收 3.1 亿元，年均递增 23.2%。"

蓬莱地处北纬 37°，土壤、光照和温度都非常适合葡萄生长，是国际公认的世界七大葡萄海岸和中国优质酿酒葡萄产地之一。但是，在实施农业标准化之前，这里的果农因不懂科学种植，没有标准化生产体系，种出的葡萄达不到酿酒质量标准，龙头企业不"收"，只能"成筐成筐地贱卖"。

为了更好地服务当地经济发展，蓬莱市质监部门反复深入调查研究，并聘请专家和技术人员根据国际国内先进技术标准，先后制定了《无公害酿酒葡萄》《酿酒葡萄栽培技术规程》《蓬莱酿酒葡萄》《葡萄苗木嫁接技术规程》等地方标准，建立起完善的葡萄种植标准体系。对酿酒葡萄的品种选择、苗木培育、栽培模式、施肥浇水等实行全过程标准化管理。

"现在，标准化种植已经深入人心。最明显的变化是果农以前以产量为标准，葡萄亩产达到 8 000 斤，现在通过标准化种植，以质量为标准，亩产控制在 500—1 500 公斤之间。限产之后，农民收入不降反增，一斤葡萄收入增加了 3 毛钱。"

"自 2001 年标准化示范区建设以来，蓬莱市葡萄酒产业实现了高速发展，蓬莱产区酒庄酒在 2011 年国际葡萄酒烈酒品评赛上获奖数占国内 60%。"慕庆和的介绍里透着身为当地人的自豪。

为了酿出高品质葡萄酒，蓬莱适时调整发展思路，发力高端葡萄酒产业。蓬莱先后邀请国内 11 名葡萄酒行业资深专家"联合会诊"，根据产区定位，制定了《蓬莱产区控制葡萄酒》地方标准，从标准层面对葡萄酒生产进行规定、规范，对葡萄酒予以科学分类、分级，构建起 7 项标准体系。

"我们投入 400 多万元扩建葡萄酒检测中心实验室，提高葡萄酒质量安全保证能力和风险监控能力。制定发布了《葡萄及葡萄酒质量安全溯源体系管理规范》，建立起从葡萄种植、生产酿造、窖藏罐装到销售服务的质量管理链条和溯源体系。"

目前，蓬莱已成为中国最大的葡萄酒产区，集聚了

图 4-2 蓬莱国家级葡萄标准化示范区

30 多个高端酒庄，发展优质酿酒葡萄近 10 万亩，生产高档酒庄酒近 2 万吨，产品出口美国、日本、意大利等 30 多个国家和地区。

3. 商品标准的类型

（1）按商品标准的表现形式分为文件标准和实物标准。

① 文件标准是指用特定格式的文件，以文字、表格、图样等形式，表达对全部或者部分商品质量有关内容（如规格、检验、成分等）的规定。绝大多数商品标准是文件标准。文件标准在其开本、封面、格式、字体、字号等方面都有明确的规定，应符合 GB 1.2—81《标准化工作指导 标准出版印刷的规定》。如图4-3所示。

GB10765—2010

食品安全国家标准

婴儿配方食品

1 范围

    本标准适用于婴儿配方食品

2 规范性引用文件

    本标准中引用的文件对于本标准的应用是必不可少的。凡是注日期的应用文件，仅所注日期的版本适用于本标准。

凡是不注日期的引用文件，其最新版本（包括所有的修改单）适用于本标准。

3 术语和定义

3.1 婴儿 infant

    指 0～12 月龄的人。

3.2 婴儿配方食品 infant formula

3.2.1 乳基婴儿配方食品：指以乳类及乳蛋白制品为主要原料，加入适量的维生素、矿物质和/或其他成分，仅用物理方法生产加工制成的液态或粉状产品。适于正常婴儿食用，其能量和营养成分能够满足 0～6 月龄婴儿的正常营养需要。

图4-3 食品安全国家标准 婴儿配方食品（部分）

② 实物标准是指当用文件难以准确表述商品的质量内容如色泽、气味、手感等时，需用商品实物制成符合规定质量要求的标准样品来表示。它大多用作文件标准的补充件，也有单独颁发的。国家实物标准代号为 GSB，例如粮食、茶叶、烟叶、棉花、羊毛等农产品都需要有实物标准。如图4-4所示。

GSB05—1426—2001（代替 GSB G51001—94）是全国涂料和颜料标准化委员会根据国家标准 GB3181 制作的实物标准色卡，在涂料、油漆、颜料、塑胶、金属涂装，等各行业均被广泛采用。含83种颜色，光面效果。每个颜色都有国家统一标准的编号，适用于油性涂料方面使用。

图4-4 国标色卡—漆膜颜色标准样卡（GSB05—1426—2001）

（2）按商品标准的约束程度分为强制性标准和推荐性标准。

① 强制性标准又称法规性标准，属于保障人体健康、人身及财产安全的标准和法律、行政法规规定强制执行的标准都是强制性标准。它一经批准发布，在其规定的范围内都必须严格贯彻执行，并受国家有关监督机构的监督。不执行的要承担法律和行政责任。我国绝大多数标准是强制性标准。

② 推荐性标准又称自愿性标准，具有指导生产和流通的作用，也要积极加以推行，但不具

有法律约束力。国家鼓励企业自愿采用。强制性标准以外的其他标准则是推荐性标准。国际标准和世界上一些先进国家的标准，都可视为推荐性标准。由于推荐性标准大多都具有先进性的特点，所以很多企业也愿意采用。在我国现行体制中，国家标准、行业标准、地方标准都可制订推荐性标准。

此外，按商品标准的保密程度分为内部标准和公开标准，按照商品标准的级别分作国家标准、行业标准、地方标准、企业标准；按照其适用范围分作生产型标准和贸易型标准、出口商品标准和内销商品标准。

4.2　商品标准分级

数据：从 2012 年举行的"世界标准日"系列宣传活动中获悉：截至 9 月底，我国国家标准总数达 28 749 项。其中，强制性标准 3 555 项，推荐性标准 24 911 项，指导性技术文件 283 项；国家标准和备案的行业、地方标准达 9.7 万余项，标准体系基本形成。

通常都要根据商品标准的适用领域和有效范围，将其划分为国际标准、区域（地区性）标准、国家标准、行业（专业、协会）标准、地方标准、企业（公司）标准六个级别。根据《中华人民共和国标准化法》规定，我国的商品标准按其适用范围，可以分为国家标准、行业标准、地方标准、企业标准四级。

1. 国际标准

【案例 2】

我国自主制定的《FDT/DTM 和 EDDL 设备集成技术互操作规范》正式成为 IEC 国际标准

近日，由我国自主制定的《FDT/DTM 和 EDDL 设备集成技术互操作规范》通过了国际电工委员会 IEC/SC65E 投票，成为 IEC 国际标准，英文全称为 IEC/TR 62795 Ed.1.0: Interoperation Specifications of FDT/DTM and EDDL。

为推动各种数字化、智能化现场设备应用于工业自动化领域，IEC 先后制定了电子设备描述语言（EDDL）和现场设备工具（FDT）系列国际标准，但两种技术各有优势与不足，且互不兼容，给广大制造商和用户带来不便和资源的浪费。由西南大学和机械工业仪器仪表综合技术经济研究所组成的课题组通过深入研究，提出了 EDD-DTM 转换技术，并在这一研究成果的基础上，起草制定了国际标准草案，获得 IEC 成员国投票通过，成为 IEC 国际标准。

该国际标准是我国在工业自动化领域取得的又一次国际标准突破。这将有力推动国内和国际工业自动化领域设备集成技术及其标准化的发展，为工业化和信息化的融合提供高端技术解决方案。

思考：什么是国际标准？主体有哪些，如何制定，如何编制其标准代号？

概念：国际标准是指由国际上有权威的机构或组织制订的，并为国际所承认和通用的标准。通常是指国际标准化组织（ISO）、国际电信联盟（ITU）和国际电工委员会（IEC）所制订的标准；或经国际标准化组织认可并公布的国际组织以及其他国际组织所制订的标准。

国际标准化组织认可并公布的国际组织有世界卫生组织（WHO）、国际照明委员会（CIE）、国际计量局（BIPM）、国际合成纤维标准化局（BISF）、国际原子能机构（IAEA/AIEI）、世界知识产权组织（WIPO）、国际无线电咨询委员会（CCIR）、国际空运联合会（IATA）、联合国教科文组织（UNESCO）等。其他国际组织是指：联合国粮农组织（UNFAO）、国际羊毛局（IWO）、国际电信联盟（ITU）、国际棉花咨询委员会（ICAC）、万国邮政联盟（UPU）等。如表 4-1 所示。

表 4-1 ISO、IEC、ITU 国际标准代号及国际标准化组织认可作为
国际标准的国际行业组织制定的标准代号

序号	代号	含 义	负 责 机 构
1	BISFA	国际人造纤维标准化局标准	国际人造纤维标准化局（BISFA）
2	CAC	食品法典委员会标准	食品法典委员会（CAC）
3	CCC	关税合作理事会标准	关税合作理事会（CCC）
4	CIE	国际照明委员会标准	国际照明委员会（CIE）
5	CISPR	国际无线电干扰特别委员会标准	国际无线电干扰特别委员会（CISPR）
6	IAEA	国际原子能机构标准	国际原子能机构（IAEA）
7	ATA	国际航空运输协会标准	国际航空运输协会（IATA）
8	ICAO	国际民航组织标准	国际民航组织（ICAO）
9	ICRP	国际辐射防护委员会标准	国际辐射防护委员会（ICRP）
10	ICRU	国际辐射单位和测量委员会标准	国际辐射单位和测量委员会（ICRU）
11	IDF	国际乳制品联合会标准	国际乳制品联合会（IDF）
12	IEC	国际电工委员会标准	国际电工委员会（IEC）
13	IFLA	国际签书馆协会和学会联合会标准	国际签书馆协会和学会联合会（IFLA）
14	IIR	国际制冷学会标准	国际制冷学会（IIR）
15	ILO	国际劳工组织标准	国际劳工组织（ILO）
16	IMO	国际海事组织标准	国际海事组织（IMO）
17	IOOC	国际橄榄油理事会标准	国际橄榄油理事会（IOOC）
18	ISO	国际标准化组织标准	国际标准化组织（ISO）
19	ITU	国际电信联盟标准	国际电信联盟（ITU）
20	OIE	国际兽疾局标准	国际兽疾局（OIE）
21	OIML	国际法制计量组织标准	国际法制计量组织（OIML）
22	OIV	国际葡萄与葡萄酒局标准	国际葡萄与葡萄酒局（OIV）
23	UIC	国际铁路联盟标准	国际铁路联盟（UIC）
24	UNESCO	联合国科教文组织标准	联合国科教文组织（UNESCO）
25	WHO	世界卫生组织标准	世界卫生组织（WHO）
26	WIPO	世界知识产权组织标准	世界知识产权组织（WIPO）

国际标准的制订，要经过各级技术组织充分讨论和多次修订，使之既能代表当代科学技术发展水平，保证它的科学性和先进性；又能够符合各有关方面的需要，易于为各方面接受，具有民主性。

国际标准属于推荐性标准。由于它具有较高的权威性、科学性和先进性，故为大多数国家的企业所自愿采用，而且这已成为世界性的发展大趋势。许多国家都等同、等效或参考使用国际标准。我国于 1978 年 9 月加入了国际标准化组织（ISO），为加强标准化的国际交流提供了条

件，也为扩大我国标准的使用范围奠定了基础。目前，我国正积极采用国际标准和参与国际标准的制订。

国际标准采用标准代号（如 ISO、ITU）、标准序号、发布年代号和标准名称表示，如 ISO　14000——1996　×××　标准代号　标准序号　发布年份　标准名称

2. 国家标准

【案例 3】

卫生部公布 66 项新乳品安全国家标准

根据《食品安全法》、《乳品质量安全监督管理条例》和《奶业整顿和振兴规划纲要》等规定，经第一届食品安全国家标准审评委员会审查，卫生部目前公布了《生乳》（GB19301—2010）等 66 项新乳品安全国家标准。新的乳品安全国家标准包括乳品产品标准 15 项、生产规范 2 项、检验方法标准 49 项。

卫生部牵头会同农业部、国家标准委、工业和信息化部、工商总局、质检总局、食品药品监管局等部门和轻工业联合会、中国疾病预防控制中心、乳制品工业协会、奶业协会等单位成立乳品安全标准协调小组，共同做好乳品安全国家标准工作。各部门推荐了近 70 名专家组成乳品安全标准专家组，具有较广泛的代表性。各部门和各领域专家深入研究乳品标准中的重大问题，多次听取各界意见并公开征求社会意见，履行了向世界贸易组织（WTO）成员通报的程序。经过一年多努力工作，乳品安全标准协调小组对涉及乳品的食用农产品质量安全标准、食品卫生标准、食品质量标准和有关食品的行业标准中强制执行的标准进行整合完善，由卫生部统一公布为乳品安全国家标准。

卫生部将继续加强食品安全风险评估工作，跟踪国际研究进展，加强标准执行情况的跟踪评价，进一步完善食品安全国家标准。同时，按照食品安全整顿工作要求，继续组织做好食品安全国家标准清理完善工作，制（修）订食品中农兽药残留、有毒有害污染物、致病微生物、真菌毒素限量以及食品添加剂使用标准。

概念：国家标准是指对全国经济、技术发展有重大意义，必须在全国范围内统一的标准。其范围是需要在全国范围内统一、互换配合、通用的技术语言要求；有关广大人民生活的量大面广的或跨部门生产的重要工农产品标准、保障人体健康和人身、财产安全的技术要求；基本原料、燃料、材料的技术要求；通用基础件的技术要求；通用的试验、检验方法；通用管理技术要求；工程建设的重要技术要求；国家需要控制的其他重要产品的技术要求、被采用的国际标准等。

国家标准由国务院标准化行政主管部门（国家质量监督检验检疫总局）制定，即由国家标准化管理委员会负责编制计划，组织草拟，统一审批、编号和发布。有关工程建设、药品、食品卫生、兽药、环境保护的国家标准，分别由国务院各主管部门组织草拟、审批，其编号、发布办法由国务院标准化行政主管部门会同国务院有关行政主管部门制定。特别重大的，报国务院审批和发布。

国家标准分为强制性国家标准和推荐性国家标准。

国家标准由国务院标准化行政主管部门编制计划，协调项目分工，组织制订（含修订），统一审批、编号、发布。

国家标准的编号，依次由国家标准代号、标准顺序号和发布的年代号构成，标准顺序号和

发布的年代号之间用“—”横线隔开。国家标准的代号由“国家”和“标准”的汉语拼音字母的第一个字母“G”和“B”组成。强制性国家标准的代号为“GB”，推荐性国家标准的代号“GB/T”，国家实物标准的代号为“GSB”。国家标准编码与代号如图 4-5 所示。

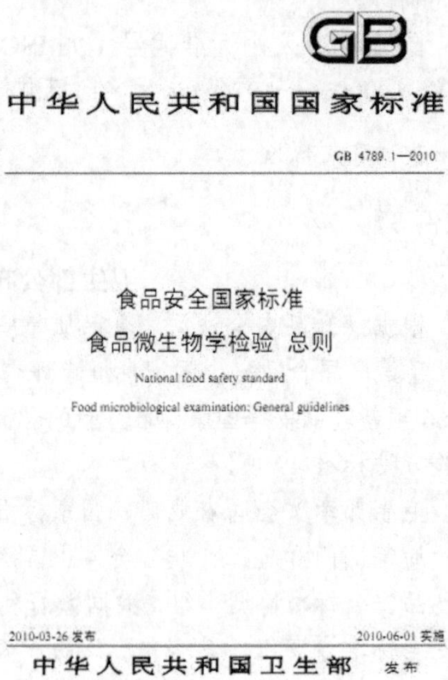
GB

中华人民共和国国家标准

GB 4789.1—2010

食品安全国家标准

食品微生物学检验 总则

National food safety standard

Food microbiological examination: General guidelines

2010-03-26 发布　　2010-06-01 实施

中华人民共和国卫生部　发布

图 4-5　国家标准编码与代号（GB4789.1—2010）

我国标准采用国际标准的程度和代号分别为：等同采用代号为 IDT（identical）；等效采用代号为 MOD（modified）；非等效采用，代号为 NEQ（not equivalent）。

等同采用国际标准，是指在制定国家标准时（或制定专业标准、企业标准），把国际标准采纳到我国标准中，使我国标准在技术上、编写上与国际标准相同，或编写上有编辑性修改。

等效采用国际标准是指使制定的标准与相应的国际标准在技术上只有小的差异，在编写方法上可以不完全相同。

非等效采用国际标准是指制定的标准与国际标准在技术内容上有重大差异，但性能和质量水平与国际标准相当，在通用、互换、安全、卫生等方面与国际标准协调一致。

在标准前言中，写明被采用标准的组织、国别、编号、名称、采用的程度和简要说明我国标准同被采用标准的主要差别。非等效采用编制的我国标准，则不需在封面上标注，也不算是采标。但在前言中应说明“本标准与 ISO ××××：××××标准的一致性程度为非等效”。

3. 行业标准

【案例 4】

新标准迫使童鞋行业酝酿大变革

2011 年 1 月 5 日，中国消费者协会公布了适合 3—14 周岁儿童所穿着儿童鞋比较试验结果。比较试验显示，19 个儿童鞋样品中，涉及安全性的指标全部合格，部分鞋的使用性能如标识、耐折性能、外底硬度、勾心硬度、异味等指标不符合国家标准。

按照 QB/T2880—2007《儿童皮鞋》标准规定，鞋类异味分为 5 级，规定不大于 2 级为合格。此次比较试验中，异味较明显的样品有 4 个，但均达到 3 级要求。

据统计，目前我国儿童达 4 亿，约占我国总人口的四分之一，而且每年大约有 2 700 万的新生儿降生，如此庞大的人口基数及所占的人口比例令童鞋市场成为香饽饽。然而，由于儿童身体器官、骨骼、关节、韧带正处于发育高峰期，因此一双好质量的鞋对儿童的身心健康有着巨大的影响。因此，童鞋企业在生产童鞋时候，更应该注重质量的把控。

“由于缺乏强制性标准，当下童鞋产品的健康性能现状不容乐观，多数童鞋竟是成人运动鞋的‘缩小版’。”国家制鞋技术标准化委员会的专家表示，童鞋生产企业简单复制了成人运动鞋的标准规定、运动鞋生产材质、生产工艺及设计要求，两者差异不过在于尺寸方面。他表示，儿童的骨骼处在生长发育期，足部空间的要求和成人鞋的空间要求完全不同，正是生产“嫁接”标准导致了儿童鞋质量安全隐患。

"怎样界定一双童鞋是否安全舒适？这亟须行业标准来规范。"中国皮革协会制鞋办公室主任卫亚非表示，童鞋检测时，部分指标采用成人旅游鞋的标准，这远远不能满足提高童鞋舒适度的要求。据透露，鉴于目前童鞋国家及行业标准的发展状况，业内专家正在着手制定一套针对童鞋舒适性的行业标准，这套标准将改变企业对舒适的概念炒作，使舒适程度更为清晰化。(信息来源：中国鞋网)

概念： 行业标准是指对没有国家标准而又需要在全国某个行业范围内统一技术要求所制订的标准。如行业的工艺规程标准，行业范围内通用的零配件标准，行业范围内通用的术语、符号、规则、方法等基础标准。

行业标准在国际上也称协会标准，是指由行业协会、科研机构和学术团体制订的标准。

行业标准由国务院有关行政主管部门制定、审批和发布，并需报国务院国家质监总局备案。有关行业标准之间应保持协调、统一，不得重复，行业标准不得与国家有关法律、法规或国家标准相抵触。在发布实施相应的国家标准之后，该项行业标准即行废止。

行业标准也分为强制性行业标准和推荐性行业标准。

行业标准的编号依次由行业标准代号、标准顺序号及年代号构成。行业标准代号由国务院标准化行政主管部门规定。行业标准代号由汉字拼音大写字母组成。行业标准的编号由行业标准代号、标准发布顺序及标准发布年代号（四位数）组成。

表 4-2　行业标准代号

序号	代号	含义	主管部门
1	BB	包装	中国包装工业总公司包改办
2	CB	船舶	国防科工委中国船舶工业集团公司、中国船舶重工集团公司（船舶）
3	CH	测绘	国家测绘局
4	CJ	城镇建设	建设部标准定额司（城镇建设）
5	CY	新闻出版	国家新闻出版总署印刷业管理司
6	DA	档案	国家档案局政法司
7	DB	地震	国家地震局震害防预司
8	DL	电力	中国电力企业联合会标准化中心
9	DZ	地质矿产	国土资源部国际合作与科技司（地质）
10	EJ	核工业	国防科工委中国核工业总公司（核工业）
11	FZ	纺织	中国纺织工业协会科技发展中心
12	GA	公共安全	公安部科技司
13	GY	广播电影电视	国家广播电影电视总局科技司
14	HB	航空	国防科工委中国航空工业总公司（航空）
15	HG	化工	中国石油和化学工业协会质量部（化工、石油化工、石油天然气）
16	HJ	环境保护	国家环境保护总局科技标准司
17	HS	海关	海关总署政法司
18	HY	海洋	国家海洋局海洋环境保护司
19	JB	机械	中国机械工业联合会
20	JC	建材	中国建筑材料工业协会质量部
21	JG	建筑工业	建设部（建筑工业）

序号	代号	含义	主管部门
22	JR	金融	中国人民银行科技与支付司
23	JT	交通	交通部科教司
24	JY	教育	教育部基础教育司（教育）
25	LB	旅游	国家旅游局质量规范与管理司
26	LD	劳动和劳动安全	劳动和社会保障部劳动工资司（工资定额）
27	LY	林业	国家林业局科技司
28	MH	民用航空	中国民航管理局规划科技司
29	MT	煤炭	中国煤炭工业协会
30	MZ	民政	民政部人事教育司
31	NY	农业	农业部市场与经济信息司（农业）
32	QB	轻工	中国轻工业联合会
33	QC	汽车	中国汽车工业协会
34	QJ	航天	国防科工委中国航天工业总公司（航天）
35	QX	气象	中国气象局检测网络司
36	SB	商业	中国商业联合会
37	SC	水产	农业部（水产）
38	SH	石油化工	中国石油和化学工业协会质量部（化工、石油化工、石油天然气）
39	SJ	电子	信息产业部科技司（电子）
40	SL	水利	水利部科教司
41	SN	商检	国家质量监督检验检疫总局
42	SY	石油天然气	中国石油和化学工业协会质量部（化工、石油化工、石油天然气）
43	SY（>10 000）	海洋石油天然气	中国海洋石油总公司
44	TB	铁路运输	铁道部科教司
45	TD	土地管理	国土资源部（土地）
46	TY	体育	国家体育总局体育经济司
47	WB	物资管理	中国物资流通协会行业部
48	WH	文化	文化部科教司
49	WJ	兵工民品	国防科工委中国兵器工业总公司（兵器）
50	WM	外经贸	对外经济贸易合作部科技司
51	WS	卫生	卫生部卫生法制与监督司
52	XB	稀土	国家计委稀土办公室
53	YB	黑色冶金	中国钢铁工业协会科技环保部
54	YC	烟草	国家烟草专卖局科教司
55	YD	通信	信息产业部科技司（邮电）
56	YS	有色冶金	中国有色金属工业协会规划发展司
57	YY	医药	国家药品监督管理局医药司
58	YZ	邮政	国家邮政局政策法规司

4. 地方标准

【案例5】

凉山标准"熬"出苦荞茶香

凉山启动实施涉及苦荞茶生产的3项地方标准

2012年8月3日，凉山州启动实施《凉山苦荞茶》、《凉山苦荞茶生产工艺规范》、《凉山苦荞茶生产许可证审查细则》3项地方标准。"在全省乃至全国率先实施苦荞3项地方标准，标志着凉山苦荞产业已正式从无序生产管理步入科学化规范化管理时代。"

凉山为何能在全国率先制定实施系列地方标准？这些标准对凉山的苦荞产品和苦荞生产有哪些具体要求？这些标准的实施将为凉山苦荞产业带来怎样的深远影响？

三大标准"应运而生"

"这3个标准是应运而生的。"

凉山苦荞常年种植的面积已超过100万亩，苦荞年均产量12万吨，约占全国总产量的一半。近年来，在当地政府的大力推动下凉山苦荞产业处于高歌猛进态势。"我们不断通过组团参加农博会、西博会、糖酒会等各种全国性大型展销会、交易会、洽谈会，凉山苦荞产品的品牌知名度和市场占有率已经得到极大提升。"宋福猛介绍说，2012年，凉山的"环太苦荞"成功获得中国苦荞行业唯一一个"中国驰名商标"。

此外，凉山的正中、三匠、彝家山寨等苦荞品牌也先后获得四川省著名商标和四川省名牌产品。同时，凉山开发出苦荞粉、米、面、茶、酒及日用品等十大系列、几百个品种。一时间，苦荞产业成为目前凉山农业产业化中加工企业最多、系列产品最全、市场开发最深、销售范围最广的优势产业。

《凉山苦荞茶》区域性地方标准对凉山苦荞茶的术语、产品分类、技术要求、检验方法、检验规则等作了详细的规定和要求，详尽规定了苦荞茶原料、产品感官、理化指标特别是苦荞茶特征指标芦丁含量、有毒有害物限量指标等。

《凉山苦荞茶生产工艺规范》是为了凉山苦荞茶产品生产过程达到国家卫生标准要求，实现自动化规模化生产。这个标准对苦荞茶生产工艺、质量管理、生产场所及卫生要求、生产及包装设备、化验室与管理、生产人员资质与管理等作出了详细的要求。

《凉山苦荞茶生产许可证审查细则》还从10个方面对申请办理苦荞茶的生产企业提出了要求和警示。比如苦荞茶发证产品范围及申证单元；苦荞茶生产过程中容易出现的质量问题；生产资源中的生产场所、生产设备；原辅材料及产品相关标准等。10个方面的要求和细则非常严格，以后，如果达不到要求的苦荞生产企业将无法取得或换发国家食品生产许可证，也不能进入市场销售。

概念：地方标准是指对没有国家标准和行业标准而又需要在省、自治区、直辖市范围内统一要求，由地方制定、批准和发布，在本行政区域内统一使用的标准。

地方标准在本行政区域内是强制性标准。如：针对本地区特色产品、特需产品所制定的标准；对工业产品的安全卫生要求，对药品、兽药、食品卫生、环境保护、节约能源、种子等法律、法规的规定要求，对其他法律、法规的规定要求等，都可以制订地方标准。

地方标准由省、自治区、直辖市标准化行政主管部门编制计划，组织草拟，统一审批、编号、发布，并报国务院标准化行政主管部门和国务院有关行政主管部门备案。地方标准不得与上一级标准相抵触。地方标准在相应的国家标准和行业标准制订实施后，自行废止。

地方标准编号由地方标准代号"DB"（"地"和"标"二字的汉语拼音的第一个大写字母）、地方标准顺序号（为各省、自治区、直辖市的行政区划代码前两位）和发布年代号三部分构成，其顺序号和年代号表示方法与国家标准、行业标准相同。如 DB11/068—2010 表示 2010 年发布的第 068 号强制性北京地方标准。

表4-3　中国省、市、自治区代码、汉字简称及汉语拼音

名称	简称	代码	汉语拼音	汉语拼音缩写	名称	简称	代码	汉语拼音	汉语拼音缩写
北京市	京	110000	Beijing	BJ	湖北省	鄂	420000	Hubei	HB
天津市	津	120000	Tianjin	TJ	湖南省	湘	430000	Hunan	HN
河北省	冀	130000	Hebei	HEB 或 EB	广东省	粤	440000	Guangdong	GD
山西省	晋	140000	Shanxi	SX	广西壮族自治区	桂	450000	Guangxi	GX
内蒙古自治区	蒙	150000	Nei Menggu	NM	海南省	琼	460000	Hainan	HI
辽宁省	辽	210000	Liaoning	LN	重庆市	渝	500000	Chongqing	CQ
吉林省	吉	220000	Jilin	JL	四川省	川	510000	Sichuan	SC
黑龙江省	黑	230000	Heilong Jiang	HL	贵州省	黔	520000	Guizhou	GZ
上海市	沪	310000	Shanghai	SH	云南省	滇	530000	Yunnan	YN
江苏省	苏	320000	Jiangsu	JS	西藏自治区	藏	540000	Xizang	XZ
浙江省	浙	330000	Zhejiang	ZJ	陕西省	陕	610000	Shanxi	SN
安徽省	皖	340000	Anhui	AH	甘肃省	甘	620000	Gansu	GS
福建省	闽	350000	Fujian	FJ	青海省	青	630000	Qinghai	QH
江西省	赣	360000	Jiangxi	JX	宁夏回族自治区	宁	640000	Ningxia	NX
山东省	鲁	370000	ShanDong	SD	新疆维吾尔自治区	新	650000	Xinjiang	XJ
河南省	豫	410000	Henan	HEN 或 EN	台湾省	台	710000	Taiwan	TW

注：资料来源于 GB/T2260—1995《中华人民共和国行政区划代码》、《汉语拼音版 中华人民共和国分省地图集地名索引》（地图出版社 1978 年 2 月第 1 版）、《中国省、市、自治区汉字简称》（科标彭字 805—63）。

5. 企业标准

概念：企业标准是在某一企业范围内统一使用的标准，是企业组织生产、经营活动的依据和准则。企业标准在欧美国家称"公司标准"或"工厂标准"。

在我国是指企业对企业范围内需要协调和统一的技术要求、管理要求和工作要求所制订的标准。企业生产的所有产品都必须定有相应的标准，不允许生产无标准依据的产品。

企业在下列情况下可以制定自己的企业标准：企业生产的产品，没有国家标准、行业标准和地方标准的，制定企业产品标准；为提高产品质量和技术进步，制定的严于国家标准、行业标准或地方标准的企业产品标准；对国家标准、行业标准的选择或补充的标准；工艺、工装、

半成品和方法标准；生产、经营活动中的管理标准和工作标准。对已有国家标准、行业标准或地方标准的产品，鼓励企业制订严于国家标准或行业标准、地方标准要求的企业标准，但只在本企业内部适用，以提高产品质量水平，争优质、创名牌。

企业标准的编号由标准代号、顺序号、发布年代号三部分构成。企业标准代号用分数形式表示，以区别于其他各级标准。分数的表示方法是以"企"字汉语拼音的第一个字母"Q"为分子，各省、市、区颁布的企业标准应在"Q"前加省、市、区的简称汉字；分母为企业代号，由汉语拼音字母或阿拉伯数字或字母、数字混合组成，由国务院有关行政主管部门和省、自治区、直辖市政府标准化行政主管部门，会同同级有关行政主管部门规定，可用汉语拼音字母或阿拉伯数字或两者兼用组成。其顺序号、年代号的表示方法与前面各种标准类同。

4.3 商品标准的基本内容

我国的商品标准一般是由概述、技术内容（正文）和补充三个部分构成。

1. 概述部分

本部分概括地阐明标准的主题、内容目录、标准的适用对象和适用范围。主要包括以下几方面。

① 封面与首页。应明确列出标准名称、标准号、级别，批准发布日期，实施（或试行）的日期。其印刷格式应符合国家标准的规定，如图 4-6 所示。

② 目录。当标准内容结构复杂时才编写目录，否则可仅用文字加以概述。

③ 商品标准的名称。应简单明确地表明标准的主题、对象和内容，以与其他标准相区别。标准名称可直接用商品名称表示；也可用商品名称加"技术条件"表示；还可用商品名称加某项或某几项技术特征表示。

④ 引言。概述本标准采用、参考国际标准的程度及制订本标准的目的、作用等内容。

ICS 97.060
Y 62

中 华 人 民 共 和 国 国 家 标 准

GB/T 4288—2003
代替 GB/T 4288—1992

2. 技术内容部分

技术内容是商品标准的实质性内容，属于标准的正文部分。主要包括以下几方面。

① 主题内容与适用范围。主题内容是指本标准统一规定的项目，即标准化的对象。适用范围是指本标准适用于何种原料、工艺，作何用途及何种商品。

家 用 电 动 洗 衣 机

Household electric washing machine

图 4-6 家用电动洗衣机标准（名称）

② 引用标准。简要说明本标准直接引用的标准，以及与本标准配套使用的标准。

③ 名词、术语、符号、代号。凡在国家基础标准中未作统一规定的有关商品的名词、术语、符号、代号，都应在本标准中作出规定。

④ 商品分类（即产品品种、规格）。指在标准中规定产品的种类和型式，确定商品的基本参数和尺寸等，作为合理发展商品品种、规格以及供用户选用的依据。其主要内容包括：商品的品种、规格、结构型式和尺寸及其系列，基本参数，材料（配方），标记，工艺特征，产品命名和型号编制方法等。

⑤ 技术要求。指为保证产品的使用性能而对制造质量所作的规定。它是指导生产、使用及对产品质量进行检验的依据，如图 4-7 所示。

技术要求内容很多，其主要内容有：产品理化性能、使用性能、稳定性、质量等级及质量指标，防护、卫生和安全要求，环境条件，工艺要求，质量保证等。列入标准的技术要求，应是对产品质量有重大影响，而且必须是可以测定或鉴定的关键性指标。

⑥ 试验方法。指对产品的制造质量是否符合标准而进行检测的方法、程序和手段所作的统一规定。其基本内容，应根据技术要求制定。试验方法可包括以下内容：试验项目及其方法和原理；试验所用仪器设备，材料工具、试剂和样品；试验条件及其准备工作和试验程序；试验结果的计算、分析和评定；试验记录和试验报告的内容等。

⑦ 检验规则。指产品提交产品质量检验部门或收购部门进行质量验收的有关技术规定。主要包括：检验项目、抽样方法及数量、复验抽样规定；检验方法、检验结果的评定及复验规则；检验方式。

⑧ 标志、包装、运输、贮存。为使商品从出厂到支付使用的过程中，不致受到损失所作的规定。标志是对产品标志和外包装标志的内容和标志位置等方面的规定。

包装是为保证商品在运输、贮存过程中，不受损失所作的要求。包括包装材料、包装容器、包装方式及包装中内容物的数量、重量和体积等方面的要求。

运输和贮存主要是规定该商品在运输和贮存时的特殊要求。如对运输工具、条件和注意事项的特殊要求；对贮存地点、条件，放置方法、贮存期限及贮存中应检查项目等方面的要求。

5.8 噪声

洗衣机洗涤、脱水时的声功率级噪声值均应不大于 72dB（A 计权）。

5.9 脱水性能

脱水机和洗衣机的脱水装置脱水后含水率应符合表 1 的规定。

表 1

脱水方式		含水率（%）
手动式	挤水器	<150
离心式	波轮式和搅拌式全自动洗衣机	<115
	滚筒式洗衣机	<115
	普通型和半自动型波轮式洗衣机	<115
	脱水机及脱水装置	<115

5.10 走时指示误差

洗衣机的程序控制器（包括定时器）动作要灵活可靠，在一个常用（标准）洗涤程序时间范围内（定时器为满量程）走时指示误差应符合表 2 的规定。

表 2

种类	走时指示误差（min）
5min 脱水定时器	±1.5
15min 洗涤定时器	±2.5
程序控制器	±3.0

图 4-7　家用电动洗衣机标准（部分技术要求）

3. 补充部分

主要分为附录（见图 4-8）和附加说明两部分。

◆附录。根据需要，一个标准可以有若干个附录。附录按其性质又可分以下几种。

补充件。补充件是标准部分的补充，与标准条文具有同等效力。

参考件。主要包括：标准中重要规定的依据，某些重要的专门问题的介绍，某些条文的参考资料或推荐性方法；正确使用标准的说明等。它属于参考性内容，不具有与标准条文同等的效力。

◆附加说明。是制订、修订标准中的一些说明事项。如本标准的提出部门、起草单位、负责起草人、负责解释单位；首次发布、历次修订和复审确认的年月；以及其他需要加以说明的问题等。

GB/T4288-2003

附录 E

（资料性附录）

检验规则

E.1 检验规则

洗衣机应根据本标准测试，并经正式鉴定合格后，方能批量投产。

E.2 检验说明

每台洗衣机须经制造厂技术检验部门检验合格后方能出厂，并应附有质量检验合格证、使用说明书和保修单。

E.3 检验分类

洗衣机的检验分为出厂检验和型式检验。

E.4 出厂检验

E4.1 产品出厂检验的必检项目

产品出厂检验的必检项目见表 E.1 序号 1、3、15、16、25 中的内容。

图 4-8 家用电动洗衣机标准（附录）

4.4 标准制定及修改程序

1. 标准的制定程序

1997 年颁布的《国家标准制定程序的阶段划分及代码》（GB/T16733-1997）在借鉴世界贸易组织（WTO）、国际标准化组织（ISO）和国际电工委员会（IEC）关于标准制定阶段划分规定的基础上，结合《国家标准管理办法》对国家标准的计划、编制、审批发布和复审等程序的具体要求，确立了我国国家标准制定程序的 9 个阶段，包括预阶段→立项阶段→起草阶段→征求意见阶段→审查阶段→批准阶段→出版阶段→复审阶段→废止阶段。

① 预阶段是标准计划项目建议的提出阶段，全国专业标准化技术委员会（以下简称技术委员会）或部门收到新工作项目提案后，经过研究和论证，提出新工作项目建议，并上报国务院标准化主管部门（国家标准化管理委员会）。

② 立项阶段，国务院标准化行政主管部门收到国家标准新工作项目建议后，对上报的项目

建议统一汇总、审查、协调、确认，并下达《国家标准制修订计划项目》。

③ 起草阶段，技术委员会收到新工作项目计划后，落实计划，组织项目的实施，由标准起草工作组完成标准征求意见稿。

④ 征求意见阶段，标准起草工作组将标准征求意见稿发往有关单位征求意见，经过收集、整理回函意见，提出征求意见汇总处理表，完成标准送审稿。

⑤ 审查阶段，技术委员会收到标准起草工作组完成的标准送审稿后，经过会审或函审，最终完成标准报批稿。

⑥ 批准阶段，国务院有关行政主管部门、国务院标准化行政主管部门对收到标准报批稿进行审核，对不符合报批要求的，退回有关起草单位进行完善，最终由国家标准化行政主管部门批准发布。

⑦ 出版阶段，国家标准出版机构对标准进行编辑出版，向社会提供标准出版物。

⑧ 复审阶段，国家标准实施后，根据科学技术的发展和经济建设的需要适时进行复审，复审周期一般不超过 5 年。复审后，对不需要修改的国家标准确认其继续有效，对需要作修改的国家标准可作为修订项目申报，列入国家标准修订计划。对已无存在必要的国家标准，由技术委员会或部门提出该国家标准的废止建议。

⑨ 废止阶段，对无存在必要的国家标准，由国务院标准化行政主管部门予以废止。

2. 标准的实施与修改

商品标准制订后的贯彻实施，是整个标准化活动中的一个关键性环节。商品标准只有通过在社会实践中贯彻实施，才能够产生作用和效果；才能够评价其质量和水平；才能够发现存在的问题，明确改进和提高的方向。

贯彻实施商品标准，必须严肃认真，建立配套措施。一般步骤大致可分为计划、准备、实施、检查和总结五个阶段。贯彻实施商品标准，决不是一个部门的事，也不是只靠企业自己努力就能做好的。它需要各级主管部门、归口单位、企业等各方面密切配合，分工协作。也需要与用户、消费者和监督检验工作者密切合作。

在《中华人民共和国标准化法》中规定："标准实施后，制订标准的部门应当根据科学技术的发展和经济建设的需要适时进行复审，以确认现行标准有效或者予以修订、废止。""标准复审周期一般不超过五年。"

【案例 6】

公开征集对 2012 年消费品行业标准复审结论的意见

为做好行业标准的维护工作，及时更新和淘汰落后标准，提高行业标准的科学性、适用性和有效性。按照《标准化法》、《工业和信息化部行业标准制定管理暂行办法》对行业标准复审的要求和程序，我们组织开展了标龄 5 年以上消费品行业标准复审工作。

经相关行业协会、标准化技术组织的评审，现已确定了纺织、包装等 2 个行业，共 147 项行业标准复审结论，其中继续有效 85 项，拟修订 59 项，拟废止 3 项。现予公示，如有异议，请于 2012 年 11 月 15 日前向我部（科技司）反馈（邮件主题注明：标准复审公示反馈）。

工业和信息化部科技司

2012 年 11 月 1 日

4.5 商品标准化管理

【案例7】

自行车国际新标准两年后出台

欧盟自行车标准化技术委员会消息，国际上唯一的两项自行车整车标准儿童自行车安全要求（ISO 8098—2002）、自行车安全要求（ISO 4210—1996）已经正式启动修订程序，新的儿童自行车标准和自行车标准将分别于 2014 年 7 月和 10~11 月出台。

据悉，新的自行车标准将被拆分为自行车术语与定义，城市休闲车、少儿车、山地车、赛车标准，制动性能测试方法，车把测试方法等 9 个标准，并新增少儿自行车、山地自行车、竞赛自行车有关技术要求，更加关注车架、前叉等 9 个关键零部件及关键测试方法的标准化规定，旨在进一步完善自行车标准化体系。

新的自行车标准实施之后，必将对自行车出口企业造成一定程度的影响。据了解，欧洲标准（EN 标准）是目前相对先进的国外标准，且本次国际自行车新标将在现有 EN 标准上进行修订，检验检疫部门提醒相关企业，提早熟悉并逐步采用 EN 标准进行企业产品质量控制。

1. 商品标准化的概念

标准化是在经济、技术、科学及管理等社会实践中，对重复性事物和概念通过制订、发布和实施标准，达到统一，以获得最佳秩序和社会效益的全部活动过程。这个过程是一个不断循环、螺旋式上升的过程。

标准化活动的核心是标准；标准化的结果，只有当标准在社会实践中实施以后，才能表现出来；标准化又是一个相对的概念，即标准化不是绝对的，在深度上是无止境的；标准化也需不断协调配套；存在着随时代变化而产生标准与非标准的转化。

商品标准化是指在商品生产和商品流通的各个环节中制定、发布以及实施商品标准的活动。它是整个标准化活动的一个组成部分。推行商品标准化的最终目的是达到统一，从而获得最佳的市场秩序和社会效益。

2. 商品标准化的作用

【案例8】

国际标准越来越苛刻 宁波玩具出口企业面临新挑战

相关人士从宁波检验检疫局获悉，来自美国玩具协会消息，新的针对电子电气类（E&E）玩具的欧盟有害物质指令 2011/65/EU，即 RoHS2.0 的两个生效日期正日益临近。修订后的指令将涵盖所有带有电子电气功能的玩具。其中，部分要素将于 2013 年 1 月 2 日生效。

据记者了解，RoHS 指令最初于 2003 年发布，对特定类型的电子电气设备和玩具中的铅、汞、镉、六价铬、多溴联苯或多溴联苯醚的含量进行限制，以防止这些被禁物质被弃置或潜在释放到环境中。

作为欧盟最大的玩具进口国，中国玩具出口正遭受着越来越苛刻的国际标准。而宁波又是我国主要的玩具生产和出口基地，有三分之一的玩具出口到欧盟。但是出口企业主要以传统型加工为主，产品附加值低，已饱受原材料涨价、用工不足、劳动力成本提高等压力。即将生效的 RoHS2.0 指令将限制范围扩展至带有电子电气功能玩具，势必又将带来新一轮原材料更新、检测费用增加等问题，同时玩具出口商对上游原材料企业的依赖程度也将进一步加深，宁波玩具出口形势将面临更多困难。统计数据显示，2012 年前三季度，宁波出口到欧盟的玩具共 4 595 批，价值 9 131.15 万美元，其中电动玩具 1.7 万件，共计金额 76.13 万美元。

商品标准化的水平是衡量一个国家或地区生产技术和管理水平的尺度，是现代化的一个重要标志。现代化水平越高就越需要商品标准化。在社会主义现代化建设中，标准化有着非常重要的作用。

- 商品标准化是提高商品质量和合理发展商品品种的技术保证。
- 商品标准化是实现现代化科学管理和全面质量管理的基础。
- 商品标准化是组织现代化商品生产和发展专业化协作生产的前提条件。
- 商品标准化是合理利用国家资源、保护环境和提高社会经济效益的有效手段。
- 商品标准化是推广应用新技术，促进技术进步的桥梁。
- 商品标准化是国际经济、技术交流的纽带和国际贸易的调节工具。

3. 商品标准化的基本内容

以鞋为例，我们来看看产品的标准化的主要内容。首先，由中国轻工业联合会提出，中国皮革和制鞋工业研究所、江苏森达有限公司、康奈集团有限公司、石狮市福林鞋业有限公司、丽港鞋业（深圳）有限公司、奥康集团有限公司起草的 QB/T1002—2005 皮鞋标准，提出了鞋的分类，明确规定鞋的一般要求有：鞋号、鞋楦尺寸、鞋面材料、鞋的标志说明等，如图 4-9 和图 4-10 所示标准制定的情况。

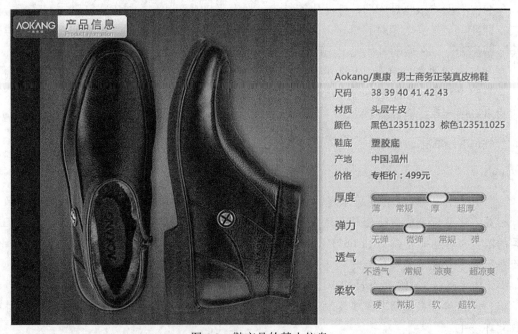

图 4-9　鞋产品的基本信息

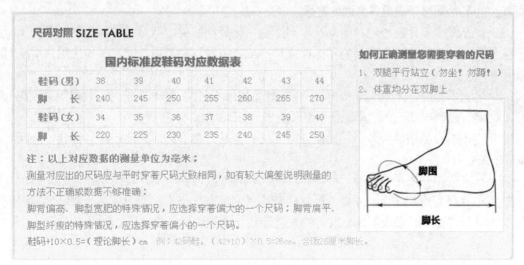

图 4-10　鞋的标准尺码

其次，企业在生产皮鞋时必须按照标准要求，同时针对标准中的感官要求、物理机械性能要求和试验方法要求进行测定并判断产品质量状况，如图 4-11 所示标准实施的情况。

图 4-11　鞋的检测（部分）（依据 QB/T1002—2005 皮鞋）

通过更多的商品标准化应用，我们总结出商品标准化的主要内容包括以下几方面。

（1）商品质量标准化。商品质量标准化即对商品的性能、成分、使用寿命、功能等质量指标，以及检验、评价、维护方法等方面作出的标准规定。

（2）商品品种规格系列化。商品品种规格系列化是将同类商品，依据一定的规律、一定的技术要求，按照不同的规格、尺寸等进行分档、分级，作出合理的安排和规划，使之形成系列。用尽可能少的品种规格，满足各方面的需求。

（3）商品及零部件通用化。商品及零部件通用化是指某种商品可以在两种以上不同类型的产品上使用；或者是同一类产品的零部件或其一部分可以互相通用，以利节约代用，提高商品的利用率。

（4）名词术语统一化。名词术语统一化指商品使用的名称、术语、符号、代号等必须统一、简化、明确，以利提高工作效率，便于互相交流和正确理解。

此外，还有商品质量管理与质量保证标准化、商品分类编码标准化、商品包装、储运、养护标准化等。

商品标准化是一项系统管理活动，涉及面广，专业技术要求高，政策性强，因此必须遵循统一管理与分级管理相结合的原则，建立一套完善的标准化机构和管理体系，调动各方面的积极性，搞好分工协作，吸取国外标准化的先进经验，才能顺利完成商品标准化的任务。

4. 商品标准化管理

我国标准化法中指出："标准化工作的任务是制订标准、组织实施标准和对标准的实施进行监督。"为了完成这个任务，我国按照"统一领导，分系统和分级管理"的原则，建立了我国的标准化管理体制。

依据《中华人民共和国标准化法》中的规定，国务院标准化行政主管部门统一管理全国标准化工作，国务院有关行政主管部门分工管理本部门、本行业的标准化工作。

根据《中华人民共和国标准化法》的规定，国家质监总局在各个领域组建了"全国专业标准化技术委员会"。

① 国家质检总局对中国国家标准化管理委员会（中华人民共和国国家标准化管理局）（简称国家标准委）实施管理。国家标准委（副部级）是国务院授权的履行行政管理职能，统一管理全国标准化工作的主管机构。

② 国务院各行政主管部门（各部、委、局），分工管理本部门、本行业的标准化工作，履行以下职责：贯彻国家标准化工作的法规、方针、政策，并制订本部门、本行业实施的具体办法；制订本部门、本行业的标准化工作规划、计划；对标准实施情况进行监督检查；指导省、自治区、直辖市有关部门的标准化工作；经国务院标准化行政主管部门授权，分工管理本行业的产品质量认证工作。

③ 省、自治区、直辖市有关行政主管部门（地方标准局），分工统一管理本行政区域内、本部门、本行业的标准化工作，主要履行以下职责：制订本行政区域内、本部门、本行业的标准化工作规划、计划；承担本行政区人民政府下达的草拟地方标准的任务，并组织实施；对标准实施情况进行监督检查。

④ 市、县标准化行政主管部门和有关行政主管部门，按照省、自治区、直辖市政府规定的各自职责，管理各自范围内的标准化工作；市、县标准化行政主管部门和有关行政主管部门是标准化工作管理的基层组织，负责基层标准化的全部工作。

 **本章小结**

商品标准是指对商品质量和有关质量的各个方面（如成分、结构、等级、品种、规格、用途、检验方法、包装、运输、贮存、使用条件等）所规定的典范或准则。

商品标准按其约束程度分为强制性标准和推荐性标准。

根据《中华人民共和国标准化法》规定，我国的商品标准按其适用范围，可以分为国家标准、行业标准、地方标准、企业标准四级。

我国的商品标准一般是由概述、技术内容（正文）和补充三个部分构成。

商品标准化是指在商品生产和商品流通的各个环节中制定、发布以及实施商品标准的活动。它是整个标准化活动的一个组成部分。推行商品标准化的最终目的是达到统一，从而获得最佳的市场秩序和社会效益。

 习题与实训

1. 判断题

（1）按商品标准的成熟程度可以分为强制性标准和推荐性标准。　　　　　（　　　）

（2）企业只有在其生产的产品没有相应的国家标准、行业标准和地方标准时，才能制定企业标准。　　　　　（　　　）

（3）完全市场经济国家里以强制性标准为主。　　　　　（　　　）

2. 名词解释

（1）商品标准；（2）商品标准化；（3）国际标准；（4）推荐性标准。

3. 简答

（1）简述我国商品标准的分级

（2）简述商品标准的基本内容构成

4. 案例分析

玩具出口遭遇史上最严厉标准质量专家到义务服务

各方关注的《欧盟玩具安全新指令》于 2011 年 7 月 20 日正式实施，该指令被称为目前世界上最严格最苛刻的玩具法规。新政最直接的影响便是企业的出口成本增加和玩具行业利润萎缩。为帮助企业应对，国家日用小商品质量监督检验中心玩具质量帮扶专家组到义乌的雪儿玩具有限公司、元龙玩具有限公司等多家玩具企业，开展点对点的服务，帮助企业改进工艺和技术。

《欧盟玩具安全新指令》致力于保护 14 周岁及以下儿童的安全健康，与原先的指令相比，提出了更严格的要求：迁移元素限制种类从 8 种增加为 19 种；首次禁止玩具中使用 66 种过敏性香味剂，其中 55 种禁用，11 种含量超过 0.01% 时需标明；玩具材料中的化学成分必须与欧盟关于危险品物质分类、包装和标签法规相一致；强调警告标志和制造商责任。

如果新规按时实施，届时首当其冲的就是企业检测费用大增。义乌一家玩具企业去年出口额为 1 200 万美元，其中 50% 以上出口欧盟。公司负责人表示，如果以新规标准检测，企业一年的检测成本将增加 10 多万元。

义乌玩具协会相关负责人还担心，欧盟的举动有可能会对其他国家产生"示范效应"，如果美国等国家也来参照欧盟标准提出检测要求，这样对义乌玩具出口影响就更大了。

义乌市场是全国最大的玩具集散地之一，现有国际商贸城玩具商位 2 000 多个，年销售

额逾 40 亿元。由于玩具产品经常遭受国外各种壁垒，企业每次都要承担不小的损失。而义乌市输欧盟玩具企业主要是以贴牌加工为主，在原材料价格和劳动力成本大幅增加的情况下，产品出口报价涨幅远不足以弥补成本上涨，再加上出口标准不断提升，企业利润空间被进一步挤压。

在玩具质量帮扶专家走访企业的过程中，专家组发现玩具企业的质量意识正在不断增强，部分企业有自己的检测设备，从设计到原材料都有专门人员进行质量控制，能很好地保证产品的质量安全。企业主对于专家组下企业也非常欢迎，积极向专家咨询技术难题。

问题：本案例说明了哪些问题？利用所学知识谈谈如何做好玩具出口工作？

5. 实训任务

使选择常用的 10 类商品，了解其及其包装上表明的执行标准并根据有关标准内容分析该商品的质量状况，并针对问题提出解决方法。

（1）小组成员分工列表和预期工作时间计划表

任 务 名 称	承担成员	完成工作时间	老师建议工作时间
选择一种商品，了解其标准内容并分析现实质量状况			

（2）任务工作记录和任务评价

项　　目	记　　录
工作过程	签名：
个人收获	签名：
存在的问题	签名：
任务评价	（教师）签名：

6. 自学与拓展

贸易技术壁垒是指国际贸易中商品进出口国在实施贸易进口管制是通过颁布法律、法令、条例、规定，建立技术标准、认证制度、检验制度等方式，对国外进出口产品制定过分严格的技术标准、卫生检疫标准、商品包装和标签标准，从而提高进出口产品的技术要求，增加进口难度，最终达到限制进口目的的一种非关税壁垒措施。

试分析我国国际贸易如何做好标准化管理。

第五章

商品检验

 学习目标

了解商品检验工作的意义;

熟悉商品检验的程序;

掌握商品检验方法和检验的主要内容;

掌握商品品级的确定

 案例导入

上海鞋类商品质量检测 45 批次不合格　耐克等榜上有名

中广网上海 2011 年 8 月 24 日消息(记者杨静　实习记者刘洋洋):目前,上海市工商局组织力量对上海市部分商店、超市、专卖店进行了鞋类商品的质量检测,结果发现有 45 个批次的鞋类出现在了不合格产品之列,其中不乏耐克、特步等知名品牌。

据上海市工商局介绍,这次检测出的不合格产品主要存在两个问题,一是剥离强度不合格,因为剥离强度是鞋类商品的重要质量指标,这其实也是历年消费者投诉最多的质量问题。此次检测中该类不合格商品有 "匡威"牌旅游鞋、"耐克"牌女子跑步鞋等 26 批次商品,占不合格商品总数的近六成。第二个存在的问题是感官质量不合格,在这批不合格商品中,有的帮面明显脱色,容易导致颜色迁移;有的子口不紧密,造成整体外观质量有明显感官缺陷;有的标识中面料材质与标称严重不符,误导消费。像 "特步"牌慢跑鞋、"彪马"牌休闲鞋等 31 个批次都未达标。

对此上海市工商部门提醒消费者:在购买皮鞋时要认准,较好的皮革都应具备花纹清晰、不松面、质地柔软、弹性好的特点。有些劣质皮鞋的鞋面平滑光亮,但短期穿着后,就会松懈变形。区别优、劣皮革只要看一看皮革表面有无动物皮革固有的花纹和毛孔。在购买的同时不可忽略鞋里的材质。有的真皮皮鞋,鞋里或鞋垫是人造革,穿着时也会感到不舒服。检查鞋子质量是否合格还可以将鞋放在平面上检查平稳性。另外,从鞋子的外观上,外底、内外侧的翘起尺寸是否差别较大;鞋跟是否向内侧或外侧倾斜,后缝是否歪扭;后帮高度及踝骨部位高度是否适当等问题也应引起消费者的注意。

5.1 商品检验的含义、类型

1. 商品检验的概念

【案例1】

2011 年上海市锁具产品质量监督抽查结果

上海市质量技术监督局对本市生产和销售的锁具产品质量进行专项监督抽查。本次抽查产品 80 批次，覆盖本市主要生产企业。经检验，不合格 1 批次。在这 80 批次产品中，本市生产的产品有 60 批次，不合格 1 批次；外省市生产的产品有 20 批次，不合格 0 批次。

本次监督抽查依据 GB 21556—2008《锁具安全通用技术条件》等国家标准及相关标准要求，对各类产品的下列项目进行了检验：

1. 弹子家具锁：钥匙不同牙花数、互开率、锁头防拨安全装置、锁舌伸出长度、锁头固定连接静拉力、锁头固定连接扭矩、锁芯拨动件扭矩、锁舌侧向静载荷、各铆接件静拉力；

2. 自行车锁：钥匙不同牙花数、互开率、锁头防拨安全装置、锁头防敲击开启、外露锁头径向静载荷、锁环静拉力、扳手与锁环连接静拉力、条形锁静拉力、U 形锁静拉力；

3. 外装门锁：钥匙不同牙花数、互开率、锁头防拨安全装置、锁舌伸出长度、锁头螺孔静拉力、执手静拉力、保险钮静拉力、锁舌侧向静载荷、锁舌轴向静载荷、锁扣盒静拉力；

4. 弹子插芯门锁：钥匙不同牙花数、互开率、锁头防拨安全装置、锁舌伸出长度、方舌轴向静载荷、方舌侧向静载荷、斜舌侧向静载荷、锁头与锁体连接、执手扭矩、执手径向静载荷、执手轴向静拉力；

5. 球形门锁：钥匙不同牙花数、互开率、锁舌伸出长度、锁头防拨安全装置、保险锁舌保险功能、执手扭矩、执手轴向静拉力、执手径向静载荷、锁舌侧向静载荷、锁舌保险后轴向静载荷。

本次监督抽查中发现的不合格项目如下：

钥匙不同牙花数：该项目是考核锁具保密度的指标。所谓钥匙不同牙花数，是根据弹子孔个数及圆头弹子长短数（也就是圆头弹子级差数）组成在同一批量中钥匙牙花互不相同的总数。如果此项指标未达到标准规定值，就不能剔除保密性差的牙花，造成互开率超标。本次抽查中，该项目有 1 批次产品不合格。

具体抽查结果如表 5-1 所示。

表 5-1 2011 年锁具质量监督抽查合格产品（部分）

受检产品	商标	规格型号	生产日期/批号	受检企业
钢缆锁	铭锐	MR-104	2011.6.21	上海瑞民车业有限公司分公司
抽屉锁	515	HL515-1 φ22.5 毫米	2011.7.4	上海前进锁具有限公司
原子钢缆锁	申云	16×80	2011.6.20	上海申云锁厂
执手门锁	GMT	JB3B-5115-US15	/	上海东丰五金有限公司
房门锁	KFE	E72-LD	/	上海凯夫尔门控科技有限公司

锁具产品的选购和使用常识

首先认清商品是否有厂名、厂址、商标、型号、执行标准代号，是否有专业质检机构出具的检验合格报告。

正确选购要做到五看。

一看外观：要清晰，表面不粗糙，锁具开启旋转要灵活，锁闭装置应起作用，手感舒适。

二看材质：要铜芯铜弹货真价实，加工要牢固、可靠，切莫选用劣质材料制造的锁具。

三看牙花：钥匙牙花深浅要悬殊，避免平、顺、浅的牙花造成互开。

四看间隙：钥匙与锁芯槽、锁芯与锁头孔配合要紧凑，间隙过大致使钥匙窜动、锁芯摇晃造成互开。

五看槽型：锁芯槽型要封闭中心线，用 0.20mm 的塞片要不能塞进。

（1）概念。

广义上的商品检验是指商品交易的一方或者中立、公正的第三方，借助某种手段和方法，按照有关的标准、合同、信用证、法律等的规定对商品的质量、数量、包装等进行检验，并做出合格与否，验收与否的决定的一系列活动。对商品质量进行的检验是中心内容。

狭义上的商品检验是指仅对商品质量进行的检验，即大多数人在一般情况下所说的商品检验。它是有关部门或者人员根据相关规定，评价和确定商品质量优劣及商品等级的工作。

（2）实施商品检验工作的重要性。

① 从生产环节看，生产企业通过对生产各环节的商品质量检验来保证产品质量，促进产品质量不断提高；

② 从流通环节看，商品流通部门在流通各环节进行商品检验，及时防止假冒伪劣商品进入流通领域，以减少经济损失，维护消费者利益；

③ 从市场监管看，质量监督部门通过商品检验，实施商品质量监督，向社会传递准确的商品质量信息，促进我国市场经济的发展。

④ 从贸易角度看，对进出口商品进行检验，一方面可防止低于合同或标准规定的商品出口，巩固和提高我国出口商品的国际声誉，另一方面，对品质不符合规定的进口商品，可根据商品检验的结论，在索赔有效期内向卖方提出索赔、退货或换货，从而避免由于进口商品品质不符合要求造成的损失。

⑤ 从消费者权益保护角度看，经过检验合格的商品才能更好满足消费者的需要，保证消费者的身体健康和生命安全，提高生活质量。

总之，正确地评价或评定商品的质量，能达到促进商品购销和进出口贸易，发展我国的社会主义市场经济，维护广大消费者权益的目的。商品检验是保证商品质量、提高商业经营管理水平的一项重要内容。

2. 商品检验的分类

（1）按检验是否有破坏性划分破坏性检验和非破坏性检验。

破坏性检验是指为取得必要的质量信息，经测定或试验后的商品遭受破坏的检验。以汽车破坏性试验为例，如图 5-1 所示。

非破坏性检验也称无损检验，是指经测定、试验后的商品仍能使用的检验。如图 5-2 所示。

（2）按所检验商品的相对数量划分全数检验、抽样检验和免于检验。

图 5-1　汽车撞击试验（破坏性）　　　　　　图 5-2　观察油的颜色（非破坏性）

表 5-2　全数检验、抽样检验和免于检验的特点

	全 数 检 验	抽 样 检 验	免于检验（2008 年前）
概念	是对被检批的商品逐个地进行检验，也称百分之百检验	是按照事先已确定的抽检方案，从被检验商品中随机抽取少量商品，再对样品逐一进行测试，将测试结果与标准或合同规定进行比较，最后由样本质量状况统计推断受检批商品整体质量合格与否的检验	对于生产技术和检验条件较好，质量控制具有充分保证，成品质量长期稳定的生产企业的商品，在企业自检合格后，商业和外贸部门可以直接收货，免于检验
优点	可提供较多的商品质量信息，给人以心理的安全感，适用于批量小、质量特性少且质量不稳定、精度要求高、质量关系到生命安全、较贵重、非破坏性的商品检验	检验的商品数量相对较少，节省检验费用、时间和人力，有利于及时交货。 可适用于批量较大、价值较低、质量特性较多且质量较稳定或具有破坏性的商品检验。该方法在工作实践中应用较多	
缺点	检验量大、费用高、容量造成检验人员疲劳而产生的漏检和错检现象	提供的质量信息少，有可能出现误判，并且不能适用于质量差异程度较大的商品	

　　我国技术监督局从 2000 年 8 月起，开始实施免于质量监督检查工作。获得免检的产品，可以按规定自愿在商品或其品牌、包装物、使用说明书、质量合格证上使用免检标志，并在三年内免于各地区、各部门各种形式的质量监督检查。

　　2008 年国家质检总局停止所有食品类生产企业获得的国家免检产品资格，相关企业要立即停止其国家免检资格的相关宣传活动，其生产的产品和印制的包装上已使用的国家免检标志不再有效。

　　（3）按照商品检验的主体和目的划分生产检验、商家检验和第三方检验。

表 5-3　生产检验、商家检验和第三方检验的概念和作用

	生 产 检 验	商 家 检 验	第 三 方 检 验
概念	第一方检验、卖方检验或工厂检验	第二方检验、买方检验	公正检验、法定检验
作用	在生产过程中的各环节、各道工序，都必须进行质量检验。对进货物品检验，以控制不合格的原材料、外协件的使用；对工序过程半成品检验，以防止不合格的半成品流入下道工序；对成品检验，防止不合格品出厂。	由商品的买方（如商业部门、物资部门、外贸部门、工业用户）为了维护自身及其顾客利益，保证所购商品符合标准或合同要求并决定是否验收、进货所进行的检验活动	由处于买卖利益之外的第三方（如专职监督检验机构），以公正、权威的非当事人身份，根据有关法律、标准或合同所进行的商品检验活动。目的是维护各方合法权益和国家权益，协调矛盾，促使商品交换活动的正常进行。
表现	经检验合格的商品应有"检验合格证"标志	收货	公证鉴定、仲裁检验、国家质量监督检验

（4）按检验商品的流通范围分内销商品检验和进出口商品检验。

内销商品检验是国内的商品经营者、用户、商务部门的质量管理与检验机构、各级商检机构，依据国家的法律、法规及有关技术、标准或合同，对于由国内企业生产的、在国内流通销售的商品进行的检验。

进出口商品检验是由我国进出口商品检验机构（国家质检总局）或者其认可的和委托的单位依照有关法律、法规、合同规定、技术标准、国际贸易惯例与公约等对进出口商品进行的法定检验、鉴定检验和监督管理检验。

表 5-4 列入《出入境检验检疫机构实施检验检疫的进出境商品目录》调整表（部分）（2012 年）

海关商品编号	商品名称及备注	原监管条件	调整后监管条件
	2012 年《出入境检验检疫机构实施检验检疫的进出境商品目录》调整表		
	涉及食品添加剂的产品		
2503000000	各种硫磺（升华硫磺、沉淀硫磺及胶态硫磺除外）		A/B
2512001000	硅藻土		A/B
2519909100	化学纯氧化镁		A/B
2526202001	滑石粉		A/B
2806100000	氯化氢（盐酸）		A/B
2815110000	固体氢氧化钠		A/B
2817001000	氧化锌		A/B
2831101000	钠的连二亚硫酸盐		A/B
2905130000	正丁醇		A/B
2905223000	芳樟醇		A/B
2905430000	甘露糖醇		A/B
2905491000	木糖醇		A/B
2915501000	丙酸		A/B
	禁止用于食品添加的产品		
2528001000	天然硼砂及其精矿（不论是否煅烧，不含从天然盐水析离的硼酸盐）		A/
2810002000	硼酸		A/
2830101000	硫化钠		A/
2933610000	三聚氰胺（蜜胺）		A/
2934992000	呋喃唑酮		A/
2935002000	磺胺双甲基嘧啶		A/
3204200000	用作荧光增白剂的有机合成产品		A/
2839191000	硅酸钠		A/
2842901100	硫氰酸钠		A/

另 2012 年《出入境检验检疫实施机构实施检验检疫的进出口商品目录》进行相关调整，2007 年的已不能使用。

此外，还可以按照被检验商品的用途划分为食品检验、纺织品检验、日用工业品检验和家用电气检验等。

5.2 商品检验的基本程序和内容

1. 商品检验的程序

【案例2】

拟输华肉类产品检验检疫准入程序

根据中国的法律规定和国际通行做法，在完成以下程序后，拟输出国方可对华出口肉类产品：

（1）拟输出国以书面方式向中国国家质检总局提出对华出口肉类产品申请。中方根据拟输出国动物疫情状况决定是否启动准入程序。如启动，则向拟输出国提交《拟输华禽/猪/牛/羊/鹿肉国家卫生管理体系评估调查问卷》；

（2）拟输出国提供相关技术资料，包括输出国兽医卫生和公共卫生的法律法规体系、组织机构、兽医服务体系、质量管理体系、产品的生产方式、安全卫生控制体系、残留监控体系、动物疫病的检测、监控情况等资料；

（3）中方对输出国官方提供的资料进行风险分析与评估，如果评估认为出口国的动物源性食品在可接受风险范围内，则中方将派专家组赴输出国进行实地考察；

（4）双方就对华出口动物源性食品的检验检疫卫生议定书内容进行磋商，达成一致后签署，并确认卫生证书内容和样本；

（5）中方对输出国拟向中国输出动物源性食品的企业按照中国《进口食品国外生产企业注册管理规定》（中国国家质检总局2002年第16号令）的要求，进行企业注册，同时拟输出国需向中国国家质检总局提供在华注册企业的产品种类、年度生产能力（单位以吨计）等信息，在华注册企业加入《允许进口肉类产品的国家或地区以及相应的品种和用途名单》并在中国国家质检总局网站公布后方准对华出口。

在输出国完成以上准入程序后，中国进口商须按照《进出境肉类产品检验检疫管理办法》（质检总局2002年第26号令）的有关规定，取得进口肉类产品备案资格后，方可申请从输出国的注册企业进口肉类产品，取得《中华人民共和国进境动植物检疫许可证》，按检疫要求进口有关产品；产品抵达中国口岸后，由中国口岸检验检疫机构实施检验检疫。另外，向中国出口的肉类产品还必须符合国际上对野生动物的保护条例。

商品质量检验一般需要经过定标、抽样、检查、比较、判定和处理等程序。

进出口商品检验的工作流程主要包括受理报验、抽样制样、检验鉴定和签证放行等四个环节。

① 报验，一般是指对外贸易关系人按照法律、行政法规、合同的规定或根据需要向商检机构申请办理检验、鉴定工作的手续。它是进出口商品检验工作的第一个环节。

② 商检抽样，就是根据外贸易合同或其他有关真凭实据确定的抽样检验方案，依据技术标准或操作规程所规定的抽样方法和抽样工具，从报验的整批商品中随机抽取规定数量的、在质量上能代表整批商品的样品（样本），通过对该样品（样本）的检验，由此对整批商品的质量作出评定估价。抽样是商检机构接受报验之后的首要环节，其主要目的是为了获得一个规格有限而能代表商品总体特征样本或样品，因而抽样直接关系到检验结果和出

证质量。

③ 检验鉴定。商检机构对于进出口商品检验和鉴定的具体内容，根据商品的不同特性、法律法规规定的不同、合同中的具体规定以及申请委托人的意愿而不同。一般来说，商品检验的项目和内容主要包括品质（质量）检验、数量和重（质）量检验、包装鉴定、装运技术检验、卫生检验、残损鉴定、货载衡量鉴定以及对商品的标记、产地和价值等方面的检验和鉴定等。

④ 签证放行。商检机构在检验鉴定工作完成之后，根据申请人的要求，按照商检部门的签证管理规定签发相应的证书或放行通知单，统称签证和放行。

2. 商品检验的内容

【案例3】

出口服装检验

出口服装检验的依据

1. 双边政府协议和相对应的标准。

2. 国家局针对进口国的有关法律、法规规定有国家技术规范的强制要求而制定的有关规定。

3. 我国法律、法规规定有国家技术规范的强制性要求。

4. 我国强制性技术规范高于合同、信用证或协议约定检验检疫标准或技术条件的（包括贸易关系人双方确定的成交样品），按照我国强制性技术规范进行检验；

5. 除转口贸易外，合同、信用证约定的检验检疫标准或技术条件（包括贸易关系人双方确定的成交样品）高于国内和国际的，按照合同、信用证执行；合同、信用证约定的检验检疫标准或技术条件（包括贸易关系人双方确定的成交样品）低于国内和国际的，按照进口国规定执行；合同、信用证或其他技术条款对产品质量的约定不一致时，按信用证条款执行。

6. 目前没有国家技术规范的强制性要求的，参照国家局指定的有关标准进行检验。

出口服装常规安全卫生检验项目

1. 禁用偶氮染料检测

执行标准：GB/T 17592.1-3 《纺织品　禁用偶氮染料检测方法》

2. 甲醛含量的检测

执行标准：GB/T 2912.1《纺织品　甲醛的测定　第一部分：游离水解的甲醛（水萃取法）》

3. 水萃取液 pH 值的检测

执行标准：GB/T 7573 《纺织品水萃取液 pH 值的检测》

4. 耐水色牢度的检测

执行标准：GB/T 5713 《纺织品　色牢度试验　耐水色牢度》

5. 耐摩擦色牢度的检测

执行标准：GB/T 3920 《纺织品 色牢度试验 耐摩擦色牢度》

6. 耐汗渍色牢度的检测

执行标准：GB/T 3922 《纺织品 耐汗渍色牢度试验方法》

7. 耐唾液色牢度的检测

执行标准：SN/T 1058-2002 《纺织品 色牢度试验耐唾液色牢度》

8. 异味的检测

执行标准：GB/T XXXX（未发布）检测要求的说明

9. 阻燃织物燃烧性能的检测

执行标准：GB/T 5455《纺织品 燃烧性 垂直法》和 GB/T 17596《纺织品 织物燃烧试验前的商业洗涤程序》

出口服装检验基本项目及要求

1. 包装

按相关标准或合同、信用证的规定执行。检查服装的内外包装箱盒质量、包装物料、挂牌、商标及装箱搭配，核查包装箱唛头标记。

2. 数量

核对总箱数、装箱件数、搭配是否与报检所附资料要求相符。

3. 尺寸规格

测量服装各部位的规格尺寸是否符合合同和有关标准。

4. 外观质量

核查服装的款式、折叠、包装、外观缺陷、缝制工艺质量、面辅料、整烫质量等。

5. 内在质量

根据被检产品的具体情况，按照相关标准和合同、信用证要求，对产品的色牢度、强力、尺寸变化率、成分、含绒量等物理化学性能进行检测。

6. 安全卫生、环保和反欺诈项目

出口产品应符合我国国家技术规范的强制性要求（包括《消费品使用说明·纺织品和服装使用说明（GB 5296.4—998）》、《纺织品甲醛含量的限定（GB 18401—2001）》），国家局针对进口国的有关法律法规要求而制定的有关规定；施检部门可根据强制性要求和国家局的有关规定对产品的安全、卫生、环保和涉及反欺诈项目进行测试。

7. 标识查验

根据《关于禁止纺织品非法转口的规定》，对服装的标签、挂牌和包装的产地标识进行查验。

【案例 4】

出口鞋类检测项目和方法标准

依据出口鞋类品种确定检测项目、选用相应的检测方法标准，具体检测方法见下表：

序号	测试项目	标准号	检测标准名称
1	鞋类耐折性能	GB/T 3903.1	鞋类通用检验方法 耐折试验方法
2	鞋类耐磨性能	GB/T 3903.2	鞋类通用检验方法 耐磨试验方法
3	鞋类剥离强度	GB/T 3903.3	鞋类通用检验方法 剥离试验方法
4	鞋类硬度	GB/T 3903.4	鞋类通用检验方法 硬度试验方法
		HG/T 2489	鞋用微孔材料硬度试验方法
5	拉伸性能	GB/T 528	硫化橡胶和热塑性橡胶拉伸应力应变性能的测定
		GB/T 1040	塑料拉伸性能试验方法
6	黏合强度	GB/T 532	硫化橡胶和热塑性橡胶与织物黏合强度的测定

序号	测试项目	标准号	检测标准名称
7	皮革厚度	QB/T 3812.4—1999	皮革-物理性能测试-厚度的测定
8	皮革抗张强度 伸长率	QB/T 3812.5—1999	皮革-抗张强度和伸长率的测定
9	皮革撕裂力	QB/T 3812.6—1999	皮革-撕裂力的测定
10	皮革耐折牢度	QB/T 3812.9—1999	皮革-耐折牢度的测定
11	鞋材禁用偶氮染料	GB/T 17592	禁用偶氮染料检测方法
12	重金属	GB/T 17593	纺织品重金属离子检测方法
13	五氯苯酚含量	GB/T 18414	五氯酚残留量检验方法
14	甲醛含量	GB/T 2912	纺织品甲醛的测定
15	色牢度	GB/T 3920	纺织品色牢度试验
16	包头耐冲击试验 包头耐压试验	HG 3081	胶面防砸安全鞋
		LD 50	保护足趾防护鞋（靴）
		GB 12623	防护鞋通用技术条件
17	防刺穿试验	GB 12017	防刺穿鞋的抗刺穿试验方法
18	隔热性能试验	LD 32	高温防护鞋
19	耐油性能试验	GB 16756	耐油防护鞋通用技术条件
20	电性能试验	GB 4385	防静电鞋、导电鞋技术条件
		GB 12011	电绝缘鞋通用技术条件
21	防振性能	LD 3	防振鞋一般技术条件
22	防滑性能试验	GB 12623	防护鞋通用技术条件
23	鞋跟结合牢度试验	GB/T 11413	皮鞋后跟结合牢度试验

总之，商品检验的内容主要包括以下几个方面。

（1）数量和重量检验。

商品的数量和重量检验包括商品的个数、件数、双数、打数、长度、面积、体积、容积、重量等。

商品的数量和重量是贸易双方成交商品的基本计量和计价单位，是结算的依据，直接关系到双方的经济利益，也是贸易中最敏感而且容易引起争议的因素之一。

（2）包装检验。

包装检验是根据购销合同、标准和其他有关规定，对商品的外包装和内包装以及包装标志进行检验。

包装质量检验的内容有：包装材料、包装容器的结构、造型和装潢等对商品贮存、运输、销售的适宜性，包装标志的正确性和清晰度，包装防护措施的牢固度等。

包装检验首先核对外包装上的商品包装标志（标记、号码等）是否与有关标准的规定或贸易合同相符。对进口商品主要检验外包装是否完好无损，包装材料、包装方式和衬垫物等是否符合合同规定要求。对外包装破损的商品，要另外进行验残，查明货损责任方以及货损程度。

对发生残损的商品要检查其是否由于包装不良所引起。对出口商品的包装检验，除包装材料和包装方法必须符合外贸合同、标准规定外，还应检验商品内外包装是否牢固、完整、干燥、清洁，是否适于长途运输和保护商品质量、数量的要求。

商品包装本身的质量和完好程度，不仅直接关系着商品的质量，还关系着商品的数量和重量，也是相关部门（运输方、仓储方、保险商、购买方等）判断商品致残或短缺原因、分清责任归属、确定索赔对象的重要依据之一。如果在进货验收中发现有商品数量或重量不足时，若包装袋破损的，责任在运输部门；包装完好的，责任在生产部门。

（3）品质检验。

品质检验的范围很广，大体上包括外观质量检验与内在质量检验两个方面：外观质量检验主要是对商品的外形、结构、款式、色泽、气味、成熟度、触感、疵点、表面加工质量、表面缺陷等的检验；内在质量检验一般指对商品成分的种类和含量、有害物质的限量、商品的化学成分、物理性能、机械性能、生物学性能、微生物、使用效果等的检验。

（4）卫生检验。

卫生检验主要是根据《中华人民共和国食品卫生法》、《化妆品卫生监督条例》、《中华人民共和国药品管理法》等法规，对食品、药品、食品包装材料、化妆品、玩具、纺织品、日用器皿等商品中的有毒有害物质以及微生物进行的检验，以及对生产中、加工中、储存中的商品进行卫生检疫。

检验其是否符合卫生条件，以保障人民健康和维护国家信誉。如《食品卫生法》规定："食品、食品添加剂、食品容器、包装材料和食品用工具及设备，必须符合国家卫生标准和卫生管理办法的规定。进口食品应当提供输出国（地区）所使用的农药、添加剂、熏蒸剂等有关资料和检验报告。海关凭国家卫生监督检验机构的证书放行等"。

（5）安全性能检验。

安全性能检验是根据国家规定、标准（对进出口产品，应根据外贸合同以及进口国的法令要求），对商品有关安全性能方面的项目进行的检验，如漏电性、放射性、易燃、易爆、易受毒害、易受伤害等，以保证生产、使用和生命财产的安全。目前，除进出口船舶及主要船用设备材料和锅炉及压力容器的安全监督检验，根据国以维护人身安全和确保经济财产免遭侵害。

5.3 商品抽样

1. 抽样的概念

抽样也称取样、采样或拣样，是按照技术标准或操作规程所规定的抽样方法和抽样工具，从整批商品中随机地采集一小部分在质量特性上都能代表整批商品的样品的过程。通过对该样品的检验，据此对整批商品的质量作出评定。

抽样检验是按照事先规定的抽样方案，从被检批中抽取少量样品，组成样本，再对样品逐一进行测试，将测试结果与标准或合同进行比较，最后根据样本质量状况统计推断受检批商品整体质量，并对该批商品作出合格与否、接收与否的判断。如图5-3所示。

抽样检验方案必须进行评估。评估时要考虑检验费用，生产方风险和使用方风险系数。经过抽样检验判为合格的商品，不等于该批所有产品都合格；经过抽样检验判为不合格的商品，不等于该批所有产品都不合格。

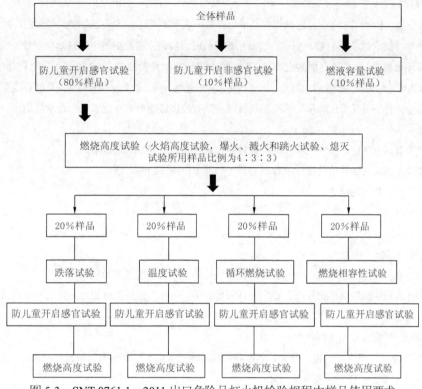

图 5-3 SNT 0761.1—2011 出口危险品打火机检验规程中样品使用要求

【案例5】

卷烟抽样国家标准中有关规则，如图 5-4 所示。

2. 抽样的原则

（1）随机性，即从货物中抽出的用以评定整批商品的样品，应是不加任何选择，按随机原则抽取的。

（2）典型性原则，是指被抽取的样品能反映整批商品在某些（个）方面的重要特征，能发现某种情况对商品质量造成的重大影响。如食品的变质、污染、掺杂及假冒劣质商品的鉴别。

（3）适时性原则，对于成分、含量、性能、质量等会随时间或容易随时间的推移而发生变化的商品，要及时适时抽样并进行鉴定。如新鲜果菜中各类维生素含量的鉴定及各类农副产品中农药或杀虫剂残留量的检验等。

（4）代表性原则，是以从整批商品中所取出的全部个别样品（份样）集成大样来代表整批，要求被抽取的一部分商品必须具备有整批商品的共同特征，以使鉴定结果能成为决定此批商品质量的主要依据。抽样必须具有足够的代表性，否则检验时即使运用最先进的技术和设备，也不可能得出准确的检验结果，而会对商品质量做出错误的评定。

（5）可行性，抽样的数量及方法、使用的抽样装置和工具应合理可行、切合实际，符合商品检验的要求。应在准确的基础上达到快速、经济、节约人力物力。

（6）先进性，应适时改进抽样技术和抽样标准，达到国际先进水平，以符合国际贸易的要求。

3. 抽样规则

3.1 以一条（10盒、200支）卷烟为样品单位，当一条卷烟不足10盒（200支）包装时，应调整样品单位以达到抽样要求的卷烟数量。型式检验及监督检验时，实验室样品由五个样品单位组成；出厂检验、单项或部分项目检验时，实验室样品应满足5章试样制备所需数量的要求，并由不低于三个样品单位组成。

3.2 以在规定时间内生产的同一牌号、同一规格、同一包装、同一价类、同一商品条码的卷烟为检验批。

3.3 由检验任务委托单位或指定的检验机构派遣持有抽样通知书的专业人员到指定的地点，在规定的时间内完成。

3.4 除非有其他规定，抽样人员在抽样点抽样时，应有该抽样点的代表陪同。

3.5 实验室样品只能从检验批中抽取，对每个样品单位均要加贴封条。

3.6 封条应记载下列信息：

——抽样单位；

——抽烟人；

——抽样时间。

3.7 实验室样品应严密包装，防止损坏，并以快捷的方式送至质量检验机构。

3.8 抽样人员应携带抽样记录表，该表一式三份。第一份作为抽样人员记录，第二份随样品包装，第三份交抽样点备案。

3.9 抽样记录表应记载下列信息：

——卷烟牌号、规格、包装、价类、商品条码和其他能区别不同批卷烟的特征；

——抽样基数、抽样数量及生产日期；

——抽样点；

——抽样日期；

——抽样目的；

——盒标焦油量、盒标烟气烟碱量、盒标烟气一氧化碳量；

——有关参数的设计值；

——抽烟人。

3.10 卷烟规格以长度和圆周即"卷烟长度（滤嘴长+烟支长）mm×圆周 mm"表示。

图 5-4　卷烟抽样国家标准中有关抽样规则

3. 抽样的方法

抽样的目的在于通过尽可能少的样本所反映出的质量状况来统计推断整批商品的质量水平。所以如何抽取对该批商品具有代表性的样品，对准确评定整批商品的平均质量十分重要。它是关系着生产者、经销者和消费者利益的大事。所以要正确选择抽样方法，控制抽样误差，以获取较为准确的检验结果。根据商品的性能特点，抽样方法在相应的商品标准中均有具体规定。

随机抽样法是目前被广泛采用的且众所公认最为合理的方法。此种方法又叫无限制的随机抽样法，即被检验整批商品中的每一件商品都有同等机会被抽取的方法。被抽取机会不受任何主观意志的限制，抽样者按照随机的原则、完全偶然的方法抽取样品，因此比较客观，适用于各种商品、各种批量的抽样。

（1）简单随机抽样。简单随机抽样又称单纯随机抽样法，它是对整批同类商品不经过任何分组、划类、排序，直接从中按照随机原则抽取检验样品。简单随机抽样通常用于批量不大的商品的抽样，做法是将批中各单位商品编号，利用抽签、查随机表、掷骰子、掷硬币等方法抽样，在实际工作中多采用前两种方法。从理论上讲，简单随机抽样最符合随机的原则，可避免检验员的主观意识的影响，是最基本、最简单的抽样方法，是其他复杂的随机抽样方法的基础。当批量较大时，则无法使用这种方法。

（2）分层随机抽样。分层随机抽样又称分组随机抽样法、分类随机抽样法。它是将整批同类商品按主要标志分成若干个组（层次），然后从每组（层次）中随机抽取若干样品，最后将各组抽取的样品放在一起作为整批商品的检验样品的抽样方法。分层随机抽样方法适用于批量较大的商品检验特别是生产过程中的质量事故检验。当批中商品质量可能波动较大时（如不同设备、不同时间、不同生产者生产的商品），它抽取的样本有很好的代表性，是目前使用最多、最广的一种抽样方法。

（3）系统随机抽样。系统随机抽样又称等距随机抽样法、规律性随机抽样法。它是先将整批同类商品按顺序编号，并任意选定一个号码为抽样的基准号码，然后按已确定的"距离"机械地抽取样品的方法。如按 2、12、22 的顺序抽取样品。这种抽样方法抽样分布均匀，比简单随机抽样更为精确，适用于较小批量商品的抽样，但当被检批商品质量问题呈规律性变化时，易产生较大偏差。进出口茶叶抽样方法如图 5-5 所示。

6　抽样方法

6.1　大包装茶抽样

6.1.1　包装过程中的抽样

在茶叶定量包装时，根据每批总件数，按第 5 章开拣件数的比例，每包装若干件用抽样铲抽样一次，每次约 500g 原始样品，放入有盖的专用茶箱中，待全批抽样完毕后混匀，用分样器或四分法逐步缩分至 500～1000g，分装于 1～2 个盛样筒中，作为平均样品供检验用。

6.1.2　包装后抽样

从整批产品堆垛上下不同位置按第 5 章随机抽取规定的件数，逐样开启，分别倒出全部茶叶于软箩或塑料布上，用抽样铲各抽出有代表性的样品约 500g，放入有盖的专用茶箱中，混匀，用分样器或或四分法逐步缩分至 500～1000g，分装于 1～2 个盛样筒中，作为平均样品供检验用。

6.2　小包装茶抽样

6.2.1　包装过程中的抽样

同 6.1.1 小节

6.2.2　包装后抽样

从整批产品堆垛上下不同堆放位置按第 5 章随机抽取规定的件数，逐样开启，从各件内不同位置处各抽出小包装 2～3 听（盒或袋），全部抽样完毕后保留完整小包装不少于 5 听（盒或袋），盛于密闭的容器中，携回供单个分别检验，其余各小包装均现场拆封，倒出茶叶。混匀，用分样器或或四分法逐步缩分至 500g，装于盛样筒中作为平均样品，供检验用。袋泡茶的拆封混样工作，可视需要在现场或检验室内进行。

6.3　压制茶抽样

根据全批总件数，按第 5 章随机从堆垛上下各部位抽取规定件数，逐件开启，从各件内不同位置处，各取压制茶 1～2 个（或块），现场检验后根据外观留取品质有代表性的样品及品质有明显差异性样品不少于 5 个（块），盛于密闭容器中或用防潮材料包裹，供检验室检验用，其余供鉴重用。

图 5-5　SN/T0918-2000《进出口茶叶抽样方法》

5.4 商品检验主要方法

某企业的产品检验室，如图 5-6 所示。

图 5-6 某企业的产品检验室

检验商品品质的方法很多，通常分为感官检验法和理化检验法两大类。

1. 感官检验法

感官检验法是借助人的感觉器官（眼、鼻、口、耳、手等）的功能，通过眼看、鼻闻、口尝、耳听、手触，对商品的外形、色泽、气味、透明度、滋味、软硬、弹性、声音等感官指标以及包装的结构和装潢等的审查，结合平时积累的实践经验，判断商品种类、品质优次和包装是否符合要求的检验方法。

感官检验的类别有视觉检验、听觉检验、味觉检验、嗅觉检验和触觉检验等。

（1）视觉检验法。视觉检验是利用人的视觉器官（眼），通过观察商品的外形、结构、新鲜度、成熟度、整齐度、完整度、外观疵点、色泽、式样、包装的结构和装潢以及凡需用视觉鉴别的感官指标，来评定商品的品质。

视觉检验应用非常广泛，其内容和采用的方法因商品而异。进行商品检验时，一般需首先采用视觉检验法检验商品的外表情况。例如：烟叶的色泽和组织、水果的果色和果型、罐头容器外观情况（商标纸及罐盖硬印是否符合规定，底盖有无膨胀现象，接缝及卷边是否正常，焊锡是否完整均匀，有无锈斑、有无凸瘪变形等）和内容物的组织形态、玻璃罐的外观缺陷（波筋、疙瘩、裂口、压口、汽泡和弯曲等）、粮谷色泽是否正常，异种粮粒的有无和多少、棉花色泽的好坏、疵点粒数的多少、高速钢冷拉钢材表面应洁净、光滑、不应有裂缝、折迭、结疤、夹杂和氧化铁皮等。

光源、光线强弱以及照射方向对视觉检验的准确性都有影响。为了提高视觉检验的可靠性，尽量保证视觉检验的结果客观、公正、准确，要求在标准照明（非直射典型日光或标准人工光源）条件下和适宜环境中进行，并且对检验人员进行必要的挑选和专门培训，某些商品应制定标准样品，如茶叶、烟叶、棉花、麻、羊毛、生丝等均制定有标准样品；检验者应具有丰富的检验商品外观形态方面的知识，并熟悉标准样品各等级的条件、特征和界限；光线的强度应适当，检验员不能是色盲等。

（2）嗅觉检验法。嗅觉检验是利用人的嗅觉器官（鼻）检验商品的气味从而评定商品品质的优次。

嗅觉检验广泛用于食品、药品、化妆品、化工品、香精、香料等商品的质量检验，还用于鉴别纺织纤维塑料等商品所燃烧气味的差别。嗅觉对人类来说可能是属于较为退化的一种感觉机能。据调查，在163个成年人中只有17%的人嗅觉正常。因此，要对检验人员进行测试、严格挑选和专门培训；进行检验的时间不要太长；检验场所的空气要清新，无烟味、酒味、臭味、霉味和香味等。

气味的优劣和正常与否是许多食品、工业品（如化妆品、牙膏、肥皂等）品质优次的重要品质指标。质量合格的商品均具有其特有的正常气味或优美馥郁的香气。正常无异味是对食品气味的基本要求。食品和某些工业品品质发生变化时，其气味也会发生相应的劣变，严重者则产生霉、酸、馊、哈、臭等怪味。像香烟、茶叶、面包等具有吸收异味性的商品，可能受到不利于其品质的气味的污染而影响品质，严重者可使商品失去使用价值。所以，食品和某些工业品需进行嗅觉检验，以判断品质优次或是否正常。

对不同商品进行嗅觉检验的内容和要求不尽相同。例如：对茶叶进行检验时须对其香气审评，专业术语叫"闻香"。指将3克样茶置于容积为150毫升的审茶杯内，用沸水冲泡5分钟，将茶汤倒入审茶碗后，评审茶杯以及茶杯中的香气。审评时，用左手持杯送至鼻下，右手掀开杯盖，半掩半开，反复嗅闻叶底的香气，嗅气后盖好杯盖，放回原处。茶叶香气，一般在热时、温时、冷时相差较大，故审评香气应热闻、温闻、冷闻相结合。香气审评，首先检验香气是否正常，有无异味，然后区别香气的类型（高档茶常具有花香、果香或蜜糖香等悦人的香气），最后检验香气的持久程度。检验乌龙茶的香气，是每次冲泡后。先揭开杯盖，闻杯盖里的香气。

嗅觉检验的结果与检验者的生理条件和检验经验有很大关系。此外，进行嗅觉检验时，检验场所、盛样器皿、检验者的手和衣服等物均不应有不利于嗅觉检验的异种气味，要求检验人员不得使用化妆品，生病（如感冒）时不得参加检验。

（3）味觉检验法。味觉检验是利用人的味觉器官（舌），通过品尝商品（点心、糖、烟、酒、茶、药品、调味品等）的滋味和风味，检验其品质的优次。

凡品质正常的食品均具有特有的滋味和风味。同一类别的天然食品，其滋味和风味可能因品种不同、调制方法不同、使用调料的不同等有明显区别。劣质食品的滋味相应低劣，如发霉、酸败或腐烂的食品，必然产生令人厌恶的怪味。

食品滋味检验者对所检验食品滋味方面的知识和经验的丰富程度，是检验结果准确程度的基本条件。人的基本味觉有甜、酸、苦、咸四种，并且舌的不同部位感知各种味道的灵敏程度不一样。味觉常受嗅觉、触觉、视觉以及温度、时间、疾病等因素的影响，因此，要求检验人员必须具有辨别基本味觉特征的能力；被检样品与对照样品所处的温度要一致；宜在饭前一小时或饭后两小时进行，且检验前后要用温开水漱口等。食品温度过高或过低，均能影响味觉检验的准确性。为保证滋味审评的准确性，检验用的食品样品应保持适宜的温度。例如：茶叶的滋味是决定茶叶品质优次的重要因素。品少许茶汤入口，使茶汤停留在舌的上部，并用舌头打转二、三次，在茶汤与舌的味觉灵敏部位舌尖、舌边充分接触，然后将茶汤吐出。审评茶叶和植物油脂滋味时，茶汤和植物油脂的温度应保持在 50℃左右；审评白酒时，其温度需在 35℃左右。

（4）听觉检验法。听觉检验是利用人的听觉器官（耳），通过辨别商品发出的音色、音质、音量等是否优美或正常，判断商品品质优次或是否正常。例如：通过摇动、拍打、敲击、开关、播放、弹奏等方式，对鸡蛋、瓷器、陶器、西瓜、钞票、乐器、冰箱、电视、金属制品和收声机等商品的音色、音质、音量进行辨别，判断其成熟度、新鲜度、冷冻度、是否有裂纹以及其真假优劣等。听觉检验至今还不能完全用仪器测定来取代，其重要原因之一就是人的耳朵灵敏度高。听觉检验要求在安静的环境条件下进行。

（5）触觉检验法。触觉检验是利用人的触觉器官（手、皮肤）通过触摸、折弯、按压或拉伸商品，根据商品的冷热、光滑细致程度、黏度、干湿、软硬、有无弹性、拉力大小、是否带静电等情况，判断商品品质优次和是否正常。

触觉检验主要用于检查纸张、塑料、纺织品、食品等商品。触觉检验要求对检验人员加强专门培训，保持手、皮肤处于正常状态。例如，茶叶的"细紧重实"、"粗松轻飘"中的"重实"和"轻飘"均需由触觉检验评定；经过烧烤的烟叶，其含水量不宜过高也不宜过低，可用触觉检验法检验其含水量：烟梗硬脆易断，手握沙沙作响，叶片易碎者，含水量约 13%～14%，为干燥；烟梗清脆易断，手握烟叶有响声并稍碎者，含水量约 15%～16%，含水量适中；烟梗稍软不易折断，手握烟叶有响声但不碎者，含水量约 16%～17%，为稍潮；烟梗软韧不易折断，叶片柔软，手握响声微弱者，含水量约 18%～19%，为较潮；烟梗很韧，折不断，叶片湿润，手握无响声者，含水量约 19%～20%，是湿筋烟。

感官检验法快速、经济、简便易行，不需要专用仪器、设备或试剂，不受场所限制，不损坏商品，成本较低，因而使用较广泛。某些与商品品质密切相关的品质指标，如气味、滋味、外形、外观疵点、花纹、图案、式样（款式）以及包装的造型和装潢等只能采用感官检验法评定之。感官检验不仅用于评定许多商品品质优次和正常与否，而且是识别某些商品如药材中的冬虫草、羚羊角、牛黄等真伪的重要手段。某些商品通过感官检验即可判断品质优次或等级高低。许多商品品质优次需通过理化检验与感官检验评定相结合，而感官检验一般在理化检验之前进行。

但是，感官检验法一般不能检验商品的内在质量；检验的结果常受检验人员的感观敏锐度、技术水平、工作经验、职业道德以及客观环境等因素的影响，而带有主观性和片面性。感官检验的结果，在大多数情况下只能用比较性的用词（优良、中、劣等）表示或用文字表述，且只能用专业术语或记分法表示商品质量的高低，而得不出准确的数值表示商品品质优次程度。

为提高感官检验结果的准确性，保证感官检验法的检验结果尽量客观、公正并有较高公认度，可视具体情况采取下列办法：制作实物标准作为感官检验的依据；集体审评；采用记分法；检验条件（如房间位置、空间大小、座位舒适度、温度、湿度、灯光、气流、声音等）、评价员、检验时间以及被检样品等也必须符合要求。

2. 理化检验法

理化检验法是借助于各种仪器、设备和试剂，通过运用物理的、化学的、生物学的方法来测定和分析商品品质的方法，又称仪器检验法或实验室检验法。

理化检验法主要用于检验商品的成分、结构、物理性质、化学性质、安全性、卫生性以及对环境的污染和破坏等，能用精确的数字表示商品的品质（如商品中成分的种类和含量、某些物理化学性质、机械性能等），能深入阐明商品的化学组成、结构和性质，使对商品品质的评价具有客观而科学的依据。商品需采用理化检验法检验的品质指标称为理化指标。理化检验法既可对商品进行定性分析，又可进行定量分析，而且其结果比感官检验法精确而客观，它不受检验人员主观意志的影响，能深入分析商品的内在质量。

理化检验法的不足之处是：需要一定的仪器、设备、试剂和检验场所，成本较高；检验时往往需要破坏一定数量的商品，费用较大；检验时间较长；需要专门的技术人员进行；还不能检验某些商品的某些感官指标。因此，理化检验法在商业企业直接采用较少，多作为感官检验的补充检验，或委托专门的检验机构进行理化检验。

理化检验法可分为物理检验法、化学检验法、微生物学检验法和生理学检验法等。

（1）物理检验法。物理检验法是检验者利用各种物理仪器或器械，测定商品的物理量及其在光、电、力、声、热作用下所表现出的物理特性，并判定商品品质或性能的方法。它可分以下各类：

① 度量衡检验法。度量衡检验法是利用度量衡器具检验商品的长度、细度、体积、单位体积或容量的重量等来判断商品质量的检验方法。粮食、水果、蔬菜、蛋类、烟草、棉花、羊毛、猪鬃等商品的度量衡指标都与其质量有直接关系。

② 光学检验法。光学检验法是利用各种光学仪器，检验商品的物理性质、成分或品质缺陷的检验方法。眼镜的光学性能、植物油脂的折光度、蔗糖的旋光度、鸡蛋以及烤烟等的检验等都与光学相关。

③ 热学检验法。热学检验法是通过对商品加热或降温，根据商品是否发生损毁、性能变化情况或物态发生变化时的温度等热学性质判断商品质量的方法。质量指标有商品的熔点、凝固点、导热性、耐热性和耐热急变性等。建筑材料、金属制品、保温瓶胆、水杯、玻璃制品等的热学性质与其质量密切相关。

④ 机械性能检验法。机械性能检验法是用拉力试验机、硬度机等机械仪器测定商品的机械性能的检验方法。常用的质量指标有抗拉强度、抗压强度、抗冲击强度、硬度、韧性、弹性等。钢材、水泥、纺织品等商品的质量与其机械性能密切相关。机械性能检验法是判断许多工业品和材料品质优次必须采用的检验方法。

⑤ 电学检验法。电学检验法是利用电学仪器鉴定商品的电学性质，如电压、电容、电阻、导电性、绝缘性、电击等。各种家电、仪器设备、电讯器材、塑料制品的电学指标是其质量高低的重要标志。

（2）化学检验法。采用化学分析或仪器分析来检验商品组成成分的种类、各种成分的含量或结构，把检验结果与规定的质量标准相比较，以判断商品的品质、品种的方法叫做化学检验法。它又分为化学分析法、仪器分析法等。

化学分析法是根据试样和试剂所发生的化学反应和在化学反应中试样和试剂的用量，检验商品的化学成分的种类和各种成分的相对含量，进而判断商品质量的方法。检验商品中所含成分的种类的化学方法称定性分析，检验商品中各种成分相对含量的化学分析法称定量分析。以物质的化学反应为基础的化学分析法历史悠久，设备简单，准确度高，是各类分析方法的基础，又称经典分析法（或称常规法）。

仪器分析法是采用光、电等方面比较特殊或复杂的仪器，通过测量商品的物理性质或化学性质来确定商品中化学成分的种类、含量和化学结构以判断商品品质的检验法。仪器分析包括电化学分析法、光学分析法、色谱分析法和放射分析法等。仪器分析法适用于微量成分含量的分析，具有测定的灵敏度高，选择性好，操作简便，分析速度快等特点而应用广泛。

化学检验法优点是：可以判断商品品质的优次；判断食品的卫生质量；判断商品是否变质；判断商品的真伪；判断某些用感官难以分辨的商品种类或品种之间的区别。

在实际工作中对商品进行化学检验时，一般是根据合同品质条款或标准的规定，测定与商品品质有密切关系的主要化学成分（或元素），无需全面分析商品的化学成分。某些商品由于经过感官检验，即可确定其品质和等级，则不需测定其主要成分。

同一商品同一品质项目的检验经常有数种不同的化学检验方法，而不同检验方法的检验结果，常有所差异。因而在商品标准中对化学检验所需仪器、试样准备、试剂配制和试验操作均有明确规定。

（3）微生物学检验法。

微生物学检验法用于检验食品、动植物及其制品以及包装容器中存在的微生物种类和数量。微生物学检验法是判断商品卫生质量的重要手段。细菌指标是商品（尤其是食品、药品、化妆品）卫生质量的重要内容，一般包括细菌总数，大肠菌群和致病菌。

在对外贸易中，应检查贸易合同及贸易双方国家公布的检疫对象，即被法令限制的微生物。从而保证进出口商品无危害人畜健康和农业生产的微生物。

（4）生理学检验法。

生理学检验法是通过测量商品（主要是食品）的可消化率、发热量，判断其质量（如食品的营养价值）的检验方法。测定食品的可消化和可吸收性的方法是生理学检验法的重要内容。生理学检验法一般用兔、鼠等动物进行试验。

3. 通过防伪技术和防伪标志检验商品质量

检验商品品质需采用的检验方法因商品种类不同而异，有的商品采用感官检验法即可评价品质，有的商品既需采用感官检验法，也采用理化检验法，检验同一商品的同一品质指标，又往往有数种不同方法，或可采用数种不同的仪器；有的商品可以通过其包装或商品体上所使用的防伪技术和防伪标志来检验商品质量，作出初步的判定。阳澄湖螃蟹的防伪技术，如图 5-7 所示。

 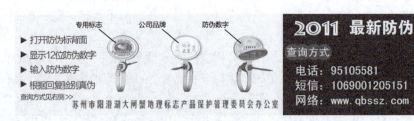

图 5-7　阳澄湖螃蟹的防伪技术

① 电码电话防伪技术。电码电话防伪由电码防伪标识物系统和电话识别网络系统组成，属于计算机网络防伪技术。电码电话防伪标识是一种在每件商品包装或标签上设置有一个顺序编码和一个随机密码的标识物，具有一次性使用、数码唯一性和保密性的特点。

② 包装防伪技术。外包装防伪技术，采用精美的特殊纸或塑料等材质，经过特殊工艺制成包装盒，难以仿制。如烫金色纸、压纹纸、压花纸，磨砂纸等防伪包装材料。内包装防伪技术，内包装容器可选用独特的材料、形状、颜色及隐含的暗记。

③ 印刷防伪技术。如激光全息防伪标识。激光全息防伪标识是采用激光全息摄影技术和全息图的模压技术制造。激光全息照片不但能记取被摄物体表面明暗度，而且能反映各部位相互空间关系。在每一张全息照片上都布满了非常复杂的条纹结构，其条纹的精细度，达到每毫米几千条，即使在相同的条件下也绝对拍不出有相同结构的全息照片来。如果再应用编码技术，就更能保证一张全息图成为一种绝对不可假冒的标识。

④ 油墨防伪技术。油墨防伪技术属于材料化学防伪技术，系利用化学物质在光、电、水、热、磁等特定条件下所产生的特殊化学现象来判别商品标识或包装的真伪。防伪油墨是在油墨连结料中加入特殊性能的防伪材料，经特殊工艺加工而成的特种印刷油墨。它具有使用简单、成本低，隐蔽性好。色彩鲜艳、检验方便（甚至手温可改变颜色）。

⑤ 新型防伪技术。如智能卡防伪技术，也称 IC 卡或集成电路卡，是将具有存储、加密及数据处理能力的集成电路芯片模块封装在与卡尺寸大小相同的塑料片基中。IC 卡容量大，读写区间可任意选择，抗磁、抗静电、抗射线等能力很强，信息保存时间达 10~100 年，开始用于贵重商品的防伪。

5.5 商 品 品 级

【案例 6】

GB18186-2000 中华人民共和国国家标准 酿制酱油

酿制酱油是指以大豆/脱脂大豆、小麦/麸皮为原料，经微生物发酵制成的具有特殊色、香、味的液体调味品。

按发酵工艺分为高盐稀态发酵酱油和低盐固态发酵酱油两类。

不同级别的酱油其感官指标和理化指标不一样。如表 5-5、表 5-6 所示。

表 5-5　各级别酱油的感官指标

项目	要求							
	高盐稀态发酵酱油（含固稀发酵酱油）				低盐固态发酵酱油			
	特级	一级	二级	三级	特级	一级	二级	三级
色泽	红褐色或浅红褐色，色泽鲜艳，有光泽		红褐色或浅红褐色		鲜艳的深红褐色，有光泽	红褐色或棕褐色，有光泽	红褐色或棕褐色	棕褐色
香气	浓郁的酱香及酯香气	较浓的酱香及酯香气	有酱香及酯香气		酱香浓郁，无不良气味	酱香较浓，无不良气味	有酱香，无不良气味	微有酱香，无不良气味
滋味	味鲜美、醇厚、鲜、咸、甜适口		味鲜，咸、甜适口	鲜咸适口	味鲜美,醇厚，咸味适口	味鲜美,咸味适口	味较鲜,咸味适口	鲜咸适口
体态	澄清							

表 5-6　各级别酱油的理化指标

项目	指标							
	高盐稀态发酵酱油（含固稀发酵酱油）				低盐固态发酵酱油			
	特级	一级	二级	三级	特级	一级	二级	三级
可溶性无盐固形物，g/100mL	15.00	13.00	10.00	8.00	20.00	18.00	15.00	10.00
全氮（以氮计），g/100mL	1.50	1.30	1.00	0.70	1.60	1.40	1.20	0.80
氨基酸态氮（以氮计），g/100mL	0.80	0.70	0.55	0.40	0.80	0.70	0.60	0.40

1. 商品品级的概念

商品品级是对同一品种商品按其达到质量指标的程度所确定的等级。它是表示商品质量高低优劣的等级，也是表示商品在某种条件下用途大小的标志，是商品鉴定的重要内容之一。它是相对的、有条件的，有时会因不同时期、不同地区、不同使用条件及不同个性而产生不同的质量等级和市场需求。

划分和确定商品品级的过程叫商品分级，是根据商品的质量标准和实际质量检验结果，将同种商品划分为若干等级的工作。商品等级按一定的质量指标进行划分。商品品种不同，其分级的质量指标也不同。对每种商品每一等级的具体要求和分级方法，通常在商品标准中都有规定。商品分级是商品检验的目的之一和最后一个步骤。

商品分级的作用如下。

① 有利于促进生产部门加强管理，提高生产技术水平、管理水平和产品质量。

② 有利于限制劣质产品进入流通领域。

③ 有利于商业部门按质定价、优质优价的政策，便于消费者选购商品，维护消费者利益。

④ 有利于工商行政监督部门、质检部门和物价部门进行管理和监督，促进经济健康发展。

2. 商品品级的表示方法

商品品级通常用等或级的顺序来表示。如一等（级）、二等（级）、三等（级），或甲等（级）、乙等（级）、丙等（级），也有用合格品、残次品或正品、副品或颜色（如布匹）或图形（如瓷器、冰箱）来表示的。在我国，根据国家《工业产品质量分等导则》有关规定，按照工业品的实物质量原则和国际先进水平、国际一般水平和国内一般水平三个档次，把工业品相应划分为优等品、一等品和合格品三个等级。而食品特别是农副产品、土特产等多为四个等级，最多达到六七个等级，如茶叶、棉花、卷烟等。

① 优等品。优等品是指商品的质量标准必须达到国际先进水平，且实物质量水平与国外同类产品相比达到近五年内的先进水平。

② 一等品。一等品指商品的质量标准必须达到国际一般水平，且实物质量水平达到国际同类产品的一般水平。

③ 合格品。合格品指按照我国一般水平标准（国家标准、行业标准、地方标准或企业标准）组织生产，实物质量水平必须达到相应标准的要求。

3. 商品质量等级的确定

商品质量等级的评定，主要依据商品的标准和实物质量指标的检测结果，由行业归口部门统一负责。

优等品和一等品等级的确认，须有国家级检测中心、行业专职检验机构或受国家、行业委托的检验机构所出具的实物质量水平的检验证明。

合格品由企业检验判定。

4. 商品品级的划分方法

商品质量分级的方法很多，一般有百分法、限定记分法和限定缺陷法三种。

（1）百分法。将商品各项质量指标规定为一定的分数，重要指标占高分，次要指标占低分。如果各项指标都符合标准要求，或认为无暇可挑的，则打满分 100 分，某项指标欠缺则在该项中相应扣分。如果某项质量指标不符合商品标准的要求，就要相应减分，直接影响到总分下降。最后按总分达到的等级分数线划分等级。分数总和越高，等级也越高。该方法适用于成熟的常用商品，特别是在横向比较商品质量时，在食品的评级中被广泛使用，日用工业品中的打火机、收音机、电视机等也采用该种方法。

表 5-7 名优绿茶品质评语与各品质因子评分表

因子	档次	品质特征	给分	评分系数
外形 （a）	甲	细嫩，以单芽到一芽二叶初展或相当嫩度的单片为原料，造型美且有特色，色泽嫩绿或翠绿或深绿，油润，匀整，净度好	90～99	25%
	乙	较细嫩，造型较有特色，色泽墨绿或黄绿，较油润，尚匀整，净度较好	80～89	
	丙	嫩度稍低，造型特色不明显，色泽暗褐或陈灰或灰绿或偏黄，较匀整，净度尚好	70～79	
汤色 （b）	甲	嫩绿明亮，浅绿明亮	90～99	10%
	乙	尚绿明亮或黄绿明亮	80～89	
	丙	深黄或黄绿欠亮或浑浊	70～79	
香气 （c）	甲	嫩香、嫩栗香、清亮、花香	90～99	25%
	乙	清香、尚香、火工香	80～89	
	丙	尚纯、熟闷、老火或青气	70～79	
滋味 （d）	甲	鲜醇、甘鲜、醇厚鲜爽	90～99	30%
	乙	清爽、浓厚、尚醇厚	80～89	
	丙	尚醇、浓涩、青涩	70～79	
叶底 （e）	甲	细嫩多芽、嫩绿明亮、匀齐	90～99	10%
	乙	嫩匀、绿明亮、尚匀齐	80～89	
	丙	尚嫩、黄绿、欠匀齐	70～79	

（2）限定记分法。限定记分法是将商品的各种质量缺陷（即质量指标达不到质量标准要求的疵点）和各项要求列出，根据各缺陷的重要性分别规定一定分数，由缺陷分数的总和及其所在的等级分数线来确定商品的等级。缺陷趋多，总分越高，品级越低。此种方法不是平均地看待每项缺陷，而是根据缺陷造成的质量问题的主次进行加权分配，做到轻重缺陷一起计分，有利于检验。限定记分法在国际成品交易中经常使用，多用于日用工业品、纺织品等商品的品级划分。

（3）限定缺陷法。该法是在商品可能产生的质量缺陷（疵点）范围内，规定各类商品每个等级所限定质量缺陷的种类、数量和程度，商品的缺陷累计超过规定数量，或缺陷的大小、位置超过标准规定者认为不合格；而缺陷不足者限定数量者视为合格。如全胶鞋，可能产生质量缺陷的外观指标有 13 项，其中鞋面起皱或麻点这个缺陷，一级品限定"稍有"二级品限定"有"；鞋面砂眼这个缺陷，一级品限定'无'，二级品限定其砂眼直径不得超过 1.5mm，深度不得超过鞋面厚度，而且低筒鞋限两处、套筒鞋限四处，同时不得集中于鞋的下部，在弯曲处不许有；还有其他许多缺陷限制。此外，在 13 项指标中，如果一级品超过四项不符合要求者，降为二级品；二级品超过六项不符合要求者，则降为不合格品。限定缺陷法适用于鞋类（如胶鞋）、一些日用工业品（如玻璃制品、搪瓷制品、陶瓷制品）和某些文化用品（如纸张）等商品的品级划分。

无论采用哪一种商品品级的划分方法，凡达不到等级的，均应划为等外品或废品。

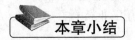

本章小结

广义上的商品检验是指商品交易的一方或者中立、公正的第三方，借助某种手段和方法，按照有关的标准、合同、信用证、法律等的规定对商品的质量、数量、包装等进行检验，并做出合格与否，验收与否的决定的一系列活动。对商品质量进行的检验是中心内容。

狭义上的商品检验是指仅对商品质量进行的检验，即大多数人在一般情况下所说的商品检验。它是有关部门或者人员根据相关规定，评价和确定商品质量优劣及商品等级的工作。

抽样也称取样、采样或拣样，是按照技术标准或操作规程所规定的抽样方法和抽样工具，从整批商品中随机地采集一小部分在质量特性上都能代表整批商品的样品的过程。

检验商品品质的方法很多，通常分为感官检验法和理化检验法两大类。

商品品级是对同一品种商品按其达到质量指标的程度所确定的等级。它是表示商品质量高低优劣的等级，也是表示商品在某种条件下用途大小的标志，是商品鉴定的重要内容之一。

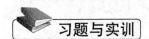

习题与实训

1. 填空题

（1）按所检验商品的相对数量划分全数检验、_____和免于检验。

（2）_____是目前被广泛采用的且众所公认最为合理的抽样方法。

（3）检验商品品质的方法很多，通常分为_____和_____两大类。

（4）商品质量分级的方法很多，一般有_____、_____和限定缺陷法三种。

2. 名词解释

（1）商品检验；（2）第三方检验；（3）商品抽样；（4）商品品级

3. 简答题

（1）简述商品抽样的方法

（2）简述商品检验的主要内容

（3）举例说明如何对商品进行检验

4. 实训任务

结合所学习的相关理论和技能，试说明选择什么方法对自己经常购买和使用的大米、面粉、酱油等食品或洗衣粉、服装面料等进行质量检验。

（1）小组成员分工列表和预期工作时间计划表

任 务 名 称	承 担 成 员	完成工作时间	老师建议工作时间
试选择一定方法对一类商品进行质量检验			

（2）任务工作记录和任务评价

项　　目	记　　录
工作过程	签名：
个人收获	签名：
存在的问题	签名：
任务评价	（教师）签名：

5. 自学与拓展：

为了加强进出口商品检验工作，规范进出口商品检验行为，维护社会公共利益和进出口贸易有关各方的合法权益，促进对外经济贸易关系的顺利发展，根据 2002 年 4 月 28 日第九届全国人民代表大会常务委员会第二十七次会议《关于修改〈中华人民共和国进出口商品检验法〉的决定》修正制定《中华人民共和国进出口商品检验法》。

新的《商检法》是中国入世之后在新形势下出台的第一部法律修正案，它是在原《商检法》的基础上，根据商检执法实践中所遇到的新情况、新问题，对法定检验的目的范围、内容、依据、目录名称、认证和保密等六个方面进行了修改，加强了统一管理力度，使之更能适应世界贸易组织的规则，同时也对中国商检工作提出了更高的要求。

试了解出口商品检验法的具体内容，并分析如何创造一个更有利于发展对外经贸的法律环境，更好地规范进出口商品的检验行为。

第六章

商品质量监督与认证

 学习目标

了解商品质量监督的概念和类型、商品质量认证的概念和类型；

掌握商品质量监督的方法和内容；

掌握商品质量和商品质量体系认证内容。

 案例导入

农业部关于农药产品质量专项监督抽查情况的通报

为加强农药产品质量源头监管，保障农业生产安全和农产品质量安全，严厉打击生产假劣农药等违法行为，农业部于 2012 年 5 月 22 日印发了《农业部办公厅关于开展农药产品质量专项监督抽查工作的通知》（农办 [2012] 33 号），对部分企业生产的农药产品质量进行了抽查。

专项监督抽查情况如下。

共抽取北京等 20 个省（市）45 个生产企业的 78 个农药样品，其中杀虫剂 50 个，杀菌剂 17 个，除草剂 11 个，全部从企业成品仓库中抽取。

经检测，合格样品 64 个，合格率为 82.1%。其中杀虫剂合格 39 个，合格率为 78.0%；杀菌剂合格 16 个，合格率为 94.1%；除草剂合格 9 个，合格率为 81.8%。不合格样品 14 个，涉及 11 家生产企业。属于假农药（标明的有效成分未检出或擅自加入其他农药成分）的 5 个，占检测样品总数的 6.4%，占不合格样品总数的 35.7%；属于劣质农药的 9 个，占检测样品总数的 11.5%，占不合格样品总数的 64.3%。

本次计划抽查 61 个生产企业的 145 个农药产品，实际仅抽到 45 个生产企业的 78 个农药样品。对未抽到农药样品的企业，农业部将作为 2013 年农药产品质量专项监督抽查的重点，企业所在地农业行政主管部门要对辖区未抽到样品企业的生产情况和生产技术条件进行跟踪核查，抽取样品进行检验，对发现严重问题的，及时报请吊销农药登记证。

6.1　商品质量监督的含义、类型和内容

1. 商品质量监督的概念

【案例 1】

2012 年汽车用空调器产品质量国家监督抽查结果

本次共抽查了天津、上海、江苏、福建、安徽、山东、河南、湖北、湖南、广东、重庆等

11 个省、直辖市 30 家企业生产的 30 种汽车用空调器产品。

本次抽查依据《汽车用空调器》GB/T21361—2008 等相关标准的要求，对汽车用空调器产品的制冷量、送风量、压缩机驱动功率、能效比、绝缘电阻、电气强度、接地电阻等 7 个项目进行了检验。

抽查发现有 2 种产品不符合标准的规定，涉及制冷量、压缩机驱动功率、能效比项目。具体抽查结果见下表。

表 6-1　汽车用空调产品质量国家监督抽查结果（部分）

序号	企业名称	所在地	产品名称	商标	规格型号	生产日期（批号）	抽查结果	主要不合格项目	承检机构
1	天津富奥电装空调有限公司	天津市	HVAC 汽车空调器	TFDA	AC1-296W	2012-06-27	合格		国家压缩机制冷设备质量监督检验中心
2	上海加冷松芝汽车空调股份有限公司	上海市	顶置空调	SONGZ	SZC-V-D	2012-06-16	合格		
3	厦门金龙汽车空调有限公司	福建省	汽车空调	金龙汽车空调	KL-VIIIB3	2012-06	合格		
4	广州精益汽车空调有限公司	广东省	汽车用空调器	精益	JY-KT24W	2012-06/1204000/1204003	不合格	制冷量（标准值：22800W/实际值：20937W）	

① 概念：商品质量监督是指根据国家的质量法规和商品质量标准，由国家指定的商品质量监督机构对生产和流通领域的商品质量和质量保证体系进行监督的活动。商品质量监督是国家对生产和流通领域进行宏观调控的一种手段，通过商品质量监督能有效规范市场经营行为，保障市场商品质量，杜绝假冒伪劣商品，净化市场环境、保障市场经济健康发展。

② 性质：国家对商品质量监督是技术监督，监督的主要手段是监督检验。监督检验属于第三方检验，是指由政府规定的商品检验机构，按照国家颁布的质量法规和质量标准，对企业生产的产品和生产上销售的商品进行检验和质量评价，并对企业的质量保证体系进行检查。

③ 作用：商品质量监督实质上是国家对生产和流通领域中的商品质量进行宏观调控的一种手段，它是贯彻实施商品质量法规和商品标准不可缺少的重要手段；它有利于商品质量管理和更好实现国家计划质量目标；它能提高商品竞争力，促进对外贸易的发展；它能解决存在的商品质量问题，维护市场经济的正常秩序；它是维护消费者利益，保障人体健康和生命安全的需要。

④ 进出口商品的监督检查内容：为加强对流通领域进口商品质量的监督管理，保护消费者合法权益，维护社会主义市场秩序，根据《中华人民共和国进出口商品检验法》、《中华人民共和国进出口商品检验法实施条例》、《中华人民共和国消费者权益检验法》、《投机倒把行政处罚暂行条例》等有关法律法规的规定，制定的《流通领域进口商品质量监督管理办法》中对进出口商品监督检查的内容包括如下几个方面。

国家规定实施进出口安全质量许可制度的进口商品是否取得安全质量许可并加贴商检安全认证标志；

《商检机构实施检验的进出口商品种类表》（简称《种类表》）内进口商品是否经商检机构检验合格；

进口商品使用的标识及标签是否符合我国的规定；

是否为假冒进口商品、非法进口商品；

其他法律法规规定需由商检局、工商行政管理部门检查的进口商品是否符合我国的有关规定。

2. 商品质量监督的分类

（1）国家的质量监督。

【案例 2】

携带农业转基因生物入境 须有安全证书

根据于 2012 年 11 月起施行的新版《出入境人员携带物检疫管理办法》，携带农业转基因生物入境的，携带人应当向检验检疫机构提供《农业转基因生物安全证书》和输出国家或者地区官方机构出具的检疫证书。

为了防止人类传染病及其医学媒介生物、动物传染病、寄生虫病和植物危险性病、虫、杂草以及其他有害生物经国境传入、传出，保护人体健康和农、林、牧、渔业以及环境安全，依据相关法律法规的规定，国家质检总局修订发布了《出入境人员携带物检疫管理办法》。列入农业转基因生物标识目录的进境转基因生物，应当按照规定进行标识，携带人还应当提供国务院农业行政主管部门出具的农业转基因生物标识审查认可批准文件。

携带农业转基因生物入境，不能提供农业转基因生物安全证书和相关批准文件的，或者携带物与证书、批准文件不符的，作限期退回或者销毁处理。进口农业转基因生物未按照规定标识的，重新标识后方可入境。

① 概念：国家的商品质量监督是指国家授权，指定第三方专门机构以公正的立场对商品质量进行监督检查。

② 形式：国家的商品质量监督是以政府行政的形式进行。国家监督抽查是国家对产品质量进行监督检查的主要方式之一。国家监督抽查是由国务院产品质量监督部门依法组织有关省级质量技术监督部门和产品质量检验机构对生产、销售的产品，依据有关规定进行抽样、检验，并对抽查结果依法公告和处理的活动。

③ 类型：国家监督抽查分为定期实施的国家监督抽查和不定期实施的国家监督专项抽查两种。定期实施的国家监督抽查每季度开展一次，对可能危及人体健康和人身财产安全的商品，影响国计民生的重要工业产品，消费者和用户反映有质量问题的商品，实行定期、经常监督检查，公布质量检验结果，并根据国家有关法规及时处理质量问题，它是法定的质量监督。国家监督专项抽查则根据产品质量状况不定期组织开展。

④ 依据：国家监督抽查的质量判定依据是被检产品的国家标准、行业标准、地方标准和国家有关规定，以及企业明示的企业标准或者质量承诺。

（2）社会的质量监督。

【案例 3】

中国消费者协会提示：选购婴童食品要关注 QS、CIQ 等标识

婴幼儿配方奶粉质量问题一直是社会关注的焦点和热点，其实不仅仅局限婴幼儿配方奶粉，婴童食品市场整体的问题也不容忽视。婴童食品质量的好坏，轻则影响孩子的健康发育和成长，重则危及孩子的生命。

相关数据显示，中国拥有 1 亿多个婴童（0-6 周岁），中国婴童消费者的食品安全问题不容

忽视。据中国消费者协会相关调查和根据《中国妇女报》等媒体披露的资料分析表明，我国婴童食品市场当前主要存在以下几项比较突出的问题：

1. 没有获得 QS 认证食品仍有销售

个别婴童食品没有获得 QS 认证，在食品外包装上没有"QS"标识。调查中发现，在分散的母婴店里销售的此类食品这一问题比较严重。QS 标志是英文质量安全（Quality Safety）的字头缩写，是工业产品生产许可证标志的组成部分，也是安全产品的第一道保证。按工业产品质量安全市场准入制度要求，无 QS 标志不得进入流通领域销售。商品加贴 QS 标志，除了表明该产品的生产加工企业已经通过质监部门的审查外，还意味着企业承诺其产品符合质量安全要求。

2. 食品添加剂使用数多量大，复配问题明显存在

为了让食物更好看、好喝、好闻，且更耐放，一些厂家不考虑婴童的生长需要，在食品中添加大量的食品添加剂。婴幼儿是非常敏感的人群，因为他们处在人类生命早期的发展阶段，生命功能相对不完善，肝肾和肠道非常脆弱。目前，市场上各种配方奶粉及其辅食，食品添加剂、配料等都占有很大比重。很多添加剂单独使用没有超过国家标准，但是多种添加剂长期、集中、大量使用，对婴童的健康就会造成潜在的威胁。据了解，很多国家都对婴童食品添加剂有严格规定，甚至已经有国家规定一岁以下婴儿食用的食品中，不得添加任何添加剂。

3. 缺失 CIQ 标志，进口食品难以判别

母婴店里一些进口婴幼儿食品包装缺失 CIQ 标志。根据国家《进出口食品标签管理办法》的规定，进口食品标签必须事先经过审核，取得进出口食品标签审核证书。合格的进口食品还须符合出入境检验检疫标准，具有由检验检疫局出具的"进口食品卫生证书"，外包装加注激光防伪"CIQ（中国检验检疫）"标志。但在北京等地众多知名母婴用品店内，虽然很多商品标注有"原装进口"的字样，但是却没有 CIQ 标志。甚至很多标称原装进口产品连生产地都没有标出。

4. 婴童食品洋品牌真真假假

一些本土企业的产品为便于营销，通常通过中介公司在海外注册包装后，变成所谓美国、新西兰、日本、意大利或英国企业出品；有些企业租赁医学院的场地，产品就成了医学院科技成果。对此，专家将目前销售的"进口食品"大致归为三类：第一类是产地在国外，由国内经销商粘贴中文标识并在国内销售，外包装没有国内的卫生许可证号；第二类是原料由国外厂家生产，国内厂商进行包装和经销，包装上对产品的成分、配料等有较详细的标注，有国内的卫生许可证号；第三类是包装上是以外文为主，由国内的厂家进行分装，没有国内的卫生许可证号。"只有第一类是真正意义上的进口食品，第二类属于国产食品，第三类则不确定，可能是进口食品也有可能是冒牌货。"

5. 保健食品文号，一号多用，混淆视听误导选购

某品牌婴童食品只有一款产品拥有"蓝帽子"——保健食品批准文号，但是其利用包装装潢相似等手段，克隆出一批无认证的"兄弟"系列产品，无论是广告宣传还是销售，都以"保健食品"的形象示人。此类食品通常在同一柜台销售，消费者不是特别注意，很难发现其中的区别。界内戏称此为"顺风车"式销售。

鉴于以上情况，为了婴童消费者的身心健康，中消协呼吁消费者应注意以下事项。

① 根据世界卫生组织和联合国儿童基金会的推荐，0～6 个月婴儿应进行纯母乳喂养，6 个月后继续进行母乳喂养直到两岁，同时进行适宜的辅食添加保证儿童此后的良好身体及智力发

育，也可以降低一生中罹患慢性病的风险。

辅助食品是否适合他们的生长需要，不能简单以婴童的喜欢程度判断，家长们在选购时应掌握相应的营养方面的知识。

② 选购婴童食品，渠道、品牌至关重要。消费者要尽量选择有信誉的商家，市场认知程度高的品牌的产品。

③ 消费者在购买婴童食品时，除了查看保质期等，还要留意 QS 标识。对于保健食品和进口食品，还可以对照"蓝帽子"、CIQ 标识，可以通过上网等方式查询其真实性。出售进口商品的商店应该向消费者出具口岸检验合格的卫生证书，至少应当提供复印件。

对于婴童食品中添加剂的使用问题，国家有关部门应加大对这方面的研究，有关企业也要从婴童健康出发，严格配方，正确对待。

① 概念：社会的商品质量监督是指社会团体、组织和新闻机构根据消费者和用户对商品质量的反映，对流通领域的某些商品进行监督检查。

② 形式：实施社会质量监督常常是从市场一次抽样，委托第三方检验机构进行检验和评价，将检验结果特别是不合格商品的质量状况及企业名称予以公布，通过强大的社会舆论压力迫使企业改进商品质量，禁止销售不合格商品，并承担相应的责任。

（3）用户的质量监督。

【案例4】

河南省通信管理局着力提高电信服务质量

电信业是服务性行业，服务是永恒的主题。十年来，河南省通信管理局自觉践行以人为本、执政为民，引导全行业牢固树立"以人为本、发展为民"的理念，认真落实《电信服务规范》，查找服务短板，健全管理制度，优化工作流程，创新服务手段，不断提高通信服务和服务水平，受到了广大人民群众和社会各界的认可。

持续提升服务水平。督促电信企业加强城乡服务网点建设，十年来各公司营业网点遍布城乡，已经做到每个行政村都有各公司营业网点，业务办理、装移机、故障维修及时率达到95%。各公司在完善人工客户服务的同时，充分利用短信营业厅、手机营业厅、网上营业厅、微博客服、QQ客服、飞信客服等电子渠道，进一步提高服务效率，使用户足不出户就能享受到现代化通信服务手段带来的便利。鼓励电信企业积极应用新技术，大力开发新业务，宽带、移动互联网及彩铃、彩信、手机报等新业务迅速发展，极大地繁荣了电信市场，满足了用户日益增长的通信需求。

稳步下调电信服务价格。积极稳妥推进资费调整，先后开展了取消市话初装费和移动电话入网费、调整区间通话费、取消网内网间差别定价、实行移动电话长途资费一费制、移动电话"双改单"、调整移动电话国内漫游通话费上限标准、取消区间通话费等工作，电信资费水平逐年降低，十年间全省电信资费综合价格水平下降 49.4 个百分点。据测算，仅实施移动长途电话一费制一项改革就使全省移动电话用户通信费用支出将减少 4 亿元。城乡居民以越来越少的通信消费支出享受到越来越多、越来越好的通信服务。

切实解决电信服务热点难点问题。积极开展"畅通网络·诚信服务"、"评优帮差"、"诚信服务·放心消费"、治理整顿"不对等协议和电信卡余额作废"、治理垃圾短信息、清理电信资费套餐、净化网络文化环境、整治互联网和手机媒体淫秽色情及低俗信息、落实电信服务规范、"为民服务 创先争优"、宽带服务年等专项活动，自 2009 年以来连续四年开展围绕服务经济社会发展、服务民生改善主题办好十件实事活动，使通信改革发展成果更好地惠及全省人民。成立了电信用户申诉受理中心、网络不良与垃圾信息举报受理中心、电信用户委员会，建立了电信服务质量通告制度，严肃查处了违法违规行为，有力保障了用户的合法权益。十年来，百万用户申诉率持续下降，用户满意度不断提升。以民主评议政风行风为契机，切实加强政风行风建设，电信服务水平显著提高，用户反映的电信服务热点难点问题得到有效解决，用户满意度明显提升。

① 概念：用户的商品质量监督是指内外贸部门和使用单位为保证所购商品的质量而进行的监督检验。

② 作用：企业容易获得第一手产品质量信息资料，及时改进产品质量；切实落实维护消费者和用户的权益。

3. 商品质量监督的形式

商品质量监督的形式，一般可分为抽查型、评价型和仲裁型质量监督三种。

（1）抽查型质量监督。

【案例5】

2012 年膨化食品产品质量国家监督抽查结果

本次共抽查了北京、天津、河北、山西、辽宁、上海、江苏、浙江、安徽、福建、江西、山东、河南、湖南、广东、广西、重庆、陕西等 18 个省、自治区、直辖市 178 家企业生产的 180种膨化食品。

本次抽查依据《食品安全国家标准 食品添加剂使用标准》GB 2760-2011、《膨化食品卫生标准》GB17401-2003 等标准的要求，对膨化食品的酸价、过氧化值、羰基价、糖精钠、安赛蜜、甜蜜素、柠檬黄、日落黄、苋菜红、诱惑红、胭脂红、亮蓝、抗氧化剂（BHA、BHT、TBHQ、PG）、铝、总砷、铅、黄曲霉毒素 B1、菌落总数、大肠菌群、沙门氏菌、金黄色葡萄球菌、志贺氏菌等 25 个项目进行了检验。

抽查发现有 22 种产品不符合标准的规定，涉及黄曲霉毒素 B1、铝残留量、菌落总数、大肠菌群、糖精钠、甜蜜素、安赛蜜、二丁基羟基甲苯（BHT）、酸价、过氧化值、羰基价项目。

① 概念：抽查型质量监督是指国家质量监督机构从市场或生产企业或仓库等地随机抽取样品，按照技术标准进行监督检验，判定其是否合格，从而采取强制措施，责成企业改进商品质量直至达到商品标准要求所进行的监督活动。

② 特点：它是一种强制性的质量监督形式；抽查商品的地点不限，对商品随机抽样检查；抽查检测数据科学、准确，对产品质量的判断、评价公正；抽查商品的质量检查结果公开；对抽查检验不合格的单位限期整改；一般只抽查商品的实物质量，不检查企业的质量保证体系，其主要对象是涉及人体健康和人身安全的商品、影响国计民生的重要工业品、重要的生产资料和消费者反映有质量问题的商品。

（2）评价型质量监督。

【案例6】

双星 15 年连获国际市场"绿卡"字号

2012 年 11 月 13 日，山东检验检疫局周建安局长一行到双星集团，将"双星硫化鞋、冷粘鞋出口免验证书"交到双星集团总裁汪海手中,这代表着国家质检总局对双星集团出口鞋质量管理工作和产品质量的最高褒奖与最大肯定。

据了解,这也是国家质检总局连续 5 次向双星颁发热硫化鞋、冷粘鞋出口免验产品证书。双星凭借过硬质量,在行业首家实现 15 年出口免验资格延续,创造出中国民族品牌持续拓展国际市场的奇迹。

双星集团于 1998 年获得国家质检总局颁发的出口产品免验证书,是全国制鞋行业中第一个拿到国际市场"绿卡"的企业,至 2012 年已具有 15 年免验历史,且免验范围已由原来部分号码段扩展为全部号码,是国内制鞋企业获得免验资格时间最早、最长的企业。国家质检总局评价,双星鞋是信得过的产品,双星是值得信赖的企业。这标志着双星在提高产品质量和国际竞争力、适应国际经济新形势上又跃向一个新台阶。

双星从 20 世纪 80 年开始,就坚持把抓好产品质量作为企业发展的中心,提出"干好产品质量就是最大的行善积德"、"产品等于人品,质量等于道德"等质量管理理念;坚持"企业什么都可以改革,惟有质量第一不能改革"、"产品出口免验,但质量控制不免验"、"愈是免验,愈要重视质量"等质量管理原则;运用"内部承包股份制"、"奖上罚下、罚下带上、称重计量"、"质量倒推"等质量管理新方法,将质量提高到新的水平,形成了人人抓质量、全员抓质量的浓厚氛围,走出了一条市场经济条件下制造加工业"以高质量抢占国际高端市场"的成功之路。

双星作为中国制鞋历史最久的企业,能连续 15 年保持这个荣誉,十分不易,我们将继续发挥双星独特管理优势,强化质量管理,加快实施国际化战略,抢占国际市场,扩大品牌国际影响力,向世界证明中国产品质量并不比外国的差,中国企业有信心、有能力在国际市场站稳脚跟,展示中国民族品牌、民族工业的实力。

① 概念:评价型质量监督是指国家质量监督机构对企业的产品质量和质量保证体系进行检验和检查,考核合格后,以颁发产品质量证书、标志等方法确认和证明商品已经达到某种质量水平,并向社会提供质量评价信息,实行必要的事后监督,以检查商品质量和质量保证体系是否保持和提高的一种质量监督活动。

评价型质量监督是国家干预产品质量的手段之一。

② 特点:按照国家规定标准,对产品进行检验,以确定其质量水平;对生产产品企业的生产条件、质量体系进行严格审查和评定,由政府和政府主管部门颁发相应的证书;允许在产品上、包装上、出厂合格证和广告上使用、宣传相应的质量标志;实行事后监督,使产品质量保持稳定和不断提高。

商品质量认证、企业质量体系认证、环境标志产品认证、评选优质产品、产品统一检验制度和生产许可证发放等都属于这种形式。

(3) 仲裁型质量监督。

【案例 7】

淘宝日纠纷量达 2 万件 法院探索多元化调解机制

中广网北京 2012 年 12 月 18 日消息,据中国之声《央广新闻》报道,北京市西城法院近日专门召开诉讼与非诉讼衔接机制研讨会听取建议。中国互联网协会调解中心秘书长王斌在研讨会上表示,目前仅淘宝每天的纠纷量已经达到 2 万件,大量的互联网纠纷,光靠行业协会和企业调解无法承受,希望法院能前瞻性地介入新型互联网纠纷。

在研讨会上,中国互联网协会调解中心秘书长王斌介绍,目前淘宝网每天纠纷量达到 2 万件，有一些店家被恶意投诉后关停，影响了正常经营，甚至出现了围绕互联网纠纷大范围上访的情况。王斌对刚刚与北京市西城法院建立的互联网纠纷调解对接机制给予了很大的希望，她认为互联网纠纷涉及了名誉权、知识产权等很多法律问题，而面对日益增长的大规模纠纷，光靠行业协会和企业来主持沟通是很难解决问题。围绕特定领域的问题，行业协会希望与法院建立调解对接机制，并针对互联网业涌现出来的大量新型纠纷和司法的机关合作开展前瞻性的研究。王斌表示，希望今后法官下基层，也能对淘宝店主来宣讲法律知识。

王斌介绍，自 2012 年开始，新浪微博已经建立了 5 000 人的虚拟调解员，淘宝也在酝酿建立调解队伍。互联网协会调解中心希望得到法院的配合，请法院对虚拟的调解员进行培训。

据了解，西城法院探索多元化纠纷解决机制，由行业协会或调解组织介入调解，法院为达成调解协议的进行司法确认，保证强制执行力。目前，各项诉调对接机制已调解医患纠纷 148 件，调解消费者纠纷 220 余件，保险合同纠纷调撤率达到 70%。而劳动纠纷调解成效最好，共处理劳动争议案件 1 030 件，当事人自动履行率为 99.8%。

与会专家对西城法院的诉调对接机制给予了充分肯定。中国人民大学范愉教授表示，多元化解决纠纷是基层法院服务性的体现，如果把基层法院的社会化功能和服务性发挥好，就会非常有效地将相当一部分无需进入法院的民间纠纷化解在法院之外，同时也能集中更好的司法资源审理案件。

① 概念：仲裁型质量监督是指质量监督检验机构对有质量争议的商品进行检验和质量调查，分清质量责任，做出公正处理，维护经济活动正常秩序的一种质量监督活动。

② 特点：仲裁监督的对象是有争议的产品；具有较强的法制性；根据监督检验的数据和全面调查情况，由受理仲裁的质量监督部门进行调解和裁决，一般应选择经省级以上人民政府产品质量监督管理部门或其授权的部门审查认可的质量监督检验机构作为仲裁检验机构。

4. 商品质量监督体系

我国商品质量监督体系是技术监督系统、专业监督系统的质量监督管理机构和质量监督检验机构所组成的多系统的质量监督管理网络。

（1）技术监督系统。

国家质量监督检验检疫总局是国务院主管全国质量、计量、出入境商品检验、出入境卫生检疫、出入境动植物检疫和认证认可、标准化等工作，并行使行政执法职能的直属机构。按照国务院授权，将认证认可和标准化行政管理职能，分别交给国家质检总局管理的中国国家认证认可监督管理委员会（中华人民共和国国家认证认可监督管理局）和中国国家标准化管理委员会（中华人民共和国国家标准化管理局）承担。国家质量监督检验检疫总局机构设置如图 6-1 所示。

根据国务院决定，国家质量监督检验检疫总局和国家工商行政管理总局在质量监督方面的职责分工为：国家质量监督检验检疫总局负责生产领域的产品质量监督管理，国家工商行政管理总局负责流通领域的商品质量监督管理。国家工商行政管理总局在实施流通领域商品质量监督管理中查出的属于生产环节引起的产品质量问题，移交国家质量监督检验检疫总局处理。

（2）专业监督系统。

国务院设立进出口商品检验部门（国家商检部门），主管全国进出口商品检验工作。国家商检部门设在各地的进出口商品检验机构（商检机构）管理所辖地区的进出口商品检验工作。

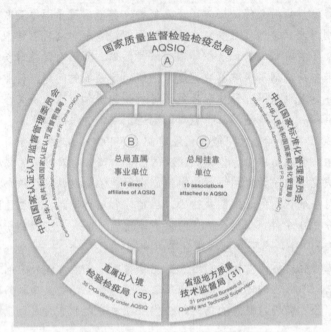

图 6-1　国家质量监督检验检疫总局机构

国务院建设行政主管部门对全国的建设工程安全生产实施监督管理。国务院铁路、交通、水利等有关部门按照国务院规定的职责分工，负责有关专业建设工程安全生产的监督管理。县级以上地方人民政府建设行政主管部门对本行政区域内的建设工程安全生产实施监督管理。

国家劳动总局设锅炉压力容器安全监察局，主管全国的锅炉压力容器安全监察工作。县以上农牧行政管理机关行使兽药监督管理权。国家和省、自治区、直辖市的兽药监察机构，以及经省、自治区、直辖市人民政府批准设立的城市兽药监察机构，协助农牧行政管理机关，分别负责全国和本辖区的兽药质量监督、检验工作。

国务院卫生行政部门主管全国药品监督管理工作。国务院药品监督管理部门设置国家药品检验机构。省、自治区、直辖市人民政府药品监督管理部门可以在本行政区域内设置药品检验机构。

国务院卫生行政部门主管全国食品卫生监督管理工作。国务院有关部门在各自的职责范围内负责食品卫生管理工作。出口食品由国家进出口商品检验部门进行卫生监督、检验。

国务院安全生产监督管理部门负责中央管理的非煤矿矿山企业和危险化学品、烟花爆竹生产企业安全生产许可证的颁发和管理。省、自治区、直辖市人民政府安全生产监督管理部门负责规定以外的非煤矿矿山企业和危险化学品、烟花爆竹生产企业安全生产许可证的颁发和管理，并接受国务院安全生产监督管理部门的指导和监督。

国务院中医药管理部门负责全国中医药管理工作。国务院有关部门在各自的职责范围内负责与中医药有关的工作。

国务院出版行政部门负责全国音像制品的出版、制作和复制的监督管理工作；国务院文化行政部门负责全国音像制品的进口、批发、零售和出租的监督管理工作；国务院其他有关行政部门按照国务院规定的职责分工，负责有关的音像制品经营活动的监督管理工作。中国消费者协会是经国务院批准成立的全国性社会团体，是对商品和服务进行社会监督，保护消费者合法权益。

6.2　商品质量认证

1.　商品质量认证的概念

【案例8】

认证繁多　轮胎出口企业"钱罐倒提"

高大的货架上存放着一批批刚"出炉"的轮胎，摆放在不同区域的产品，被贴上了不同颜色和内容的标签，好像已经预定了"婆家"的大姑娘。这是轮胎世界网编辑近日在山东某大型轮胎集团生产车间里看到的情景。

据该集团研发中心的一位负责人介绍，这些轮胎将用于出口。之所以贴上不同的标签，是因为出口到不同地区的轮胎产品，需要满足不同区域的认证标准。轮胎上面的标签一般标注了所做认证的测试数据。

花巨资买"通行证"

在轮胎进口方面，很多国家和地区都有自己的认证标准。轮胎进入海湾六国需进行"GCC"认证，在美国销售需通过"DOT"认证。此外，还有印度的"ISI"认证，巴西的"INMETRO"认证，以及欧盟的"ECE"认证等。

然而，据了解，随着轮胎出口市场的不断开拓，各种认证的费用让企业深受其累。上述负责人以2012年11月初实施的欧盟轮胎标签法为例介绍，自2012年7月起，出口到欧盟的轮胎就要贴上标签了。标签要求显示轮胎的滚动阻力、湿滑路面抓着力及噪声等级。

针对上述三项数据的检测，大部分轮胎企业选择了法国的一家检测机构，检测费用是2万元/项，也就是说，每个型号轮胎三项数据的检测费用在6万元左右，如果是30个型号的轮胎出口欧盟，那可以计算出的检测费用就是180万元。

据介绍，虽然欧盟的这种认证费用较高，但是终身制，还有一些国家和地区的认证，同款轮胎需要每年或每两年做一次。这种情况下，认证费用之高就可想而知。

以该集团为例，据不完全统计，其每年用于各项认证、检测的费用，高达几百万元甚至上千万元。

国外认证更权威

据了解，一般情况下，某些认证需要企业在出口目的国制定的机构进行测试，并获得相应的证书；还有一些认证可由企业自行选择第三方检测机构完成检测。相对来说，算上时间、物流等成本后，选择国外机构进行检测认证的费用会更高。

当被问及为何该集团不选择国内的检测机构，来降低上述三项检测的费用时，这位负责人表示，欧盟会对其成员国的第三方轮胎检测机构出具的证书更加信任，日后一旦出口的产品出现什么问题，该检测报告将是很有力的证据。

据介绍，如果是国内同类机构出具的报告，不一定会被进口方采信，从而带来一系列麻烦。所以，有实力的企业宁肯多付出些费用，也一般会选择到国外进行检测和认证。

"门槛"越来越多

对轮胎企业来说，要进入一个市场进行销售，认证是第一个需要跨过的"门槛"。

从认证对象上来讲，主要分为企业认证和产品认证，如墨西哥的"NOM"认证是企业认证，欧盟的 ECE117 法规针对的是产品认证。据了解，企业认证一般相对简单，由进口国组织相关人员定期 "验厂" 即可；针对产品的认证相对较为严格，一般情况下，每个型号的轮胎都要进行测试，达到标准后方可在出口目的国销售。

"要是现在我们出口欧盟的轮胎没有贴上标签，标识出产品的滚动阻力、湿地抓着力等级和噪声等级，连海关都通不过，就会被退回。" 这位人士表示，花钱认证是势在必行的。

当被问及多如牛毛的各项检测、认证费用到底会对企业造成多大的负担，该企业负责人略显无奈："这是一个连锁反应，我们看到的只是检测的那部分花费。事实上，为了检测和认证，企业往往还需要在研发及其他方面上花费更多的人力、物力。这是一笔巨大的隐形成本。"

（1）认证的概念。根据国际标准化组织（ISO）和国际电工委员会（IEC）颁布的 ISO/IEC 导则 2 所给出的定义，认证是指第三方认证机构提供产品、过程或服务符合规定标准或技术要求的书面保证所依据的程序。

根据上述定义，认证可以从以下方面来理解。

① "认证" 的概念原译于英文词 "Certification"，意为经授权的机构所出具的证明。在市场经济条件下的贸易活动中，我们通常将产品、过程或服务的供应方称为第一方，将产品、过程或服务的采购或获取方称为第二方，而独立于第一方和第二方的一方，称之为 "第三方"。在认证活动中，第三方是公证机构，它与第一方和第二方均没有直接的隶属关系和经济上的利益关系，只有这样的公证构出具的认证证明才是可靠，是可以信赖的。

② 这里所指的 "产品、过程或服务"，包括了硬件的实物产品，也包括了软件产品、过程（如工艺性作业、电镀、焊接、热处理工艺等）和服务（如饭店、商业、保险业、银行和通讯业等）。

③ 作为从事经济活动基本手段的标准或其他技术规范，是认证的基础。

④ 产品或服务是否真正符合标准或其他技术规范，要通过规定的 "程序"，以科学的方法加以证实。

⑤ 某项产品、过程或服务，经规定的程序证实其符合了特定的标准或其他技术规范，则第三方认证机构将出具书面证明，如认证证书和/或认证标志。

（2）质量认证的概念。质量认证是由一个公认的权威机构对企业的质量体系、产品、过程或服务是否符合质量要求、标准、规范和有关政府法规的鉴别，并提供文件证明的活动。质量认证制度的类型从认证性质来说，可分为自我认证制和第三方认证制；从法规性质上看，可分为自愿认证和强制认证；从认证标志分，可分为合格认证标志、安全认证标志、优质标志等；从认证范围来分，可分为国家认证、地区认证、国际认证等 3 种。

开展质量认证工作要具备四个条件。

① 具有较高水平的国际标准、国家标准或专业标准。

② 具有公认的权威的第三方的质量认证机构。

③ 经认证合格的权威的测试试验室。

④ 具有较高水平的认证工作队伍。

质量认证程序为申请、初审、资格鉴定、认证试验、签订监督协议、控制协议、颁发标志、事后监督、质量认证维持试验、更改质量等级。在事后监督过程中若出了问题就要暂停认证或再认证，甚至取消认证。

　　质量认证资格是企业质量体系符合国际标准的证明，是产品质量信得过的证明，是进入国际市场的通行证。取得质量认证资格，能不断提高企业管理水平、扩大销售获得更大利润、扩大出口、消除技术壁垒及提高企业经济效益的根本途径。

　　（3）商品质量认证的概念。早在 18 世纪中叶就有了产品认证的雏形，当时只是一些自发的民间机构对产品实行检验。目前认证已发展成为保护消费者利益，企业开拓海外市场，商家建立市场信誉的有力措施。认证已被全球广泛采用，世界各发达和相对发达的国家都已建立了独立的认证体系。国际标准化组织将商品（产品）质量认证定义为：由可以充分信任的第三方证实某一经鉴定的产品或服务符合特定标准或其他技术规范的活动。

　　1991 年 5 月，国务院发布的《中华人民共和国产品质量认证管理条例》第二条对产品（商品）质量认证做如下规定："产品质量认证是依据产品标准和相应技术要求，经认证机构确认，并通过颁布认证证书和认证标志来证明某一产品符合相应标准和相应技术要求的活动。"

　　商品质量认证包含如下内容。

　　① 商品质量认证的对象是产品（商品）或服务。包括硬件产品，如零部件、元器件、整机等；流程性材料，如汽油、化肥、钢板、新闻纸、煤气和清洗液等；软件产品，如计算机程序、工作程序、信息、数据、记录等；服务，如食住招待、交通运输、医疗保健、修理维护、公用事业、金融贸易、技术咨询等。

　　② 商品质量认证的依据是国家正式颁布的标准和技术规范。

　　③ 商品质量认证的鉴定方法包括对商品质量的抽样检验和对企业质量体系的审核和评定。

　　④ 商品质量认证的认证机构具有第三方性质。它和供需双方不存在行政上的隶属关系和经济上的利害关系，是具有独立地位的实体，且必须经过政府有关部门按必要程序进行审批和授权。

　　⑤ 质量认证的证明方式是合格证书（认证证书）或合格标志（认证标志）。

2. 产品认证的形式

　　我国产品认证包括合格认证和安全认证两种。

　　合格认证是依据标准中的性能要求进行认证，是某一产品经第三方检验后，确认它符合规定标准，并颁发合格证书或合格标志，予以正式承认。实行合格认证的产品，必须符合《中华人民共和国标准化法》规定的国家标准或者行业标准的要求。合格认证一般要经过产品认证申请、企业质量保证能力检查、抽样检验、认证产品的审批。产品获得认证之后，对企业和产品质量进行经常性的监督，对企业的生产设备、制造工艺、质量控制体系，进行定期检查。产品质量认证一般按 ISO9002 体系认证。产品的合格认证是在自愿的基础上进行的。

　　安全认证是依据标准中的安全要求进行的认证。由于产品的安全性直接关系到消费者的生命和健康，一定要符合标准和法规要求，所以安全认证也称为强制认证，不经过安全认证的产品不能进口或在市场上销售。实行安全认证的产品，必须以《中华人民共和国标准化法》中有关强制性标准的要求。在我国属于强制性标准的产品（主要是安全性的产品），必须取得认证资格，例如：药品、电器、玩具、建筑材料、压力容器、防护用品、汽车玻璃等。

　　（1）CCC 产品认证。

　　2001 年 12 月，国家质检总局发布了《强制性产品认证管理规定》，以强制性产品认证制度替代原来的进口商品安全质量许可制度和电工产品安全认证制度。

中国强制性产品认证简称 CCC 认证或 3C 认证。是一种法定的强制性安全认证制度，也是国际上广泛采用的保护消费者权益、维护消费者人身财产安全的基本做法。

列入《实施强制性产品认证的产品目录》中的产品包括家用电器、汽车、安全玻璃、医疗器械、电线电缆、玩具等产品，其中 CQC 被指定承担 CCC 目录范围内 18 大类 146 种产品的 3C 认证工作。

	家用和类似用途设备		低压电器
	玩具		电路开关
	电信终端设备		照明设备
	装饰装修材料		轮胎产品
	信息技术设备		安全玻璃
	音视频设备		电焊机
	机动车辆及安全附件		医疗器械产品
	电动工具		安全技术防范产品

图 6-2 《实施强制性产品认证的产品目录》中的部分产品类别

（2）有机产品认证。

有机农业是指遵照一定的有机农业生产标准，在生产中不采用基因工程获得的生物及其产物，不使用化学合成的农药、化肥、生长调节剂、饲料添加剂等物质，遵循自然规律和生态学原理，协调种植业和养殖业的平衡，采用一系列可持续发展的农业技术以维持持续稳定的农业生产体系的一种农业生产方式。

有机产品是指来自于有机农业生产体系，根据国际有机农业生产要求和相应的标准生产、加工和销售，并通过独立的有机认证机构认证的供人类消费、动物食用的产品。

有机产品包括有机食品、有机纺织品、皮革、化妆品、林产品、生产资料和动物饲料等。

中国有机产品的认证以 GB/T19630.1～19630.4-2005《有机产品》为标准具体实施。认证过程包括申请、受理、检查的准备和实施、认证决定以及认证后的管理等活动。认证证书有效期为 1 年。

（3）中国良好农业规范（ChinaGAP）认证。

中国良好农业规范（ChinaGAP）认证是依据我国相关法律法规所实施的国家自愿性认证业

务，认证依据的标准为 GB/T 20014《良好农业规范》系列国家标准。

GB/T 20014《良好农业规范》系列国家标准等同于 GLOBALGAP 3.0（2007 版）标准，并实现了与 GLOBALGAP 认证的基准比较和证书结果互认。

ChinaGAP 认证产品包括作物类、畜禽类和水产类产品。

ChinaGAP 认证以关注食品安全、环境保护和农业可持续发展、动物福利及员工健康安全为基本原则。

（4）CE 产品认证。

CE 标志是产品进入欧盟国家及欧盟自由贸易协会国家市场的"通行证"。任何规定的（新方法指令所涉及的）产品，无论是欧盟以外还是欧盟成员国生产的产品，要想在欧盟市场上自由流通，在投放欧盟市场前，都必须符合指令及相关协调标准的要求，并且加贴 CE 标志。这是欧盟法律对相关产品提出的一种强制性要求，为各国产品在欧洲市场进行贸易提供了统一的最低技术标准，简化了贸易程序。目前包括 24 条新方法指令涉及 CE 认证。

需要 CE 认证的国家有所有欧洲经济区域的国家。包括欧洲联盟：法国、联邦德国、意大利、荷兰、比利时、卢森堡、英国、丹麦、爱尔兰、希腊、西班牙、葡萄牙、奥地利、瑞典、芬兰、塞浦路斯、匈牙利、捷克、爱沙尼亚、拉脱维亚、立陶宛、马耳他、波兰、斯洛伐克和斯洛文尼亚等 25 个国家。

欧洲自由贸易协会成员：瑞士、冰岛和挪威等 3 个国家。

以下产品需要加贴 CE 标志：——电气类产品、——机械类产品、——玩具类产品、——无线电和电信终端设备、——冷藏、冷冻设备、——人身保护设备、——简单压力容器、——热水锅炉、——压力设备、——民用爆炸物、——游乐船、——建筑产品、——体外诊断医疗器械、——植入式医疗器械、——医疗电器设备、——升降设备、——燃气设备、——非自动衡器、——爆炸环境中使用的设备和保护系统。

（5）RoHS 认证。

2003 年 1 月 27 日，欧盟议会和欧盟理事会通过了 2002/95/EC 指令，即"在电子电气设备中限制使用某些有害物质指令"（The Restriction of the use of Certain Hazardous Substances in Electrical and Electronic Equipment），简称 RoHS 指令。

RoHS 指令基本内容是从 2006 年 7 月 1 日起，在新投放市场的电子电气设备产品中，限制使用铅、汞、镉、六价铬、多溴联苯（PBB）和多溴二苯醚（PBDE）等六种有害物质。

RoHS 指令发布以后，从 2003 年 2 月 13 日起成为欧盟范围内的正式法律；2004 年 8 月 13 日以前，欧盟成员国转换成本国法律/法规；2005 年 2 月 13 日，欧盟委员会重新审核指令涵盖范围，并考虑新科技发展的因素，拟定禁用物质清单增加项目；2006 年 7 月 1 日以后，欧盟市场上将正式禁止六类物质含量超标的产品进行销售。

《电子信息产品污染控制管理办法》

2007 年 3 月 1 日实施的《管理办法》要求企业按照 SJ/T 11364-2006 的要求加贴标识（在信息产业部网站上可以下载标识样本）

《管理办法》核心内容如下。

• 电子信息产品设计者在设计电子信息产品时，应当符合电子信息产品有毒、有害物质或元素控制国家标准或行业标准，在满足工艺要求的前提下，采用无毒、无害或低毒、低害、易于降解、便于回收利用的方案。

• 电子信息产品的环保使用期限由电子信息产品的生产者或进口者自行确定。电子信息产品生产者或进口者应当在其生产或进口的电子信息产品上标注环保使用期限，由于产品体积或功能的限制不能在产品上标注的，应当在产品说明书中注明。

- 生产者应当逐步减少并淘汰产品中铅、汞、镉、六价铬、聚合溴化联苯（PBB）、聚合溴化联苯乙醚（PBDE）及其他有毒有害物质的含量；对于不能完全淘汰的，其有毒有害物质含量不得超过国家标准的有关规定。

- 电子信息产品生产者、进口者应当对其投放市场的电子信息产品中含有的有毒、有害物质或元素进行标注，标明有毒、有害物质或元素的名称、含量、所在部件及其可否回收利用等；由于产品体积或功能的限制不能在产品上标注的，应当在产品说明书中注明。（标注标识要求）

3. 认证管理

国务院标准化行政主管部门统一管理全国的认证工作；国务院标准化行政主管部门直接设立的或者授权国务院其他行政主管部门设立的行业认证委员会负责认证工作的具体实施。

企业对有国家标准或者行业标准的产品，可以向国务院标准化行政主管部门或者国务院标准化行政主管部门授权的部门申请产品质量认证。认证合格的，由认证部门授予认证证书，准许在产品或者其包装上使用规定的认证标志。

已经取得认证证书的产品不符合国家标准或者行业标准的，以及产品未经认证或者认证不合格的，不得使用认证标志出厂销售。

产品质量认证对一个国家的经济发展起着很重要的促进作用。国家可通过实行产品认证制度提高本国产品质量，提高企业质量保证能力；是国家用来发展经济、扩大出口的一项行之有效的措施，世界上许多国家对进口产品都有认证要求，出口产品如果没有取得认证就无法进入这些国家的市场；质量认证有助于消费者选购满意的商品；可为生产企业带来信誉，并可节省大量的社会重复检查费用，有利于减少伤害和财产损失，有助于提高产品在国际市场上的竞争能力。

产品质量认证制度是商品经济发展的产物，随着商品经济的不断扩大和日益国际化，为提高产品信誉，减少重复检验，削弱和消除贸易技术壁垒，维护生产者、经销者、用户和消费者各方权益，产生了第三方认证，这种认证不受产销双方经济利益支配，以公正、科学的工作逐步树立了权威和信誉，现已成为各国对产品和企业进行质量评价和监督的通行做法。

4. 商品质量认证制度的类型

目前，世界各国实行的质量认证制度主要有八种类型，如表 6-2 所示。

表 6-2 质量认证制度的主要类型

认 证 类 型	型 式 试 验	质量体系评定	认证后监督		
			市场抽样	工厂抽样	质量体系复查
一	●				
二	●		●		
三	●			●	
四	●		●	●	

续表

认 证 类 型	型 式 试 验	质量体系评定	认证后监督		
			市场抽样	工厂抽样	质量体系复查
五	●	●	●	●	
六		●			●
七	批量检验				
八	100%检验				

第一种：型式试验。按规定的试验方法对产品的样品进行试验，以证明样品符合指定标准或技术规范的要求。

第二种：型式试验加认证后监督——市场抽样检验。这是一种带有监督的型式试验，监督的办法是从市场上购买或从商品仓库中抽取样品进行检验，以验证认证产品质量的持续稳定性。

第三种：型式试验加认证后监督——工厂抽样检验。与第二种类似，只是样品在企业抽样。

第四种：型式试验加认证后监督——市场和工厂抽样检验。该种认证制度是第二、三种的综合，监督力度更大。

第五种：型式试验加工厂质量体系评定加认证后监督——质量体系复查加工厂和市场抽样检验。此种认证制的显著特点是在批准认证的条件中，既要求对产品作型式试验，又要求对与产品相关的工厂质量体系进行评定，并且都要实施监督检查。

第六种：工厂质量体系评定。这种认证制度是对企业按所要求的质量体系，如ISO9000标准质量体系，进行检查评定，对获得认证后的企业质量体系要实施监督检查。

第七种：批量检验。根据规定的抽样方案，对某批产品进行抽样检验，并据此作出该批产品是否符合个标准要求，能否认证的判断。由于存在抽样风险，只有在供需双方协商一致后方能有效执行。

第八种：全数检验。对每一种产品，在出厂前要依据标准，经认可的独立检验机构进行检验。一般只有极少数与人身健康密切相关的产品才实施全数检验。

上述八种认证类型中，第六种就是目前国内广泛开展的质量体系认证；第五种由于内容最为完整全面，集中了各项认证制的优点，被称为典型的质量认证制度，也就是产品质量认证。农机产品质量认证即属此类。这两种认证制度是各国普遍采用的，也是国际标准化组织ISO向各国推荐的认证制。

5. 商品质量认证的程序

以中国强制性产品认证制度为例，来说明强制性产品认证的基本程序。

（1）认证申请和受理。

主要内容：申请人，生产者、销售者、进口商；委托人，受申请人正式委托；提交申请书、技术资料、样品；交纳认证费用；受理认证申请，每一申请单元为一份申请。

（2）样品试验。

主要内容：送（抽）样原则；送（抽）样数量；检测标准和/或技术要求；检测项目；检测方法。这里需要注意的是一个单元一份检测报告。但检测次数应基于产品型号和标准实施，不同单元的相同产品、系列产品检测一次即可。

（3）初始工厂审查。

主要内容：工厂质量保证能力；产品一致性（铭牌、产品结构、关键件）；见证试验（必要时）；审查时间（时机）与人员安排；多现场的审查要求；产品扩展与变更时的审查；审查人员和机构要求。

（4）认证结果评价和批准。

主要内容：评价样品试验、工厂审查结果；颁发认证证书（统一的式样）；认证时限，原则上不超过 90 天。

（5）获得认证后的监督。

主要内容：对生产厂监督频次；对生产厂监督内容，质量保证能力的复查，认证产品一致性检查，抽取样品送检测机构（必要时）；抽样测试（必要时，从生产厂、市场抽样）；证书的保持、暂停、注销、撤消。

产品认证流程图，如图 6-3 所示。

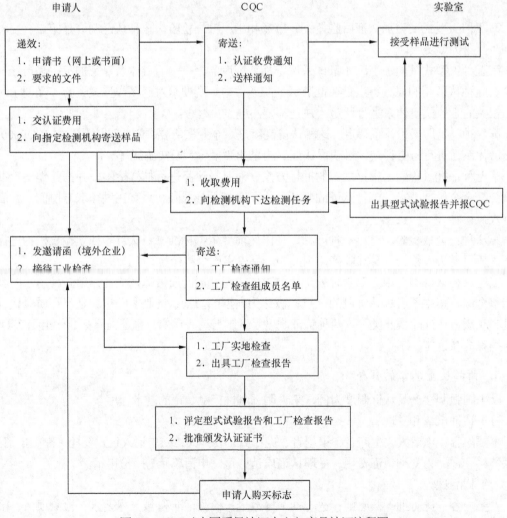

图 6-3　CQC（中国质量认证中心）产品认证流程图

6.3　商品质量体系认证

1．商品质量体系认证概念

【案例9】

格力电器——品质保证源于严格的质量体系

格力电器自 1995 年开始推行 ISO9000 质量管理体系，1996 年通过了 SGS 国际认证服务公司、中国兴轻质量体系认证中心、中国轻工质量认证中心的认证审核，获得 ISO9001 质量管理体系认证证书。2004 年通过 SGS 国际认证服务公司的认证审核，分别获得 ISO14001 环境管理体系和 OHSAS18001 职业健康安全管理体系认证证书。2006 年公司获得国家质监总局颁发的特种设备制造许可证（压力容器）。2007 年获得 QC080000 禁用物质管控体系证书。2008 年获得 BRC 全球标准-消费品：第二类产品证书。

在"出精品、创名牌、上规模、创世界一流水平"质量方针指引下，格力不断追求完美的质量管理。为此，公司成立了：

企业管理部—负责建立、监控和完善公司内综合管理体系。

筛选分厂—负责对公司所有外协外购件的入厂检测与试验。

质量控制部—负责对整个生产流程的质量检验、质量控制及整机可靠性试验，建立对供方的质量管理体系，全面推行质量管理工作，不断提升公司及供方整体质量管理水平。

以此多层次，完善的质量控制与质量保证系统格力保证了每个供应商都经得起严格考验，每个零配件都经过了精挑细选，每一道工序都经历了千锤百炼，每一个产品都力求做到"零缺陷"！

概念：质量体系认证，亦称质量体系注册，是指由公证第三方体系认证机构，依据正式发布的质量体系标准，对企业的质量体系实施评定，并颁发体系认证证书和发布注册名录，向公众证明企业的质量体系符合某一质量体系标准，有能力按规定的质量要求提供产品，可以相信企业在产品质量方面能够说到做到。

2．质量体系认证的作用

质量体系认证的目的是要让公众（消费者、用户、政府管理部门等）相信企业具有一定的质量保证能力，其表现形式是由体系认证机构出具体系认证证书的注册名录，依据的条件是正式发布的质量体系标准，取信的关键是体系认证机构本身具有的权威性和信誉。

（1）质量体系认证的主要作用。

①从用户和消费者角度：能帮助用户和消费者鉴别企业的质量保证能力，确保购买到优质满意的产品。

②从企业角度：能帮助企业提高市场的质量竞争能力；加强内部质量管理，提高产品质量保证能力；避免外部对企业的重复检查与评定。

③从政府角度：能促进市场的质量竞争，引导企业加强内部质量管理稳定和提高产品质量；帮助企业提高质量竞争能力；维护用户和消费者的权益；避免因重复检查与评定而给社会造成浪费。

（2）商品质量体系认证过程总体上可分为四个阶段：认证申请、体系审核、审批与注册发证、监督。

① 认证申请。企业向其自愿选择的某个体系认证机构提出申请，按机构要求提交申请文件，包括企业质量手册等。体系认证机构根据企业提交的申请文件，决定是否受理申请，并通知企业。按惯例，机构不能无故拒绝企业的申请。

② 体系审核。体系认证机构指派数名国家注册审核人员实施审核工作，包括审查企业的质量手册，到企业现场查证实际执行情况，提交审核报告。

③ 审批与注册发证。体系认证机构根据审核报告，经审查决定是否批准认证。对批准认证的企业颁发体系认证证书，并将企业的有关情况注册公布，准予企业以一定方式使用体系认证标志。证书有效期通常为三年。

④ 监督。在证书有效期内，体系认证机构每年对企业至少进行一次监督检查，查证企业有关质量体系的保持情况，一旦发现企业有违反有关规定的事实证据，即对相应企业采取措施，暂停或撤销企业的体系认证。

3. 商品质量体系认证的主要形式和内容

CQC 主要体系认证类型如图 6-4 所示。

图 6-4　CQC（中国质量认证中心）主要体系认证类型

（1）ISO9001 认证。国际标准化组织（ISO）于 1979 年成立了质量管理和质量保证技术委员会（TC176），负责制定质量管理和质量保证标准。ISO 9000 系列标准自 1987 年发布以来，经历了 1994 版、2000 版、2008 版的修改，形成了现在的 ISO 9001:2008 系列标准。

2008 版 ISO9000 族标准包括以下一组密切相关的质量管理体系核心标准：

——ISO 9000《质量管理体系基础和术语》

——ISO 9001《质量管理体系要求》

——ISO 9004《质量管理体系业绩改进指南》

——ISO 19011《质量和（或）环境管理体系审核指南》

ISO 9000 族标准是世界上许多经济发达国家质量管理实践经验的科学总结，且适用于各种类型，不同规模和提供不同产品的组织。实施 ISO 9000 族标准，可以促进组织质量管理体系的改进和完善，对提高组织的管理水平能够起到良好的作用。

（2）ISO 14001 认证。环境管理体系（EMS）是组织整个管理体系中的一部分，用来制定和实施其环境方针，并管理其环境因素，包括为制定、实施、实现、评审和保持环境方针所需的组织机构、计划活动、职责、惯例、程序、过程和资源。

ISO 14001：1996 环境管理体系——规范及使用指南是国际标准化组织（ISO）于 1996 年正

式颁布的可用于认证目的的国际标准，是 ISO 14000 系列标准的核心，它要求组织通过建立环境管理体系来达到支持环境保护、预防污染和持续改进的目标，并可通过取得第三方认证机构认证的形式，向外界证明其环境管理体系的符合性和环境管理水平。

由于 ISO 14001 环境管理体系可以带来节能降耗、增强企业竞争力、赢得客户、取信于政府和公众等诸多好处，所以自发布之日起即得到了广大企业的积极响应，被视为进入国际市场的"绿色通行证"。同时，由于 ISO 14001 的推广和普及在宏观上可以起到协调经济发展与环境保护的关系、提高全民环保意识、促进节约和推动技术进步等作用，因此也受到了各国政府和民众越来越多的关注。为了更加清晰和明确 ISO 14001 标准的要求，ISO 对该标准进行了修订，并于 2004 年 11 月 15 日颁布了新版标准 ISO 14001:2004 环境管理体系要求及使用指南。

ISO 14001 标准是在当今人类社会面临严重的环境问题（如温室效应、臭氧层破坏、生物多样性的破坏、生态环境恶化、海洋污染等）的背景下产生的，是工业发达国家环境管理经验的结晶，其基本思想是引导组织按照 PDCA 的模式建立环境管理的自我约束机制，从最高领导到每个职工都以主动、自觉的精神处理好自身发展与环境保护的关系，不断改善环境绩效，进行有效的污染预防，最终实现组织的良性发展。该标准适用于任何类型与规模的组织，并适用于各种地理、文化和社会环境。

环境管理体系（EMS）模式，如图 6-5 所示。

（3）食品安全管理体系（ISO 22000/HACCP）。HACCP 是危害分析关键控制点（Hazard Analysis Critical Control Point）的简称。它作为一种科学的、系统的方法，应用在从初级生产至最终消费过程中，通过对特定危害及其控制措施进行确定和评价，从而确保食品的安全。

HACCP 在国际上被认为是控制由食品引起疾病的最经济的方法，并就此获得 FAO/WHO 食品法典委员会（CAC）的认同。它强调企业本身的作用，与一般传统的监督方法相比较，其重点在于预防而不是依赖于对最终产品的测试，它具有较高的经济效益和社会效益。被国际权威机构认可为控制由食品引起的疾病的最有效的方法。

HACCP 的概念起源于 20 世纪的美国，在开发航天食品时开始应用 HACCP 原理，HACCP 主要包括七个基本原理。

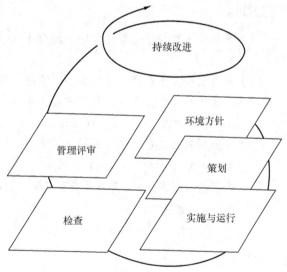

图 6-5　环境管理体系（EMS）模式

原理一：进行危害分析。

原理二：确定各关键控制点。

原理三：制定关键限值。

原理四：建立一个系统以监测关键控制点的控制情况。

原理五：在监测结果表明某特定关键控制点失控时，确定应采取的纠正行动。

原理六：建立认证程序以证实 HACCP 系统在有效地运行。

原理七：建立有关以上原则和应用方面各项程序和记录的档案。

在食品业界，HACCP 应用的越来越广泛，它逐渐从一种管理手段和方法演变为一种管理模式或者说管理体系。国际标准化组织（ISO）与其他国际组织密切合作，以 HACCP 原理为基础，吸收并融合了其他管理体系标准中的有益内容，形成了以 HACCP 为基础的食品安全管理体系。2005 年 9 月，国际标准化组织发布了 ISO 22000 标准"食品安全管理体系——对整个食品链的要求。"

ISO 22000 与 ISO 9001 有相同的框架，并包含 HACCP 原理的核心内容。ISO22000 能使全世界范围内的组织以一种协调一致的方法应用 HACCP 原理，不会因国家和产品的不同而大相径庭。

 **本章小结**

商品质量监督是指根据国家的质量法规和商品质量标准，由国家指定的商品质量监督机构对生产和流通领域的商品质量和质量保证体系进行监督的活动。

商品质量监督的类型有国家的质量监督、社会的质量监督和用户的质量监督。

商品质量监督的形式，一般可分为抽查型、评价型和仲裁型质量监督三种。

产品质量认证是依据产品标准和相应技术要求，经认证机构确认，并通过颁布认证证书和认证标志来证明某一产品符合相应标准和相应技术要求的活动。

我国产品认证包括合格认证和安全认证两种。

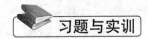 **习题与实训**

1. 选择题

（1）商品质量监督根据其主体的不同有（　　）种。

    A. 1　　　　　　B. 2　　　　　　C. 3　　　　　　D. 5

（2）商品质量认证申请、审批有四个程序：①检查企业的质量保证能力②审查批准商品质量认证③产品检验④企业申请，其正确顺序为：（　　）。

    A. ④①②③　　　B. ①②③④　　　C. ④①③②　　　D. ①②④③

（3）国家对商品质量的监督是属于（　　）。

    A. 技术性　　　　B. 行政性　　　　C. 法律性　　　　D. 其他

（4）内容最为完整全面，集中了各项认证制的优点，被称为典型的质量认证制度是（　　）。

    A. 市场抽样检验　　　　　　　　　　B. 工厂抽样检验

    C. 市场和工厂抽样检验　　　　　　　D. 质量体系复查加工厂和市场抽样检验

2. 名词解释

（1）商品质量监督；（2）商品质量认证

3. 简答题

（1）简述商品质量监督的形式

（2）简述商品质量认证的主要内容

4. 案例分析

《食品质量认证实施规则—酒类》

我国第一部酒类认证规则 2005 年 9 月正式出台，中国国家认证认可监督管理委员会（CNCA）

批准成立的中酒联合质量认证中心将依据该《规则》实施的酒类产品质量认证工程已经正式启动。

《食品质量认证实施规则—酒类》主要内容如下。

一是认证规则，主要是对认证受理、产品检验、检查和评定程序及管理等作出了规定。围绕酒类生产企业建立良好生产规范（GMP）、良好卫生规范（GHP）、危害分析与关键控制点（HACCP），并与产品的卫生、理化、感官等要求相结合，力求通过一次认证活动，对酒类生产质量保证能力及产品安全卫生质量水平做出全面评价。

二是认证规则，分为产品质量和企业质量保证能力要求两部分。产品质量标准，以现行的国家标准为依据，明确各种酒的理化、卫生、感官等级要求；企业质量保证能力要求，参照了相关国家标准、GFSI全球食品行动计划基准性标准有关内容，结合我国酒类企业实际情况而制定，其内容包括了对生产企业良好生产规范（GMP）、良好卫生规范（GHP）、危害分析与关键控制点（HACCP）应用的要求。

三是增加了感观品评。感观品评，主要是对酒的色、香、味、风格要求等进行品评，是国际通行的酒类质量评价方法，也是国家标准中酒类分级的主要依据。本规则参照国际酒类品评惯例，将品酒师的感观品评作为产品质量检验的组成部分，品酒师出具的品评报告作为认证产品检测结果的依据之一。

四是认证规则名称。认证规则命名为《食品质量认证实施规则—酒类》。这样考虑，便于形成食品质量认证规则系列；为其他食品认证规则的出台留有接口。

五是认证标志。酒类认证标志式样设计按以下思路考虑的：（1）酒类标志分三种图形，分别为"优级产品标志"、"一级产品标志"、"二级产品标志"，与国家标准中规定的"优级"、"一级"、"二级"产品相对应；酒类标志图形力求与国家质检总局已发布的有机产品标志保持基本一致，以体现国家食品和农产品认证标志的整体一致性，便于提高食品和农产品认证标志的社会认知程度；（3）酒类标志图形中加注了"GMP"、"GMP&HACCP"字符，考虑是：中国酿酒工业协会多次就认证标志式样征求国内主要酒类企业意见，企业普遍赞成在认证标志中加注"GMP"、"HACCP"；参照美国SQFl000/2000认证（SQF标准是GFSI承认的标准之一），泰国HACCP认证、台湾食品GMP认证的做法。

六是认证模式为产品检测和初始工厂检查以及认证后的监督检查程序。

《食品质量认证实施规则—酒类》认证规则的实施可以促进我国从根本上提高酒类产品的安全水平，有利于形成统一开放、公平竞争、规范有序的酒类产品流通市场，创建中国酒类名牌产品和企业，维护消费者权益、引导消费，国家政府出面规范酒类认证工作。

本案例说明了什么？

5. 实训任务

试选择一企业，了解其质量体系及产品是否经过相关认证及认证的类型和内容。

（1）小组成员分工列表和预期工作时间计划表

任　务　名　称	承 担 成 员	完成工作时间	老师建议工作时间
任务一：试选择一家参加质量体系认证的企业，了解其认证类型和内容			
任务二：试选择一个经过认证的产品，说明产品认证类型和内容			

（2）任务工作记录和任务评价

项　　目	记　　录
工作过程	签名：
个人收获	签名：
存在的问题	签名：
任务评价	（教师）签名：

6. 自学与拓展

社会责任国际标准体系（Social Accountability 8000 International standard，简称 SA8000）是一种基于国际劳工组织宪章（ILO 宪章）、联合国儿童权利公约、世界人权宣言而制定的，以保护劳动环境和条件、劳工权利等为主要内容的管理标准体系。

SA8000 的主要内容包括童工、强迫性劳动、健康与安全、结社自由和集体谈判权、歧视、惩戒性措施、工作时间、工资报酬、管理系统等方面的内容。

SA8000 是一种以保护劳动环境和劳工权利为核心内容的管理标准体系，对提高企业社会责任将产生巨大的推进作用。

试了解我国企业参与 SA8000 认证现状并分析对企业产品生产产生的影响。

第七章

商品包装

学习目标

了解商品包装的类型和基本作用。

熟悉包装材料的特点。

熟悉商品包装的主要技术包装。

熟悉并掌握运输包装标志类型和应用。

熟悉并掌握商品销售包装的内容和应用。

案例导入

政府监管定量包装商品有哪些必要性？

随着我国改革开放的深入和经济建设的发展，企业的生产技术和工艺水平有了较大的改进，产品的内在质量和包装质量有了明显的提高，尤其是定量包装商品的大量生产，极大地方便了人们的生活，提高了人们的生活质量。但是，由于定量包装商品生产的特殊性，使得贸易双方不能直接对定量包装商品的净含量进行当面称量。因此，给识别和选购定量包装商品的消费者带来了不便。如何保证定量包装商品的净含量计量准确，是生产者和消费者共同关心的问题。

为了深入贯彻实施《中华人民共和国计量法》，维护社会主义市场经济秩序，保护消费者和生产者、销售者的合法权益，2005 年 5 月 30 日国家质量监督检验检疫总局颁布了《定量包装商品计量监督管理办法》（总局令第 75 号，以下简称《办法》）。《办法》的出台，既为定量包装商品生产者和销售者依法加强自身计量管理提供了保障，也为质量技术监督部门和广大消费者判定定量包装商品的净含量是否短缺提供了重要依据，对规范市场计量行为、加强市场计量监督具有十分重要的意义。

为了保证《办法》的实施，国家质量监督检验检疫总局于 2005 年 10 月 9 日颁布了 JJF1070-2005《定量包装商品净含量计量检验规则》（以下简称《规则》）。《规则》依据《办法》的要求，规定了定量包装商品净含量计量检验过程的抽样、检验和评价等活动的要求和程序。在计量要求方面，规定了对定量包装商品净含量标注的要求和对商品净含量的要求两个方面的内容；在计量检验方面，规定了对定量包装商品实施计量检验的程序要求，程序要求包括检验结果的测量不确定度要求、计量检验的统计和控制准则、计量检验实施的过程要求以及检验的原始记录和数据处理的要求；在结果评定和报告方面，规定了对计量检验结果进行评定的准则和计量检验结果报告的要求；在规则的附录部分，规定了随机抽样方法、去皮方法、各类定量包装商品的计量检验方法以及原始记录格式和计量检验报告格式。

对定量包装商品实施计量监督管理是我国计量工作的重要内容，也是政府法制计量工作的重要组成部分。定量包装的计量法规是我国定量包装法制计量的保证，它具有重大的现实意义。

7.1 商品包装的含义和类型

1. 商品包装的概念

概念：根据 GB/T4122.1-2008《包装术语第 1 部分：基础》，包装是指为在流通中保护商品，方便储运，促进销售，按一定技术方法而采用的容器、材料及辅助物等的总体名称。也指为了达到上述目的而采用容器、材料和辅助物的过程中施加一定技术方法等的操作活动。板条箱包装的水果如图 7-1 所示，纸箱加泡沫网包装的木瓜如图 7-2 所示，网状塑料包装的洋葱如图 7-3 所示。

图 7-1 板条箱包装的水果

图 7-2 纸箱加泡沫网包装的木瓜

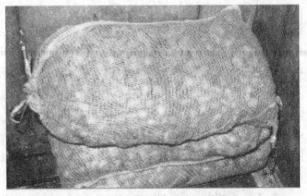
图 7-3 网状塑料包装的洋葱

包装四要素：任何一个商品包装，都是采用一定的包装材料，通过一定的技术方法制造的，都具有各自独特的结构、造型和外观装潢。包装材料、包装结构造型、包装技法和装潢是构成包装的四大要素。

包装材料是包装的物质基础，是包装功能的物质承担者；包装所采用的技术是包装实现保护功能、保证商品质量的关键；包装的造型、结构是包装材料和包装技术的具体形式；包装装潢是通过对图案、色彩、商标、商品条码和文字等进行整体设计进而美化、宣传、介绍商品，是方便商品流通的主要手段。

【案例1】

烫印新技术在纸盒包装市场应用

在激烈的市场竞争中，为了增加产品的附加值、更有效地进行包装防伪，越来越多的包装纸盒采用烫印工艺。烫印分为普通烫印、冷烫印、凹凸烫印和全息烫印等方式。常用的普通烫印工艺有平压平烫印和圆压平烫印，其中圆压平烫印为线接触方式，具有烫印基材广泛、适于大面积烫印、烫印精度高等特点。

冷烫印不需使用加热后的金属印版，而是利用印刷黏合剂的方法转移金属箔。冷烫印工艺成本低，节省能源，生产效率高，是一种很有发展前途的新工艺。

凹凸烫印（也称三维烫印），是利用现代雕刻技术制作上下配合的阴模和阳模，烫印和压凹凸工艺一次完成，提高了生产效率。电雕刻制作的模具可以通过曲面过渡，达到一般腐蚀法制作的模具无法实现的立体浮雕效果。凹凸烫印的出现，使烫印与压凹凸工艺同时完成，减少了工序和因套印不准而产生的废品。

全息标识烫印采用计算机技术改变光栅的幅度及频率，使其效果比所计算的图案彩色更加光艳、更加清晰。若以这种全息标识作为原稿拷贝则会产生大量全息丢失，可达到防伪的目的。全息标识不仅可以具有非常好的防伪性能，也可以根据客户需要将特殊号码或文字做到全息标识中，在高档纸盒包装上的应用越来越广泛。

2. 商品包装的分类

（1）按商品包装所处领域、所起作用的不同分做运输包装（也可称为大包装、外包装）和销售包装（也可称为小包装、个包装）。

运输包装是以运输储存为目的的包装。它具有保障产品的安全，方便储运装卸，加速交接、点验等作用。

销售包装是以销售为目的，与内装物一起到达消费者手中的包装。它具有保护、美化、宣传产品，促进销售的作用。

（2）按商品包装所用材料的不同分为纸制包装、木制包装、金属包装、塑料包装、玻璃与陶瓷包装、纤维制品包装、复合材料包装。

纸制包装是以纸与纸板为原料制成的包装。它包括纸箱、瓦楞纸箱、纸盒、纸袋、纸管、纸桶、包装用纸等。纸制包装适用于百货、纺织、五金、电讯器材、食品、医药等商品。

木制包装是以木材、木材制品和人造板材（如胶合板、纤维板等）制成的包装。主要有木箱、木桶、胶合板箱、纤维板箱和桶、木制托盘等。木制包装适用于大型或重量大的机电产品以及怕摔、怕压的仪器、仪表等商品。现在主要用于装运时制作外包装木箱。

金属包装是指以黑铁皮、白铁皮、马口铁、铝箔、铝合金等金属材料制造的各种包装。主要有金属桶、金属盒、马口铁及铝罐头盒、油罐、钢瓶等。金属包装广泛用于食品、石油化工产品等液体、粉状、糊状商品以及贵重商品。

塑料包装是指以人工合成树脂为主要原料的高分子材料制成的包装，其形状有箱、桶、盒、瓶、罐、薄膜袋、捆扎带、缓冲包装等。塑料包装适用于纺织、五金交电、食品、医药等商品。

玻璃与陶瓷包装是指以硅酸盐材料玻璃与陶瓷制成的包装。这类包装主要有玻璃瓶、玻璃罐、陶瓷罐、陶瓷瓶、陶瓷坛、陶瓷缸等。这类材料制成的包装隔离性好、耐腐蚀，缺点是容易破碎。主要用作食品、化妆品、化工品的包装。

纤维制品包装是指以棉、麻、丝、毛等天然纤维和以人造纤维、合成纤维的织品制成的包装。主要有麻袋、布袋、编织袋等。

复合材料包装是指以两种或两种以上材料粘合制成的包装，亦称为复合包装。常见的有纸与塑料、塑料与铝箔和纸、塑料与铝箔、塑料与木材、塑料与玻璃等材料制成的包装。复合包装综合利用材料性能，可制成柔性良好又可保证内容物性能的软性包装，广泛用于食品、化妆品等范围，是一种新型的包装产品。

【案例 2】

全球软包装纸制品市场值预计将达 870 亿美元

据派诺公司（SmithersPira）发布的《2017 年软包装纸张未来市场预测报告》显示：全球软包装市场由各种材料组成，其中一半以上为纸制品。2011 年软包装纸制品市场值为 660 亿美元，总计耗费约 2800 吨纸张。派诺公司同时预测全球软包装纸制品从 2012 年到 2017 年将以 5%的年平均增长率进行上涨，市场值预计达到 870 亿美元，所耗纸张材料为 3700 万吨。

（3）按对商品包装质量的不同要求分为内销商品包装、外销商品包装、特殊商品包装等

① 内销包装是供商品在国内销售时使用的包装，具有简单、经济、实用的特点。

② 外销包装又称出口商品包装，是专供出口商品使用的包装，其保护性、装饰性、竞争性要求较高。

③ 特殊商品包装一般是指对文物、精密仪器、贵重设备、工艺美术品以及军需品等进行的包装。

（4）按照包装层次可分为小包装、中包装和外包装。

① 小包装又称个体包装，是直接用来包装商品的包装。它通常与商品形成一体，在销售中直接到达用户手中。因此，小包装都属于销售包装 ，如卷烟盒、墨水瓶、罐头听、化妆品瓶等。由于个体包装要到达最终用户手中，通常在个体包装上都贴或印有商标、成份、使用说明、保管方法以及厂家名称等，以便用户选择，正确使用。个体包装对商品有着重要的美化、宣传、保护和促销的作用。

② 中包装是介于外包装和小包装之间的包装，由若干个个体包装构成并包装在一起而成。中包装在销售过程中可以一起售出，也可以拆开成个体包装出售。

③ 外包装是指商品最外层的包装，其主要作用是在流通过程中保护商品，方便储存、运输和装卸。外包装都是运输包装。

（5）按商品包装所采用防护技术的不同分为防潮包装、防震包装、防盗包装、防锈包装、防霉包装、防虫包装、防染包装、防伪包装、集合包装、防尘包装、真空包装、条形包装、贴体包装、泡罩包装、无菌包装、充气包装、保鲜包装、速冻包装、隔热包装、收缩包装等。

此外，我们还可以根据商品包装使用周期、包装软硬程度、商品包装内容物等对商品包装进行分类。

3. 商品包装的功能

【案例 3】

温州包装业年创产值 610 亿

据温州市包装联合会透露，温州包装行业 2011 年创造产值 610 亿元，企业总数 5000 多家，

产值占全省行业总产值的 40%。温州市包装联合会秘书长林淑玲表示，温州已是"包装大市"、"包装名市"，下一步的目标就是要通过整合、提升、创新，迈向"包装强市"。

据不完全统计，2011 年温州包装工业总产值 610 亿元，占全市工业总产值的 8.662%，占全省包装行业总产值的 40%，承担着全市 7073.61 亿元的工业产品的包装任务。全市包装工业企业为 5000 多家，规模以上的包装企业 1300 多家，产值 350 多亿元，占全市规模以上工业总产值的 8.10%。

在全国地市级中，温州是唯一获得"中国包装名市"称号的城市。应该说温州包装行业获得 6 张国字号"金名片"，在全国也是很少见的，代表着温州包装行业的雄厚实力。

（1）保护功能。

这是商品包装最原始、最基本、最首要的功能。商品从生产者到消费对者，要经历运输、保管、装卸、储存、销售、分发使用等环节，由于物理机械性因素、气候环境性因素、生物性因素、社会性因素等影响，它们对产品的性能、成分、结构都可能造成不同程度的危害，轻则降低商品质量，影响使用效能，重则使商品严重破坏、变质，失去使用价值。科学合理的包装，能使商品抵抗各种外界因素的破坏，从而保护商品的性能，保证商品质量和数量的完好。

【案例 4】

不合规药用玻璃包装须立即停用

2012 年 11 月 13 日，国家食品药品监督管理局发布《关于加强药用玻璃包装注射剂药品监督管理的通知》称，药品监督检查信息显示，部分注射剂类药品与所选用的药用玻璃存在相互作用，影响药品质量，存在安全隐患；要求凡不符合《药品包装材料与药物相容性试验指导原则》的药用玻璃包装必须立即停止使用。

《通知》规定，药品生产企业应根据药品特性选择包装材料，对生物制品、偏酸偏碱及对 Ph 敏感的注射剂，选择 121℃颗粒耐水性为 1 级及内表面耐水性为 HC1 级的药用玻璃；应对药用玻璃生产企业定期进行现场质量审计和回顾分析，与其签订质量协议，建立供应商质量档案，定期考察药用玻璃与药品的相容性。

《通知》要求，各级药监部门应加强对药用包装材料的监管，加大监督检查和抽验频次、力度，对产品质量不符合标准的，依法查处。

（2）便利功能。

方便生产。合理包装，能够节省人的体力消耗；对于大批量生产的产品，应适宜进行流水线生产；有利于机械作业。

方便储运。将商品按一定的数量、形状、规格、大小及不同的容器进行包装，而且在商品包装外面印上各种标志，有利于运输工具的方便装卸，便于堆码，达到减少损失、提高运输能力和经济效益的目的。

方便陈列与展销。通过对商品包装结构造型、装潢设计等方面进行设计，能比较合理地利用物流空间。这也是促销的重要手段。

方便选购。包装既是无声的推销员，也是一种广告工具，是传达商品信息的重要媒介。它担负着传达商品牌号、性质、成份、容量、使用方法、生产单位等职能，起着方便消费和指导消费的作用。

方便携带和使用。商品包装通过附有说明、也可以通过设计方便消费的结构与形式，以简明扼要的语言或图示向消费者传递使用某产品的方法及注意事项等。

方便回收与废弃处理。方便回收是指部分包装具有重复使用的功能。通过采用可回收或可降解的包装材料在保护商品的同时，达到节省成本、保护环境及节省资源的效果。

【案例 5】

加拿大烟草包装警示世界排名上升

据加拿大癌症协会 14 日公布的一份报告，加拿大的烟草包装健康警示在世界上的排名从 2010 年的第 15 位上升为 2012 年的第 4 位，这主要得益于加拿大实行新措施，要求警示健康信息必须覆盖 75%的香烟包装面积。

这份名为《国际烟草健康警示》的报告根据烟草包装上健康警示信息面积的大小，对世界上 198 个国家和地区进行了排名，同时也列出了已要求烟草商在包装上印上健康警示图片的国家和地区。

从 2011 年初开始，加拿大卫生部宣布新举措，提出烟草包装上的健康警示信息覆盖率须达 75%的要求。该措施分两个阶段实行，第一阶段是香烟和小雪茄，而第二阶段则包括其他所有烟草产品，如无烟烟草、手工卷制的雪茄烟等。

目前拥有全球 40%人口的 63 个国家和地区已要求烟草公司在烟草包装上印上图片警示。2001 年，加拿大是全球第一个要求烟草包装上必须印有图片警示的国家。

在 2012 年的排名中，澳大利亚位居榜首。从下月开始，澳大利亚将实行香烟"平包装"的法律，禁止烟草公司在香烟包装上使用醒目颜色、商标。同时，澳大利亚要求健康警示信息覆盖 82.5%的烟草包装面积。

（3）促销功能。

精美的商品包装，可起到美化商品、宣传商品和促进销售的作用。包装既能提高商品的市场竞争力，又能以其新颖独特的艺术魅力吸引顾客、指导消费，成为促进消费者购买的主导因素，是商品的无声推销员。

【案例 6】

闽北：茶叶包装"着装"合身不容易

近年来随着品牌茶企的大量涌现，市场竞争愈发激烈，在保证产品品质的情况下，产品包装已经渐渐成为茶企吸引消费者眼球的重要"武器"之一。

"公司每一年投入到包装设计生产上的费用，都有好几百万元。"中国百强茶企—武夷星茶业有限公司产品开发部的负责人张贵仁表示，不论是岩茶还是红茶，茶叶商业化包装已经成为茶叶增值的重要手段，而个性化外包装设计，成为茶企市场竞争的关键筹码。

茶叶包装是武夷星茶叶品牌的强力助推器。回想 21 世纪初，武夷星茶业公司岩茶价格一般只有 20 至 30 元，好的也只卖 100 元左右，当时产品几乎没有包装，茶叶是用编织袋装着卖，好一点的就用锡箔袋装。看到这种情景，董事长何一心决定在建立有机茶园基地、提高茶品质的同时，从武夷岩茶的包装入手，来改变武夷岩茶的形象。从那时开始，他每年都会投入 400 多万元进行产品的包装开发，掀起了茶叶包装改革的浪潮。

"武夷星"仅去年就生产了 50 款包装，"岩上"目前有 30 多款包装，"骏眉梁"目前有 13 款包装……

"最近几年来，随着武夷山茶叶市场的发展，茶企对茶叶包装越来越重视，茶叶包装的水平也有大幅上升。"武夷山市茶叶同业公会会长、岩上茶叶科技研究所所长刘国英说，武夷山大多数有点规模的厂家，都会做一些属于自己的包装。当然，也有一小部分茶企出于成本上的考虑，选择茶叶包装经销商经销产品的包装。

包装似衣服，"穿得合身"不易。没有最好，只有最合适包装。

全国有成千上万家茶企，茶叶的包装有成千上万种，如何让消费者快速记住自己的包装呢？那就需要包装能与企业自身特点联系起来，让消费者有理性或感性地认识，增加产品的视觉识别性。

从这个角度来说，就必须注重产品的个性和品牌识别性。一款好的包装必须具备精准的传播及独特的视觉语言，能很快地让消费者认识并熟识，并能迅速地将产品与企业结合起来，带来销量与品牌的双赢。它具备三个方面的特征：首先，包装需要有自身的行业特征；其次，一个茶企的产品包装需要有特定消费群体的偏好元素；最后，才是美观实用的排版设计。

（4）节约功能。

商品包装与生产成本密切相关。合理的包装可以使零散的商品以一定数量的形式集成一体，从而大大提高装载容量并方便装卸运输，可以节省运输费、仓储费等项费用支出。有的包装还可以多次回收利用，节约包装材料及包装容器的生产，有利于降低成本，提高经济效益。

【案例 7】

包装成本谁来买单

"买椟还珠"的故事大概是对"过度包装"现象的最早讽喻。时至今日，商品过度包装愈显登峰造极之势。无论是食品、药品、保健品还是其他日用品，一些生产厂家、商家总是极尽豪华、奢靡包装之能事，可谓无所不用其极。

羊毛出在羊身上，这种过度包装的成本终究只能落到消费者头上。过度包装商品的厂商显然是在以华丽包装蒙骗消费者，涉嫌侵害其正当权益。在商品价格一定的前提下，消费者被迫为这种中看不中用的包装埋单。再加上过度包装在损耗资源、污染环境等方面的危害，那就更加怵目惊心。有业内人士表示，一套月饼礼盒中，月饼成本仅占约 10%，其他 90% 是为过度包装埋单。月饼可以吃掉，这些"累赘"的包装物，对环境保护的危害将有多大，却没有几个人来算这笔账。

遏制商品过度包装的浮华之风，我们并不缺乏相关法规，但问题是，这些法规一方面不尽完善，所涉及的商品种类有限，如限制商品过度包装只针对食品和化妆品，对其他存在过度包装乱象的保健品、药品、高档饰品等领域尚未涉及；另一方面，有关职能部门的执法和监管乏力，也是商品过度包装现象难以根治的原因之一。质检、工商、价格等相关部门绝不能对流入市场的商品过度包装问题等闲视之，而应从环保和维护消费者权益的高度，对那些肆意过度包装商品的厂家予以惩戒。

2012 年，上海率先制定并提交市人大审议的《上海市商品包装物减量若干规定（草案）》，尝试以立法的形式来限制商品过度包装，值得称道。其积极意义，不仅在于遏制商品过度包装现象，更向社会倡导一种抵制浮华之风、培养健康消费文化的务实新风，值得更多地方借鉴。

7.2 商品包装运输

概念：运输包装是用于盛装一定数量的销售包装商品或散装商品的大型包装。它又可以分为单件包装（箱、包、袋、捆、桶）和集合包装（集装包、集装箱、托盘）。运输包装一般体积较大，外形尺寸标准化程度高，坚固耐用，广泛采用集合包装，表面印有明显的识别标志。其主要功能是保护商品，方便运输、装卸和储存，减少损耗、牢固完整、便于检核。

商品包装标志是指为了便于商品的流通、销售、选购和使用，用某种特定的文字或图形在商品包装上制作的特定记号或说明。作用是用以表示商品的性能、储运注意事项、质量水平等含义，便于识别商品，便于准确迅速地运输货物，避免差错，加速流转等。

运输包装标志是为了便于识别货物，防止错发错运，便于收货人收货，以及使货物能安全运抵指定的地点或收货单位而在运输包装上制作的图形、文字和数字。运输包装标志的作用是便于商品装卸、堆码，保证商品质量安全，加速商品周转。

运输包装标志分为运输包装收发货标志、包装储运图示标志、危险货物包装标志、国际海运标志四大类。随着包装货物的贮藏、运输、装卸的现代化，包装标识的国际标准化也成了重要议题。1968 年，国际标准化组织（ISO）制订了《包装—货物贮运图示标识》国际标准，1985年又进行了修订，这就是著名的 ISO780—1985 国际标准。ISO780 国际标准是由 ISO/TC 122 包装技术委员会制订的。此第四版取消和代替了第三版（ISO 780：1985），作了技术性修改。我国的 GB 191-2000 等效采用国际标准 ISO780-997《包装—搬运图示标志》。

1. 运输收发货标志

运输收发货标志又称识别标志、唛头或嘿头，是外包装上的商品分类图示标志及其他标志和文字说明排列格式的总称。附有作为发货人或收货人代用简字或代号的字母的三角形、菱形、方形或圆形等简明几何图形，或附有区别同一批货物或几个小批、不同品级的记号。其作用是便于在储运中和交接货物中识别货物，防止错发错运，准确无误地把商品运抵目的地。收发货标志通常是由简单的几何图形、字母、数字和简单的文字组成。一般包括下述内容。

（1）商品的分类（FL）图示标志。

商品的分类图示标志是用几何图形和简单文字表明商品类别的特定符号，共分为 12 类，每类标志用规定颜色单色印刷，如表 7-1 所示。分类图示标志属于必用标志，如图 7-4 所示。

表 7-1 每类标志规定颜色

商 品 类 别	颜 色	商 品 类 别	颜 色
百货类	红	医药类	红
文化用品类	红	食品类	绿
五金类	黑	农副产品类	绿
交电类	黑	农药类	黑
化工类	黑	化肥类	黑
针纺类	绿	机械类	黑

（2）其他标志。

这些标志如表 7-2 所示，表中规定了 14 个项目，其中分类标志一定要有，其他各项则合理选用。外贸出口商品根据国外客户要求，以中外文对照，印制相应的标志和附加标志。国内销售的商品包装上不填英文项目。

百货类标志　　　　文化用品类标志　　　　五金类标志　　　　交电类标志

化工类标志　　　　针纺类标志　　　　医药类标志　　　　食品类标志

农副产品类标志　　　农药类标志　　　　化肥类标志　　　　机械类标志

图 7-4　十二大类商品图示标志

表 7-2　运输包装收发货标志内容

序号	代号	项　目		含　义
		中文	英文	
1	FL	商品分类图示标志	CLASSIFICATION MARKS	表明商品类别的特定
2	GH	供货号	CONTRACT NO	供应该批货物的供货清单号码（出口商品用合同号码）
3	HH	货号	ART NO	商品顺序编号。以便出入库，收发货登记和核定商品价格
4	PG	品名规格	SPECIFICATIONS	商品名称和代号，标明单一商品的规格、型号、尺寸、花色等
5	SL	数量	QUANTITY	包装容器内含商品的数量
6	ZL	重量（毛重）（净重）	GROSS WT NET WT	包装件的重量（kg）包括毛重和净重
7	CQ	生产日期	DATE OF PRODUCTION	产品生产的年、月、日
8	CC	生产工厂	MANUFACTURER	生产该产品的工厂名称
9	TJ	体积	VOLUME	包装件的外径尺寸长×宽×高（cm）=体积（m³）
10	XQ	有效期限	TERM OF VAILDITY	商品有效期限至×年×月
11	SH	收货地点和单位	PLACE OF DESTINATION AND CONSIGNEE	货物到达站、港和某单位（人）收（可用贴签或涂写）
12	FH	发货单位	CONSIGNOR	发货单位（人）
13	YH	运输号码	SHIPPING NO	运输单号码
14	JS	发运件数	SHIPPING PLECES	发运的件数

出口商品要根据实际情况和用户要求，用中、外文对照印刷相应的标志并表明原产国别、目的地（目的港，需用文字写明目的地的全名称）、件号（该件货物在本批货物中的编号）等。原产国，我国出口商品使用"中国制造"或"中华人民共和国制造"或再附加产品制造城市的名称。中性包装（即商品的内外包装上不注明生产国别、产地、厂名、商标和牌号）不注明原产国名称。

分类标志的图形、收发货标志的字体、颜色、标志方式、标志位置等，在国家标准《运输包装收发货标志》中均有明确规定。

2. 指示标志

指示标志又叫包装储运图示标志，是根据商品的不同性能和特殊要求，采用图案或简易文字提示人们在储运该商品时应注意的事项，以保护商品安全。例如："小心轻放"、"禁用手钩"、"向上"、"怕热"、"远离放射源及热源"、"由此吊起"、"怕湿"、"重心点"、"禁止翻滚"、"堆码重量极限"、"堆码层数极限"、"温度极限"等。

我国国家标准《包装储运图示标志》（GT/T 191-2008）参照采用国际标准 ISO780-1997《包装—搬运图示标志》规定了 17 种包装储运图示标志如表 7-3 所示。

表 7-3　包装储运图示标志名称和图形

序　号	标志名称	标志图形	含　义
1	易碎物品		表明运输包装件内装易碎品，搬运时应小心轻放
2	禁用手钩		表明搬运运输包装件时禁用手钩
3	向上		表明该运输包装件在运输时应竖立向上
4	怕晒		表明运输包装件不能直接照晒
5	怕辐射		表明该物品一旦受辐射会变质或损坏

序　号	标 志 名 称	标 志 图 形	含　义
6	怕雨		表明该运输包装件怕雨淋
7	重心		表明该包装件的重心位置，便于起吊
8	禁止翻滚		表明搬运时不能翻滚该运输包装件
9	此面禁用手推车		表明搬运货物时此面禁放在手推车上
10	禁用叉车		表明不能用升降叉车搬运的包装件
11	由此夹起		表明搬运货物时可用夹持的面
12	此处不能卡夹		表明搬运货物时不能夹持的面
13	堆码重量极限		表明该运输包装件所能承受的最大重量极限
14	堆码层数极限		表明可堆码相同运输包装件的最大层数

序　号	标志名称	标志图形	含　义
15	禁止堆码		表明该包装件只能单层放置
16	由此吊起		表明起吊货物时挂链绳索的位置
17	温度极限		表明该运输包装件应该保持的温度范围

3. 危险品标志

危险品标志又称危险货物包装标志、警告性标志，是在易燃、易爆、有毒、腐蚀、放射性商品的外包装上用文字和图形所作的明显标记。

我国国家标准《危险货物分类和品名编号》GB6944-2012，把危险货物分为九类：爆炸品、气体、易燃液体、易燃固体、易于自燃的物品、遇水放出易燃气体的物质、氧化性物质和有机过氧化物、毒性物质和感染性物质、放射性物质、腐蚀性物质、杂项危险物质和物品。

危险品标志是警告性标志，必须严格遵照国内和国际的规定办理，稍有疏忽，就会造成意外事故。因此，要保证标志清晰，并在货物贮运保存期内不脱落。在储运过程中，为引起有关人员的警惕并根据各类危险货物的性质，加强相应防护措施，保证货物和人身安全，在各类危险货物的运输包装上均应标打能表明内装货物特性的由图形和文字组成的危险货物包装标志。国际国内均有如此规定。

我国国家标准《危险货物包装标志》GB190-2009 根据九类危险货物的主要特性规定相应的标志图形和名称。如表 7-4 所示。

表 7-4　GB 190—2009《危险货物包装标志》图形

序　号	标记名称	标记图形	对应的危险货物类项号
1	爆炸性物质或物品	 （符号：黑色，底色：橙红色）	1.1 1.2 1.3

序 号	标 记 名 称	标 记 图 形	对应的危险货物类项号
1	爆炸性物质或物品	（符号：黑色，底色：橙红色）	1.4
		（符号：黑色，底色：橙红色）	1.5
		（符号：黑色，底色：橙红色） 项号的位置——如果爆炸性是次要危险性，留空白 配装组字母的位置——如果爆炸性是次要危险性，留空白	1.6
2	易燃气体	（符号：黑色，底色：正红色） （符号：白色，底色：正红色）	2.1
	非易燃无毒气体	（符号：黑色，底色：绿色） （符号：白色，底色：绿色）	2.2
	有毒气体	（符号：黑色，底色：白色）	2.3

序　号	标记名称	标记图形	对应的危险货物类项号
3	易燃液体	（符号：黑色，底色：正红色） （符号：白色，底色：正红色）	3
4	易燃固体	（符号：黑色，底色：白色红条）	4.1
	易于自燃的物质	（符号：黑色，底色：上白下红）	4.2
	遇水放出易燃气体的物质	（符号：黑色，底色：蓝色） （符号：白色，底色：蓝色）	4.3
5	氧化性物质	（符号：黑色，底色：柠檬黄色）	5.1
	有机过氧化物	（符号：黑色，底色：红色和柠檬黄色）	5.2

续表

序 号	标记名称	标记图形	对应的危险货物类项号
5	有机过氧化物	（符号：白色，底色：红色和柠檬黄色）	5.2
6	毒性物质	（符号：黑色，底色：白色）	6.1
	感染性物品	（符号：黑色，底色：白色）	6.2
7	一级放射性物品	（符号：黑色，底色：白色，附一条红竖条）	7A
	二级放射性物品	（符号：黑色，底色：上黄下白，附二条红竖条）	7B
	三级放射性物品	（符号：黑色，底色：上黄下白，附三条红竖条）	7C
8	腐蚀性物质	（符号：上黑下白，底色：上白下黑）	8
9	杂项危险物质和物品	（符号：黑色，底色：白色）	9

7.3 商品销售包装

销售包装是指以一个商品为一个销售单元的包装形式，或若干个单体商品组成一个小的整体的包装，用于直接盛装商品并同商品一起出售给消费者，故又称小包装、个包装或零售包装。

销售包装又可以分为陈列类（堆叠式、吊挂式、展开式）、识别类（透明式、开窗式、封闭式）和使用类（普通式、便携式、礼品装、易开式、喷挤式、复合式）三种。销售包装的特点一般是包装件小，对包装的技术要求美观、安全、卫生、新颖、易于携带，印刷装潢要求较高。其作用与功能是保护商品、宣传、美化、促销、便于陈列、识别、选购、携带和使用，也起着保护优质名牌商品以防假冒的作用。

【案例 8】

蒙牛更新包装形象，只为点滴幸福

纯净的自然凝聚为一滴醇厚的牛奶，象征着蒙牛回归牛奶的本质，从每一滴原奶的品质抓起。同时，整体包装设计以"奶滴"为视觉中心，象征着蒙牛"从点滴做起"的思维转变。关注牛奶的点滴品质，更关注人们的点滴健康、点滴成长、点滴快乐……以及每一个点滴带来的内心幸福感，"只为点滴幸福"——这就是蒙牛对消费者的承诺。

2012 年 9 月 20 日，蒙牛集团品牌新形象发布会在北京时尚地标世贸天阶举行，"只为点滴幸福"的新视觉和新理念为现场嘉宾带来耳目一新的品牌体验。这是蒙牛集团成立 13 年来首次大规模的形象切换，当晚还发布了全新的主视觉、品牌广告及产品包装。首批更换新包装的产品包括纯牛奶与基础功能奶两大品类，它们将在全国市场同步切换。

据悉，自 9 月 21 日起，蒙牛将在全国 100 余万个销售网点逐步上架新包装牛奶（见图 7-5），而"点滴秀幸福"的大型消费者互动活动也同步在全国 300 个城市开展。

图 7-5 蒙牛新包装

销售包装标志是附于商品销售包装容器的一切标签、吊牌、文字、符号、图形及其他说明物。其作用是传达商品信息，表现商品特色，推销商品，指导并帮助消费者选购商品、正确地保养商品和科学消费。

销售包装标志的基本内容包括商品名称、牌号、商标、规格、品质特点、数量、成分、产地、用途、功效、使用方法、保养方法、批号、品级、商品标准代号、商品条码、生产商、包装数量、贮存和使用注意事项、警告标志、其他广告性的图案和文字、商品质量标志等。

1. 销售包装的一般标志

基本内容：一般商品销售包装标志的基本内容包括商品名称、生产厂名和厂址、产地、商标、规格、数量或净含量、商品标准或代号、商品条形码等。对已获质量认证或在质量评比中获奖的商品，应分别标明相应的标志。

根据国家标准规定，食品商品的销售包装标签上必须标注：食品名称、净含量及固形物含量、配料表、制造者的名称和地址、日期标志（生产日期、保质期或保存期）和储藏指南、产品标准代号、质量等级、特殊标注内容等。属保健食品的必须标有保健食品标志。

日用工业品除基本内容外，还须标注主要成分、净含量、性能特点、用途、使用方法、保养方法、生产日期、安全使用期或失效日期、品级、批号等。

对于进口商品，在每个小包装上必须用中文标注：商品名称、产地的国名和地方名、中国代理商或总经销商的名称、详细地址。对关系到人身财产安全的商品，对其标注的内容还有更详细的规定。如家用电器商品必须在每个销售包装上标有中文说明、中国商检局安全检测标志和长城安全认证标志；化妆品包装上必须有检验检疫标志；动植物商品必须在每个小包装上贴有中国动植物检疫局发放的标志；进口预包装食品的每个小包装上必须贴有 CHF 中国卫生检疫标志，等等。

另外，随着对环境保护的重视，各国在商品包装方面，力求对包装物的再生利用，对可回收的包装物，应该在罐盖上或包装上注明识别标记。

2. 商品的质量标志

商品的质量标志就是在商品的销售包装上一些反映商品质量的标记。它说明商品达到的质量水平。主要包括：优质产品标志、产品质量认证标志、商品质量等级标志等。

3. 使用方法及注意事项标志

商品的种类用途不同，反映使用注意事项和使用方法的标志也各有不同。如我国服装已采纳的国际通用的服装洗涤保养标志等。

4. 产品的性能指示标志

用简单的图形、符号表示产品的主要质量性能。如电冰箱用星级符号表示其冷冻室的温度范围。

5. 销售包装的特有标志

名牌商品在其商品体特定部位或包装物内的让消费者更加容易识别本品牌商品的标记。它由厂家自行设计制作，如名牌西服、衬衫、名优酒等都有独特的、精致的特有标识。

6. 产品的原材料和成分标志

产品的原材料和成分标志是指有国家专门机构经检验认定后，颁发的证明产品的原材料或成分的标志。如绿色食品标志、纯新羊毛标志、真皮标志等。

【案例9】

茶饮料中茶多酚含量缺失　包装多数"含糊其词"

有媒体报道称，目前市场上多数茶饮料实际上是由茶粉和各类添加剂勾兑的调味茶饮料，而其中最重要的茶多酚含量多数产品却未明确标出。昨日记者走访发现，目前福州市场上茶饮料种类繁多，但大多数产品的确未标出具体的茶多酚含量。

茶饮料中茶多酚含量缺失

绿茶、乌龙茶、茉莉花茶、红茶、铁观音茶……昨日记者走访福州西洪路一家超市时看到，货架上各类茶饮料品牌五花八门，口味也多达十几种。但这些茶饮料有何成分配料以及如何制成，大多数产品外包装上并未明确说明，相关成分指标标注也是含糊其词。

记者注意到，这些茶饮料配料表上大多写着白砂糖、食用香精与柠檬酸钠、柠檬酸、安赛蜜、食品添加剂等成分。在配料表中与茶叶有关的成分，有的产品标注含有"乌龙茶叶"、"绿茶茶叶"，有的仅标注含有"茶粉"，还有的则标注"茶叶"与"茶粉"均有包含。

记者采访了解到，目前市场茶饮料配料表标注差异主要源于茶饮料两类不同的加工工艺。茶饮料一类是使用茶粉或浓缩液加入香精色素进行简单勾兑，营养价值较低；另一类是使用茶叶自然抽出工艺，通过茶叶浸泡尽可能多地提取出茶叶中的茶多酚、儿茶素、维生素等有益健康的营养素，营养素相对丰富。"蕴含的乌龙茶茶多酚能够有助于解除食物中的油腻"、"采用先进技术保持高浓度茶多酚"……记者看到这些茶饮料上不乏对茶多酚有利健康的描述，但是产品中茶多酚具体含量如何，十几种茶饮料产品仅有一两种给出答案，多数产品并未明确标出。例如，农夫山泉的东方树叶红茶茶多酚含量为 180mg/kg，东方树叶绿茶茶多酚含量为 480mg/kg。按专业的说法，茶多酚是衡量茶饮料质量最重要的指标，但昨日记者现场采访多位购买茶饮料的消费者，他们表示对此并不清楚，购买大多仅凭产品口感而定。

茶多酚含量有国标可依

其实，各类茶饮料中茶多酚含量应为多少，是有相关国标可依的。我国《GB21733-2008 茶饮料》茶饮料国家标准中对茶饮料（茶汤）中茶多酚含量作出明确规定：要求茶饮料（茶汤）中茶多酚含量应 ≥300mg/kg，其中绿茶茶多酚含量应 ≥500mg/kg；乌龙茶的茶多酚含量 ≥400mg/kg；红茶、花茶茶多酚含量应 ≥300mg/kg。记者发现，对比茶饮料国标，有标出茶多酚的茶饮料产品都低于国标，按规定只能归为调味茶饮料。

茶叶专家表示，茶饮料国标虽规定茶多酚含量，但没有强制要求标签上标注茶多酚含量，因此，部分企业在茶多酚含量上打起了"擦边球"，其深层原因在于茶多酚含量太低。

公开资料显示，茶多酚是茶叶中多酚类物质的总称，包括黄烷醇类、花色苷类、黄酮类、黄酮醇类和酚酸类等。其中以黄烷醇类物质（儿茶素）最为重要。茶多酚是形成茶叶色香味的主要成分之一，也是茶叶中有保健功能的主要成分之一。研究表明，茶多酚等活性物质具解毒和抗辐射作用，能有效阻止放射性物质侵入骨髓，被健康及医学界誉为"辐射克星"。

7.4 商 标

1. 概念

【案例 10】

我国累计商标注册申请量突破千万

根据国家工商总局数据统计，截至 2012 年 3 月 29 日，我国累计商标注册申请量一举突破千万大关、达到 10000346 件，累计商标注册量 6892999 件，稳居世界第一。

　　近年来，我国商标注册申请持续保持快速增长的良好态势，商标注册年申请量已连续两年超过百万，2011 年达到 141.68 万件，同比增长 32%，比 2008 年翻一番，再创历史新高，连续10 年位居世界第一。2012 年前 3 个月，商标注册申请量同比增长 7.7%，达 28.89 万件。

　　面对商标申请量快速增长趋势，工商总局立足实际，深挖潜力，多措并举，积极应对。一是在商标注册大厅等窗口岗位深入开展为民服务创先争优，不断强化服务意识，切实提高服务效能，以申请人满意为第一标准，实施了优化工作流程方便办事群众等一系列为民服务举措，将以人为本、执政为民的要求落实到实际行动中。二是延伸拓宽无形服务窗口，不断创新服务手段，进一步完善中国商标网的"网上查询"、"网上公告"和商标代理组织"网上申请"等业务，为国内外申请人咨询和办理业务提供更加便利的网络渠道。三是调整充实商标审查部门，创新商标审查工作机制，提高商标审查质量和工作效率，商标注册审查周期由 2008 年初的 36个月大幅缩短至现在的 10 个月以内，达到国际水平。

　　我国累计商标注册申请量突破千万，是我国商标发展史上的一个重要里程碑，有力地印证了党中央、国务院巩固和扩大应对国际金融危机冲击成果、促进经济平稳较快发展取得了显著成效；充分反映出工商系统牢牢把握科学发展这个主题和加快转变经济发展方式这条主线，全面深入推进商标战略实施、切实加强商标专用权保护取得了显著成绩；充分显示出实施商标战略、培育自主品牌、促进经济创新发展已经越来越成为地方各级党委政府和企业的共识，卓有成效的商标注册和保护体系进一步提振了商标注册申请人的信心，商标注册积极性持续高涨。

　　（1）相关概念。商标是用来区别一个经营者的品牌或服务和其他经营者的商品或服务的标记。我国商标法规定，经商标局核准注册的商标，包括商品商标、服务商标和集体商标、证明商标，商标注册人享有商标专用权，受法律保护，如果是驰名商标，将会获得跨类别的商标专用权法律保护。

　　世界知识产权组织（World Intellectual Property Organization，WIPO）认为：商标是将某商品或服务标明是某具体个人或企业所生产或提供的商品或服务的显著标志。

　　注册商标是指经商标局核准注册的商标为注册商标，包括商品商标、服务商标和集体商标、证明商标；商标注册人享有商标专用权，受法律保护。

　　集体商标，是指以团体、协会或者其他组织名义注册，供该组织成员在商事活动中使用，以表明使用者在该组织中的成员资格的标志。

　　证明商标，是指由对某种商品或者服务具有监督能力的组织所控制，而由该组织以外的单位或者个人使用于其商品或者服务，用以证明该商品或者服务的原产地、原料、制造方法、质量或者其他特定品质的标志。

　　驰名商标是指经过有权机关（国家工商总局商标局、商标评审委员会或人民法院）依照法律程序认定为"驰名商标"的商标。其内涵可以概括为：驰名商标是指在中国相关公众广为知晓并享有较高声誉的商标。

　　地理标志，是指标示某商品来源于某地区，该商品的特定质量、信誉或者其他特征，主要由该地区的自然因素或者人文因素所决定的标志。

　　特殊标志，是指经国务院批准举办的全国性和国际性的文化、体育、科学研究及其他社会公益活动所使用的，由文字、图形组成的名称及缩写、会徽、吉祥物等标志。

　　知识产权海关保护，是指海关对与进出口货物有关并受中华人民共和国法律、行政法规保护的商标专用权、著作权和与著作权有关的权利、专利权（以下统称知识产权）实施的保护。

【案例 11】

宁夏回族自治区已有 13 种类特产获地理标志证明商标

随着"贺兰砚 helanyan"成功获得国家地理标志证明商标，宁夏回族自治区已有 13 个种类的特产获得了国家地理标志证明商标如图 7-6 所示。这对进一步推广宁夏民族精品、增强产品国际竞争力起到重要推动作用。

图 7-6　中国地理标志

申请地理标志证明商标是目前国际上保护特色产品的一种通行做法，对特产面向全国、走向世界意义重大。此前，宁夏的地理标志商标分别是"中宁枸杞"、"盐池滩羊"、"同心圆枣"、"灵武长枣"、"西吉马铃薯"、"固原红鸡"、"灵武山草羊"等。"贺兰砚 helanyan"是 2009 年以来获得的又一国家地理标志证明商标。据悉，宁夏回族自治区又有"贺兰山东麓葡萄酒"、"贺兰山东麓葡萄酿酒"正在积极申请国家地理标志证明商标。

（2）商标构成要素。

根据中华人民共和国商标法（2001 修正），任何能够将自然人、法人或者其他组织的商品与他人的商品区别开的可视性标志，包括文字、图形、字母、数字、三维标志和颜色组合，以及上述要素的组合，均可以作为商标申请注册。如图 7-7 所示。

图 7-7　部分商品或服务标志构成

（3）特性。

显著性。申请注册的商标，应当有显著特征，便于识别，并不得与他人在先取得的合法权利相冲突。

独占性。使用商标的目的就是为了区别与他人的商品或服务，便于消费者识别。注册商标所有人对其商标具有专用权、受到法律的保护，未经商标权所有人的许可，任何人不得擅自使用与该注册商标相同或相类似的商标，否则，即构成侵犯注册商标权所有人的商标专用权，将承担相应的法律责任。

无形资产，具有价值。商标代表着商标所有人生产或经营的质量信誉和企业信誉、形象，商标所有人通过商标的创意、设计、申请注册、广告宣传及使用，使商标具有了价值，也增加了商品的附加值。商标的价值可以通过评估确定。商标可以有偿转让，经商标所有权人同意，许可他人使用。

商品信息的载体，是参与市场竞争的工具。生产经营者的竞争就是商品或服务质量与信誉的竞争，其表现形式就是商标知名度的竞争，商标的知名度越高，其商品或服务的竞争力就越强。

2. 类型

（1）按商标结构分类。

① 文字商标。是指仅用文字构成的商标，包括中国汉字和少数民族字、外国文字和阿拉伯数字或以各种不同字组合的商标。

图形商标。是指仅用图形构成的商标。其中又能分为：记号商标、几何图形商标、自然图形商标。

- 记号商标：是指用某种简单符号构成图案的商标；
- 几何图形商标：是以较抽象的图形构成的商标；
- 自然图形商标：是以人物、动植物、自然风景等自然的物象为对象所构成的图形商标。有的以实物照片，有的则经过加工提炼、概括与夸张等手法进行处理的自然图形所构成的商标）。

② 字母商标。是指用拼音文字或注音符号的最小书写单位，包括拼音文字、外文字母如英文字母、拉丁字母等所构成的商标。

③ 数字商标。用阿拉伯数字、罗马数字或者是中文大写数字所构成的商标。

④ 三维标志商标。又称为立体商标，用具有长、宽、高三种度量的三维立体物标志构成的商标标志，它与我们通常所见的表现在一个平面上的商标图案不同，而是以一个立体物质形态出现，这种形态可能出现在商品的外形上，也可以表现在商品的容器或其他地方。这是 2001 年新修订的《商标法》所增添的新内容，这将使得中国的商标保护制度更加完善。

⑤ 颜色组合商标。颜色组合商标是指由两种或两种以上的彩色排列、组合而成的商标。文字、图案加彩色所构成的商标，不属颜色组合商标，只是一般的组合商标。

⑥ 组合商标。指由两种或两种以上成分相结合构成的商标，也称复合商标。

⑦ 音响商标。以音符编成的一组音乐或以某种特殊声音作为商品或服务的商标即是音响商标。如美国一家唱片公司使用 11 个音符编成一组乐曲，把它灌制在他们所出售的录音带的开头，作为识别其商品的标志。这个公司为了保护其音响的专用权，防止他人使用、仿制而申请了注册。音响商标目前只在美国等少数国家得到承认。在中国尚不能注册为商标。

⑧ 气味商标。气味商标就是以某种特殊气味作为区别不同商品和不同服务项目的商标。目

前，这种商标只在个别国家被承认它是商标。在中国尚不能注册为商标。

（2）按商标使用者分类。

① 商品商标。商品商标就是商品的标记，它是商标的最基本表现形式，通常所称的商标主要使指商品商标；其中商品商标又可分为商品生产者的产业商标和商品销售者的商业商标。

② 服务商标。服务商标是指用来区别与其他同类服务项目的标志，如航空、导游、保险和金融、邮电、饭店、电视台等单位使用的标志，就是服务商标。

③ 集体商标。是指以团体、协会或者其他组织名义注册，供该组织成员在商事活动中使用，以表明使用者在该组织中的成员资格的标志。

（3）按商标用途分类。

① 营业商标。是指生产或经营者把特定的标志或企业名称用在自己制造或经营的商品上的商标，这种标志也有人叫它是"厂标"、"店标"或"司标"。

② 证明商标。是指由对某种商品或者服务具有监督能力的组织所控制，而由该组织以外的单位或者个人使用于其商品或者服务，用以证明该商品或者服务的原产地、原料、制造方法、质量或者其他特定品质的标志；如：绿色食品标志，真皮标志，纯羊毛标志，电工标志等。

③ 等级商标。等级是指在商品质量、规格、等级不同的一种商品上使用的同一商标或者不同的商标。这种商标有的虽然名称相同，但图形或文字字体不同，有的虽然图形相同，但为了便于区别不同商品质量，而是以不同颜色、不同纸张、不同印刷技术或者其他标志作区别，也有的是用不同商标名称或者图形作区别。

④ 组集商标。组集商标是指在同类商品上，由于品种、规格、等级、价格的不同，为了加以区别而使用的几个商标，并把这个几个商标作为一个组集一次提出注册申请的商标。组集商标与等级商标有相似之处。

⑤ 亲族商标。亲族商标是以一定的商标为基础，再把它与各种文字或图形结合起来，使用于同一企业的各类商品上的商标，也称"派生商标"。

⑥ 备用商标。备用商标也称贮藏商标，是指同时或分别在相同商品或类似商品上注册几个商标，注册后不一定马上使用，而是先贮存起来，一旦需要时再使用。

⑦ 防御商标。防御商标是指驰名商标所有者，为了防止他人在不同类别的商品上使用其商标，而在非类似商品上将其商标分别注册，该种商标称为防御商标。

⑧ 联合商标。联合商标是指同一商标所有人在相同或类似商品上注册的几个相同或者近似的商标，有的是文字近似，有的是图形近似，这些的商标称为联合商标。这种相互近似商标注册后，不一定都使用，其目的是为了防止他人仿冒或注册，从而更有效地保护自已的商标。

（4）按商标享誉程度分类。

① 普通商标。在正常情况下使用未受到特别法律保护的绝大多数商标。

② 驰名商标。是指在较大地域范围（如全国、国际）的市场上享有较高声誉，为相关公众所普遍熟知，有良好质量信誉，并享有特别法律保护的商标。

3. 作用

【案例 12】

"猛牛"商标被商评委核准注册 蒙牛起诉被驳回

"猛牛"商标被商评委核准注册。蒙牛公司表示有模仿之嫌，起诉要求商评委撤销"猛牛"商标的注册。法院一审驳回了蒙牛公司的起诉。

2004 年 3 月 2 日，张某申请注册"猛牛"商标，指定使用在润滑油等商品上。该商标经商标局初步审定并公告。

公告期间，蒙牛公司向商标局提出异议。原来早在 2000 年，蒙牛公司向商标局申请"蒙牛"商标并核准注册，商标专用期至 2012 年 1 月 13 日止。

商标局受理蒙牛公司的异议后，于 2009 年 12 月作出裁定，认为两个商标指定使用的商品不类似，也未构成近似，裁定"猛牛"商标予以核准注册。

蒙牛公司不服该裁定，提出异议申请。商评委作出裁定，仍旧核准"猛牛"商标的注册。

蒙牛公司将商评委起诉至法院。该公司诉称，蒙牛公司是国内知名的乳制品生产和加工企业，"猛牛"与该公司驰名商标"蒙牛"构成了使用在相同或类似商品上的高度近似商标，两个商标在市场上共存，势必会导致公众的混淆。

商评委辩称，其所作出的裁定认定事实清楚，适用法律正确，程序合法，请求法院予以维持。

法院审理后认为，两个商标虽然读音相同，但相关公众一般注意力仍可以将二者相区分，而不致对商品来源产生误认，两个商标未构成近似商标。

此外，蒙牛公司主张构成驰名商标的是注册并使用在乳制品商品上的"蒙牛"商标，但并未明确商标注册号，也没有提交证据以证明"蒙牛"商标在"猛牛"商标申请注册之前已经构成驰名商标。

目前，"猛牛"商标指定使用的润滑油、润滑剂等商品与"蒙牛"商标所使用的乳制品商品关联性较弱，在功能用途、生产销售渠道、消费对象等方面均存在较大差异。"猛牛"商标的注册并没有违反商标法的规定。

法院因此判决维持商评委的裁定。

4. 商标注册管理

【案例 13】

商标法（节选）

国务院工商行政管理部门商标局主管全国商标注册和管理的工作。

国务院工商行政管理部门设立商标评审委员会，负责处理商标争议事宜。

第十条 下列标志不得作为商标使用：

（一）同中华人民共和国的国家名称、国旗、国徽、军旗、勋章相同或者近似的，以及同中央国家机关所在地特定地点的名称或者标志性建筑物的名称、图形相同的；

（二）同外国的国家名称、国旗、国徽、军旗相同或者近似的，但该国政府同意的除外；

（三）同政府间国际组织的名称、旗帜、徽记相同或者近似的，但经该组织同意或者不易误导公众的除外；

（四）与表明实施控制、予以保证的官方标志、检验印记相同或者近似的，但经授权的除外；

（五）同"红十字"、"红新月"的名称、标志相同或者近似的；

（六）带有民族歧视性的；

（七）夸大宣传并带有欺骗性的；

（八）有害于社会主义道德风尚或者有其他不良影响的。

县级以上行政区划的地名或者公众知晓的外国地名，不得作为商标。但是，地名具有其他含义或者作为集体商标、证明商标组成部分的除外；已经注册的使用地名的商标继续有效。

第十一条 下列标志不得作为商标注册：

（一）仅有本商品的通用名称、图形、型号的；

（二）仅仅直接表示商品的质量、主要原料、功能、用途、重量、数量及其他特点的；

（三）缺乏显著特征的。

前款所列标志经过使用取得显著特征，并便于识别的，可以作为商标注册。

第十四条 认定驰名商标应当考虑下列因素：

（一）相关公众对该商标的知晓程度；

（二）该商标使用的持续时间；

（三）该商标的任何宣传工作的持续时间、程度和地理范围；

（四）该商标作为驰名商标受保护的记录；

（五）该商标驰名的其他因素。

地理标志，是指标示某商品来源于某地区，该商品的特定质量、信誉或者其他特征，主要由该地区的自然因素或者人文因素所决定的标志。

新中国成立后，我国的商标注册工作先后由中央私营企业局和中央工商行政管理局主管。1978 年国家恢复工商行政管理机关后，内设商标局。根据 1982 年颁布并于 1993 年、2001 年两次修正实施的《中华人民共和国商标法》，国务院工商行政管理部门商标局主管全国商标注册和管理工作，各地工商行政管理部门对商标使用行为进行监督管理，依职权或应权利人请求查处侵犯注册商标专用权行为，保护商标权人和消费者的合法权益。

2008 年 7 月 11 日《国务院办公厅关于印发国家工商行政管理总局主要职责内设机构和人员编制规定的通知》（国办发〔2008〕88 号）以及 2008 年 9 月 8 日国家工商行政管理总局《关于印发各司（厅、局、室）主要职责内设机构和人员编制规定的通知》（工商人字〔2008〕195 号）规定，商标局隶属于国家工商行政管理总局，承担商标注册与管理等行政职能，具体负责全国商标注册和管理工作，依法保护商标专用权和查处商标侵权行为，处理商标争议事宜，加强驰名商标的认定和保护工作，负责特殊标志、官方标志的登记、备案和保护，研究分析并依法发布商标注册信息，为政府决策和社会公众提供信息服务，实施商标战略等工作。

【资料 14】

尼 斯 协 定

尼斯协定是一个有多国参加的国际公约，其全称是《商标注册用商品和服务国际分类尼斯协定》。该协定于 1957 年 6 月 15 日在法国南部城市尼斯签订，1961 年 4 月 8 日生效。尼斯协定的成员国目前已发展到 65 个。我国于 1994 年 8 月 9 日加入了尼斯联盟。尼斯协定的宗旨是建立一个共同的商标注册用商品和服务国际分类体系，并保证其实施。目前，国际分类共包括 45 类，其中商品 34 类，服务项目 11 类，共包含一万多个商品和服务项目。

目前世界上已有一百三十多个国家和地区采用此分类表。我国自 1988 年 11 月 1 日起采用国际分类，大大方便了商标申请人，更加规范了商标主管机关的管理，密切了国际间商标事务的联系。尤其是 1994 年我国加入尼斯协定以来，我们积极参与了对尼斯分类的修改与完善，已将多项有中国特色的商品加入尼斯分类中。尼斯分类表定期修订，一是增加新的商品，二是将已列入分类表的商品按照新的观点进行调整，以求商品更具有内在的统一性。尼斯分类第十版自 2012 年 1 月 1 日起实行。

尼斯分类表包括两部分，一部分是按照类别排列的商品和服务分类表，另一部分是按照字母顺序排列的商品和服务分类表。

商品及服务分类遵循的原则：

世界知识产权组织对商品及服务进行分类时，一般遵照下列原则，各国管理机关及申请人在遇到分类表上没有的商品及服务项目，需要进行分类时，也可按照以下标准划分。

1. 商品

（1）制成品原则上按其功能或用途进行分类。如果各类类别标题均未涉及某一制成品的功能或用途，该制成品就比照字母顺序分类表中其他的类似制成品分类。如果没有类似的，可以根据辅助标准进行分类，如按制成品的原材料或其操作方式进行分类。

（2）多功能的组合制成品（如钟和收音机的组合产品）可以分在与其各组成部分的功能或用途相应的所有类别里。如果各类类别标题均未涉及这些功能或用途，则可以采用第（1）条中所示的标准。

（3）原料、未加工品或半成品原则上按其组成的原材料进行分类。

（4）商品是构成其他产品的一部分，且该商品在正常情况下不能用于其他用途，则该商品原则上与其所构成的产品分在同一类。其他所有情况均按第（1）条中所示的标准进行分类。

（5）成品或非成品按其组成的原材料分类时，如果是由几种不同原材料制成，原则上按其主要原材料进行分类。

（6）用于盛放商品的专用容器，原则上与该商品分在同一类。

2. 服务

（1）服务原则上按照服务类类别标题及其注释所列出的行业进行分类，若未列出，则可以比照字母顺序分类表中其他的类似服务分类。

（2）出租服务，原则上与通过出租物所实现的服务分在同一类别（如出租电话机，分在第三十八类）。租赁服务与出租服务相似，应采用相同的分类原则。但融资租赁是金融服务，分在第三十六类。

（3）提供建议、信息或咨询的服务原则上与提供服务所涉及的事物归于同一类别，例如运输咨询（第三十九类），商业管理咨询（第三十五类），金融咨询（第三十六类），美容咨询（第四十四类）。以电子方式（例如电话、计算机）提供建议、信息或咨询不影响这种服务的分类。

（4）特许经营的服务原则上与特许人所提供的服务分在同一类别（例如，特许经营的商业建议（第三十五类），特许经营的金融服务（第三十六类），特许经营的法律服务（第四十五类）。

📚 **本章小结**

包装是指为在流通中保护商品，方便储运，促进销售，按一定技术方法而采用的容器、材料及辅助物等的总体名称。也指为了达到上述目的而采用容器、材料和辅助物的过程中施加一定技术方法等的操作活动。

包装材料、包装结构造型、包装技法和装潢是构成包装的四大要素。

运输包装是用于盛装一定数量的销售包装商品或散装商品的大型包装。运输包装标志是为了便于识别货物，防止错发错运，便于收货人收货，以及使货物能安全运抵指定的地点或收货单位而在运输包装上制作的图形、文字和数字。运输包装标志分为运输包装收发货标志、包装储运图示标志、危险货物包装标志、国际海运标志四大类。

销售包装是指以一个商品为一个销售单元的包装形式，或若干个单体商品组成一个小的整体的包装，用于直接盛装商品并同商品一起出售给消费者，故又称小包装、个包装或零售包装。

销售包装标志的基本内容包括商品名称、牌号、商标、规格、品质特点、数量、成分、产地、用途、功效、使用方法、保养方法、批号、品级、商品标准代号、商品条码、生产商、包装数量、贮存和使用注意事项、警告标志、其他广告性的图案和文字、商品质量标志等。

商标是用来区别一个经营者的品牌或服务和其他经营者的商品或服务的标记。我国商标法规定，经商标局核准注册的商标，包括商品商标、服务商标和集体商标、证明商标，商标注册人享有商标专用权，受法律保护。

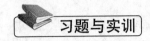 习题与实训

1. 判断题

（1）商品包装最基本的作用是美化、宣传和介绍商品。　　　　　　　　　　（　　）
（2）按商品包装所处领域、所起作用的不同分为运输包装和销售包装。　　　（　　）
（3）运输包装上的"禁止用手钩"图案属于运输收发货标志。　　　　　　　（　　）

2. 名词解释

（1）商品包装；（2）商品包装标志；（3）商标

3. 简答

（1）联系实际说明商品包装的基本作用。
（2）简述商品包装标志的类型及主要内容
（3）简述商标的作用

4. 案例分析

"预包装食品营养标签通则"实施

从 2013 年 1 月 1 日起，《预包装食品营养标签通则》在我国正式实施。省卫生厅联合省疾病预防控制中心等单位，启动了浙江省食品营养标签健康教育行动。

预包装食品，是指预先定量包装或者制作在包装材料和容器中的食品。

什么是营养标签？预包装食品标签上向消费者提供食品营养信息和特性的说明，包括营养成分表、营养声称和营养成分功能声称。营养标签是预包装食品标签的一部分。

《通则》规定，预包装食品应当在标签上强制标示四种营养成分和能量（"4+1"）含量值及其占营养素参考值百分比，"4"是指核心营养素，即蛋白质、脂肪、碳水化合物、钠，"1"是指能量。标准还对其他营养成分标示、营养声称和营养成分功能声称等作出了具体规定。

中国疾病预防中心营养与食品安全所马冠生所长介绍，目前我国居民营养状况有两个特点：一是膳食中盐、脂肪、能量摄入偏高，高血压、糖尿病等慢性病人群不断增加；二是钙、维生素等微量营养素不足。每种食物的营养成分不同，居民选择食物时应注重多样化，做到适度和均衡。

针对上述情况，强制要求预包装食品应该标上能量、蛋白质、脂肪、碳水化合物和钠的含量信息，并以营养素参考值为尺度衡量单位重量食品，有助于公众做出合理的膳食选择。"比如给小孩子选择奶制品，有了营养标签之后，只要对照看一下蛋白质、脂肪等的含量，就可以在

不同产品之间做出选择了。"中国疾病预防中心营养与食品安全所王竹博士说，目前世界上74.3%的国家都有与食品营养标签相关的管理法规，国家制定营养标签通则将有益于国民形成正确的食品消费观念。

不过也有一些食品可以"豁免"标示营养标签：食品的营养成分波动大的，如生鲜食品、现制现售食品；包装小、不能满足食品标签内容的；食用量小，对机体营养素摄入贡献量较小的，如饮料酒类、包装饮用水。

《通则》是我国关于食品营养标识的第一个强制性国家标准，实施后所有预包装食品都必须在食品的最小包装上标识营养标签，营养标签不规范的食品将不得销售。

本案例说明了什么？试分析预包装食品营养标签通则对市场管理产生的影响。

5. 实训任务

试选择3-5类商品，分别了解其的运输包装和销售包装的内容，说明在该商品的储存、运输、装卸、搬运和销售过程中，应注意哪些事项，如何保证商品质量、提高工作效率？

（1）小组成员分工列表和预期工作时间计划表

任 务 名 称	承 担 成 员	完成工作时间	老师建议工作时间
选择一类商品，了解其运输包装或销售包装的内容并说明其作用			

（2）任务工作记录和任务评价

项　　目	记　　录
工作过程	签名：
个人收获	签名：
存在的问题	签名：
任务评价	（教师）签名：

6. 自学与拓展

图 7-8　中国环境科学学会绿色包装标志

绿色包装（Green Package）又可以称为无公害包装和环境之友包装（Environmental Friendly

Package），指对生态环境和人类健康无害，能重复使用和再生，符合可持续发展的包装。它的理念有两个方面的含义：一个是保护环境，另一个就是节约资源。

从技术角度讲，绿色包装是指以天然植物和有关矿物质为原料研制成对生态环境和人类健康无害，有利于回收利用，易于降解、可持续发展的一种环保型包装，也就是说，其包装产品从原料选择、产品的制造到使用和废弃的整个生命周期，均应符合生态环境保护的要求，试分析如何从绿色包装材料、包装设计和大力发展绿色包装产业三方面入手实现绿色包装。

第八章

商品储存、运输与养护

 **学习目标**

了解储运与养护过程中的商品质量变化形式。

熟悉食品和工业品商品的养护技术。

重点掌握商品的储运管理。

 **案例导入**

武汉 1239 亿推进国家商贸物流中心建设

2012 年 11 月 19 日，武汉市政府常务会原则通过武汉市物流业空间发展规划（2012—2020 年）（以下简称《规划》），对全市物流园区发展进行空间上布局，近期到 2015 年将投入 1 239 亿元，加快形成国家商贸物流中心。2015 年基本建成全国性的综合物流枢纽，2020 年成为内陆第一大物流枢纽城市。

《规划》确定武汉物流业发展战略定位为国际供应链体系的重要节点、全国物流枢纽和物流信息中心。规划到 2015 年年末，物流业增加值达 1 200 亿元，占 GDP 的比重达 12%；到 2020 年末，物流业增加值达 2 300 亿元，占 GDP 的比重达到 14%，实现内陆第一大物流枢纽城市的目标。

武汉市近期到 2015 年，将全力推进杨泗港物流总部区、江南机场国际物流港、天河空港综合物流园、阳逻港综合物流园、东西湖综合物流园、东湖保税物流中心建设，加快推进武汉航运中心大厦、天河航空货运转运中心、江南机场国际物流港、阳逻集装箱联运中心等一批重大物流项目建设，在全国抢先建设物流交易所。并新建硚口蓝焰、江夏、青山等城市配送中心，提升舵落口配送中心，打通城市配送"最后一公里"。

按照规划，武汉市到 2015 年物流业增加值领先副省级城市，超过 2015 年的北京、重庆，加快形成国家商贸物流中心格局，基本建成全国性的综合物流枢纽，物流建设项目库共 82 个项目，总投资 1239 亿元。

8.1　商品储存管理

1. 商品储存的基本概念及作用

【案例1】

"通用仓库等级评定"简介

由中国仓储协会组织起草的《通用仓库等级》国家标准，已由国家标准委批准公布（标准编号 GB/T21072-2007），并于 2008 年 3 月 1 日起实施。

《通用仓库等级》国家标准从仓库设施条件、从业人员素质、服务功能、管理水平等四个方面对不同等级的仓库提出划分条件，将通用仓库划分为一星至五星 5 个等级。

《通用仓库等级》国家标准的实施，一方面，为货主企业选择不同等级的仓库提供依据，节省考察与交易成本；另一方面，为仓储（物流）企业提高仓库的技术条件与管理水平提供了目标，有利于仓储服务的优质优价，对于提高我国仓储业发展的整体水平具有重大意义。

为贯彻实施《通用仓库等级》国家标准，中国仓储协会根据《通用仓库等级》国家标准的规定和要求，联合业内相关组织和专家，依托地方行业协会共同开展 "通用仓库等级评定"，成立了由相关组织负责人与专家组成的"中国通用仓库等级评定委员会"，统一负责"通用仓库等级评定"的组织领导工作；制定了《中国通用仓库等级评定办法》等相关办法，提出了"通用仓库等级评定"的范围、对象、程序和具体内容（详情请查看本网站相关页面）。

根据《通用仓库等级》国家标准，"通用仓库等级评定"的范围与对象是相对独立运营的库区为单位进行评定，同一企业的不同库区分别评定等级；凡在中华人民共和国境内注册、连续运营 2 年以上且正在运营的仓储、物流企业（单位）及其库区（含具有营业资质的生产、流通企业库区），均可自愿申请通用仓库等级的评定。

（1）概念：储存是指保护、管理、贮藏物品。保管是对物品进行保存及对其数量、质量进行管理的活动。物品储备是储存起来以备急需的物品。有当年储备、长期储备、战略储备之分。

（2）作用：商品储存是商品在生产、流通领域中的暂时停泊和存放过程。它是以保证商品流通和再生产过程的需要为限度。

- 商品储存的作用能协调产销时间矛盾，并有利于消除商品的价格波动，如有的商品是常年生产、季节性消费的商品；有的是季节性生产、常年消费的商品；有的是季节性生产、季节性消费的商品，这些都存在着一个产销之间的时间差，并且可能产生由于商品的供销脱节而引起商品价格的波动；

- 能协调产销地域的矛盾，如本地生产异地消费，这些异地产销的商品，需经过相应的运输、贮存环节，才能实现商品体的位置转移，从而有效地满足市场需要；

- 协调市场供求矛盾，在商品流通过程中，通过贮存收购，不仅可以调节商品的时间需求，降低运输成本，提高运输效率，支持生产，也保证商品货源充足，保持必要的商品数量和花色品种，可以更好地满足消费者个性化消费的需求，提高客户满意度，充分保证市场供应，满足消费需求。

2. 商品储存的基本业务内容

【案例2】

表 8-1　通用仓库等级条件表（《通用仓库等级 GB/T 21072-2007》）

划分指标		仓库等级				
项目	类别	一星	二星	三星	四星	五星
设施条件	仓库	建筑总面积在 5 000m² 以上的普通平房或楼房仓库		建筑总面积在 10 000m² 以上的普通平房或楼房仓库	建筑总面积在 10 000m² 以上	
					立体库所占比例达 30%	立体库所占比例达 50%
					有一定数量的站台登车桥	
	装卸机具	有必要的装卸机具	机械装卸作业量超过 30%	机械装卸作业量超过 50%	机械装卸作业量超过 70%	机械装卸作业量超过 90%

续表

划分指标		仓库等级				
项目	类别	一星	二星	三星	四星	五星
设施条件	库内通道	—	库区通道、作业满足一般货运车辆通行及作业要求	库区通道、作业满足一般货运车辆通行及作业要求	库区通道及作业区能满足 12.192m（40英尺）集装箱卡车作业要求，拥有与业务规模相适应的停车场	
	信息系统	—	具有单机版仓储管理信息系统或用客户系统进行管理	具有单机版仓储管理信息系统，库区仓储业务实现信息化管理	企业全部仓储业务实现信息化管理	
					与重点客户能够实现网络对接，客户能够及时获得数据查询结果	具有数据交换平台、实时可视监控体系
			进行相关数据查询和传递	提供电子数据交换服务	具有条码数据扫描与处理能力	具有数据自动采集、处理能力或一定自动分拣能力
					满足客户电子单证管理需求	
员工素质	管理层	经过必要的专业培训		大专以上文化程度达 50%或中级职称、行业认可的职业资质达 60%以上	大专以上文化程度达 60%或中级职称、行业认可的职业资质达 70%以上	大专以上文化程度达 70%或中级职称、行业认可的职业资质达 80%以上
	操作人员	仓储一线操作人员执证上岗率在 50%以上		仓储一线操作人员执证上岗率在 60%以上	仓储一线操作人员执证上岗率在 70%以上	仓储一线操作人员执证上岗率在 80%以上
		需执证操作的设备，执证上岗率达 100%				
服务功能		仓储基本作业		仓储基本作业及简单加工、包装服务	仓储基本作业与流通加工、包装、配送及信息服务等增值服务	
				提供全天 24h 服务	不受一般气候影响，提供全天 24h 服务	
					满足客户差异化服务需求	
管理水平	安全管理	有健全的安全管理制度				
		仓库建筑、相关器材经过病虫害防治处理，如：白蚁的防治				
		—	有自动报警系统，立体库有喷淋灭火系统			
	管理制度	有健全的运作、考核、客户服务、持续改进和培训制度				
	制度落实	各项制度得到贯彻落实，运作、质量、客户投诉管理及培训记录、档案完整				
		—	通过 ISO9 000 质量管理体系认证			
	作业现场	库容库貌整洁；各种标志规范、清晰、易辨，符合 GB2894、GB16179、GB13495 的规定；作业规范；物品堆码整齐				

仓储的基本任务是存储保管、存期控制、数量管理、质量维护；同时，利用物资在仓储的存放，开发和开展多种服务是提高仓储附加值、促进物资流通、提高社会资源效益的有效手段，也是仓储的重要任务。

仓库储存保管的基本业务有以下几个方面。

① 物资存储，物资的存储有可能是长期的存储，也可能只是短时间的周转存储。进行物资存储既是仓储活动的表征，也是仓储的最基本的任务。

② 流通调控，流通控制的任务就是对物资是仓储还是流通做出安排，确定储存时机、计划存放时间，当然还包括储存地点的选择。

③ 数量管理，仓储的数量管理包括两个方面：一方面为存货人交付保管的仓储物的数量和提取仓储物的数量必须一致；另一方面为保管人可以按照存货人的要求分批收货和分批出货，对储存的货物进行数量控制，配合物流管理的有效实施，同时向存货人提供存货数量的信息服务，以便客户控制存货。

④ 质量管理，为了保证仓储物的质量不发生变化，需要采取先进的技术、合理的保管措施，妥善地保管仓储物。

另外，随着社会发展，储存保管产生了一些新的业务，如交易中介、流通加工、配送、配载等。

交易中介仓储经营人利用大量存放在仓库的有形资产，利用与物资使用部门广泛的业务联系，开展现货交易中介具有较为便利的条件，同时也有利于加速仓储物的周转和吸引仓储。

流通加工是生产企业将产品的定型、分装、组装、装潢等工序留到最接近销售的仓储环节进行，使得仓储成为流通加工的重要环节。配送有利于生产企业降低存货，减少固定资金投入，实现准时制生产。商店减少存货，降低流动资金使用量，且能保证销售。

配载是货物在仓库集中集货，按照运输的方向进行分类仓储，当运输工具到达时出库装运。而在配送中心就是在不断地对运输车辆进行配载，确保配送的及时进行和运输工具的充分利用。

3. 仓储业务的基本流程

仓储业务作业是指从商品入库到商品发送的整个仓储作业全过程。主要包括入库流程、出库流程和库房管理等内容。仓储业务作业全过程所包含的内容：商品验收入库作业、商品保管作业、商品盘点作业、呆废商品处理、退货处理、账务处理、安全维护、商品出库作业、资料保管等。其作业流程大体上如图 8-1 所示。

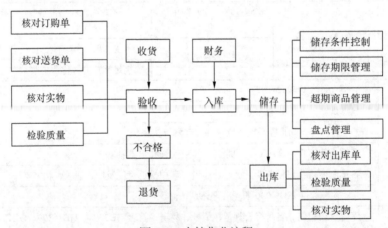

图 8-1　仓储作业流程

【案例 3】

仓储服务的评价指标

（1）用途。衡量和考核仓储运作的工作质量。

（2）评价指标。

① 出库差错率。

出库差错率应 ≤ 0.1%。

出库差错率是指考核期内发货累计差错件数占发货总件数的比率

$$出库差错率 = \frac{累计差错件数}{发货总件数} \times 100\%$$

② 责任货损率。

责任货损率应 ≤0.05%。

责任货损率是指在考核期内，由于作业不善造成的物品霉变、残损、丢失、短少等损失的件数占期内库存总件数的比率

$$责任货损率 = \frac{期内残存件数}{期内库存总件数} \times 100\%$$

③ 账货相符率。

账货相符率应 ≥99.5%。

账货相符率是指经盘点，库存物品帐货相符的笔数与储存物品总笔数的比率

$$财货相符率 = \frac{财货相符的笔数}{储存物品总笔数} \times 100\%$$

注：同一品种、规格（批次）为一笔

④订单按时完成率。

订单按时完成率应 ≥95%。

订单按时完成率是指考核期内按时完成客户订单数占订单总数的比率。

$$订单按时完成率 = \frac{按时完成订单数}{订单总数} \times 100\%$$

⑤ 单据与信息传递准确率。

单据与信息传递准确率应 ≥99.5%。

单据与信息传递准确率是指在考核期内向客户传递的单据、信息的准确次数占单据、数据传递总次数的比率。

$$单据与信息传递准确率 = \frac{发递准确次数}{传递总次数} \times 100\%$$

⑥ 数据与信息传输准时率。

数据与信息传输准时率应 ≥99%。

数据与信息传输准时率是指考核期内按时向客户传输数据、信息的次数占传输总次数的比率。

$$数据与信息传输准时率 = \frac{传递准时次数}{传递总次数} \times 100\%$$

⑦ 有效投诉率。

有效投诉率应 ≤0.1%。

有效投诉率是指考核期内客户有效投诉涉及订单数占订单总数的比率。

$$有效投诉率 = \frac{有效投诉涉及订单数}{订单总数} \times 100\%$$

注：有效投诉指因仓储服务商引起，经查证确属仓储服务商过失的客户投诉。

4. 商品储存中的质量变化形式及影响因素

储存过程中商品的质量变化归纳起来有物理机械变化、化学变化、生理生化变化及某些生

物活动引起的变化等。

（1）物理机械变化。物理变化是只改变物质本身的外表形态，不改变其本质，没有新物质的生成质量变化现象。

商品的机械变化是指商品在外力的作用下发生的形态变化。

物理机械变化是由于自然环境因素与商品本身特性的正常作用和非正常的人为原因而造成，结果是数量损失，或质量降低，甚至使商品失去使用价值。

商品常发生的物理机械变化有商品的挥发、溶化、熔化、渗漏、串味、脆裂、干缩、冻结、沉淀、破碎等。

（2）化学变化。商品的化学变化是构成商品的物质发生变化后，不仅改变了商品的外表形态和商品的本质，并且有新物质生成，且不能恢复原状的变化现象。

商品化学变化过程即商品劣变过程，严重时会使商品失去使用价值。

商品的化学变化形式主要有氧化、分解、水解、聚合、裂解、老化、曝光、锈蚀等形式。

（3）生化变化。生化变化是指有生命活动的有机体商品，在生长发育过程中，为了维持它的生命，本身所进行的一系列生理变化。

主要有呼吸、发芽、胚胎发育、后熟、霉腐、虫蛀等。

影响商品质量变化的因素包括内在因素和外在因素。内在因素有商品的物理性质、商品的机械性质、商品的化学性质。影响商品质量变化的外界因素主要包括空气的温度、湿度、环境的气体组成、日光、微生物和昆虫等。

5. 商品储存管理的基本要求

商品储存包括接收商品、存放商品、拣取商品、配送商品等环节见图 8-2，为了保证商品的质量，防止商品质量劣变和损耗，在储存管理中应做好以下工作。

图 8-2　忙碌中的仓库

（1）商品入库验收。商品入库验收是指物品进入仓库储存时所进行的检验及接受等一系列技术作业（包括物品的接运、装卸、验收、搬运、堆码和办理入库手续等）过程。主要包括数量验收、包装验收和商品质量验收三个方面。商品入库验收必须严格认真、一丝不苟，以保证入库商品数量准确，质量完好，包装符合要求。

入库验收一般包括验收准备、核对证件、检验实物、验收中发现问题处理等环节。

（2）商品在库管理。

① 做好商品储存规划。主要包括储存场所的分配、堆垛设计、建立储存秩序。

商品储存场所主要包括货场（露天式仓库）、货棚（半封闭式仓库）和库房（封闭式仓库），各种商品性质不同，对贮存场所的要求不同。应根据贮存商品的特性来选择合适的商品贮存场所，以确保在库商品安全。

储存场所的分配是指在仓库作业区内，为库存商品分配适宜的存放地点。其目的是做到物得其所，库尽其用，地尽其力。包括：保管区域的划分、库房、料棚、料场的分配、对楼库各层的使用分配、确定存入同一库房的商品品种等。

② 储存场所的布置。储存场所的布置指按照一定的原则，将各种待储存商品合理地分布放置在库房、货棚和货场的平面与空间。保管场所的布置，应满足下列要求：最大限度地提高保管场所的平面利用率和空间利用率；有利于提高商品保管质量，符合技术作业过程的要求，便于日常查点和收发；便于机械化作业。

③ 妥善进行苫盖堆码。货垛是为了便于保管和装卸、运输，按一定要求分门别类堆放在一起的一批物品。堆码是将物品整齐、规则地摆放成货垛的作业。

苫垫是指对堆码成垛的商品上苫下垫。上苫即苫盖，是商品货垛的遮盖物，保护堆码的商品避免受到日晒雨淋和风露冰雪的侵蚀；或为堆码的商品遮光防尘，隔离潮气。下垫即垫底，是指货垛底层的物料铺垫。可隔离地面潮湿，便于通风，防止商品受潮霉变、生虫。

商品堆码是指商品的堆放形式和方法。商品的合理堆码是贮存中一项重要的技术工作。堆码形式要根据商品的种类性能、数量和包装情况以及库房高度、储存季节等条件决定，符合安全、方便、多储的原则。商品堆码存放管理工作包括进行分区分类、货位编号、空底堆码、分层标量、零整分存，便于盘点和出入库。

④ 物品的定位管理。定位是对被保管的物品所在的库号（库房或库内货区代号）、架号（货架或货垛代号）、层号（货架或货垛层次代号）、位号（层内货位代号）用相应的字母或数字表示。如"四号定位"，它是用一组四位数字来确定存取位置的固定。这四个号码是序号、架号、层号、位号。这就使每一个货位都有一个组号，在物资入库时，按规划要求，对物资编号，记录在账卡上，提货时按四位数字的指示，很容易将货物拣选出来。这种定位方式可对仓库存货区事先做出规划，并能很快地存取货物，有利于提高速度，减少差错。

定位管理的实质是在仓库作业过程中，通过建立和健全物流的信息管理系统，合理的生产作业流程，完善必要的工位器具和运送装置，使物流的运行和停滞均处于受控状态，实现人、物、场所在空间和时间上的优化组合，使仓储作业在适宜的条件下顺畅进行，以达到生产作业的高效率、安全和文明。

⑤ 商品的在库检查。商品在储存期间，质量会不断发生变化，特别是在不利的环境因素的作用下，劣变的速度会加快，如不能及时发现和处理，会造成严重损失。因此，对于库存商品要做定期和不定期、定点和不定点、重点和一般相结合的质量检查制度，并根据检查结果随时调节储存条件，减慢商品的劣变速度。

检查方法以感观检查为主，充分利用检测设备，必要时要进行理化检验。检查内容包括商品质量状况检查，对检查中发现的问题应立即分析原因，采取相应的补救措施以保证商品的安全；安全检查，对库房的消防设备状态，仪表设备运行情况以及卫生状况是否符合要求，进行认真的检查。并做好防虫、防火、防霉等工作；建立商品保管账卡，商品保管账卡是用于记录所储商品的数量动态，它要真实反映库存商品情况，便于仓库清查、盘点。

⑥ 仓库温湿度的控制与管理。仓库温度的控制包括库房内外的温度（库温和气温）和储存物资的温度（垛温）。常用的温度单位是摄氏温度（℃）、华氏温度（°F）和绝对温度（K）。

空气湿度指空气中水蒸气含量的多少或空气的干湿程度。常以绝对湿度、饱和湿度、相对湿度和露点来表示。

仓库的温度和湿度,对商品质量变化的影响极大,是影响各类商品质量变化的重要因素。各种商品由于其本身特性对温、湿度一般都有一定的适应范围的要求。因此应根据库存商品的性能要求、质量变化规律、本地区的气候条件与库内温湿度的关系,适时采取密封、通风、吸潮和其他控制与调节温、湿度的办法,力求把仓库温、湿度保持在适应商品储存的范围内,以维护商品质量安全。

- 仓库的密封。仓库密封就是利用密封材料把整库、整垛或整件商品尽可能地密封起来,减少外界不良气候条件的影响,以达到商品安全储存的目的。对库房采用密封就能保持库内温、湿度处于相对稳定状态,达到防潮、防热、防干裂、防冻、防溶化的目的,还可收到防霉、防火、防锈蚀、防老化等各方面的效果。密封措施是仓库环境管理工作的基础。没有密封措施也就无法运用通风、吸潮、降温、升温和气调的方法。

密封储存应注意的问题:采取密封储存除应考察库内外的温、湿度变化情况外,还必须考虑商品的质量、温度和含水量是否正常、密封的时期的选择、加强商品密封后的检查管理工作等。

密封储存的几种形式:整库密封、按垛密封、货架密封法、按件(箱)密封。

- 通风。通风是根据空气自然流动规律或借助机械形成的空气定向流动,使库内、外的空气交换,以达到调节库内空气温、湿度的目的。

通风原理:自然通风主要是利用空气自然对流的原理进行的。其有两个决定因素,即温压和风压。温压又叫热压,是指库房内外因温差而产生的压力。如库外温度低,空气密度大,压力则大,库内温度高,空气密度小,压力则小。这样利用库内外空气温、湿度的不同构成的气压差,使库外密度大的冷空气会从库房下部门窗或孔隙进入仓内,而库内的热空气就从库房的上部门窗或孔隙被挤出,形成了库内外冷热空气的自然交换,从而达到调节库内温、湿度的目的。库内外温差越大,内外空气的交换量则超大,通风效果就越好。

通风方法有自然通风和机械通风。

- 吸潮。吸潮是与密封紧密配合用以降低库内空气湿度的一种有效方法。在霉雨季节或阴雨天,当库内湿度过大又无适当通风时机的情况下,在密封库里常采用吸潮的办法,以降低库内的湿度。吸潮方法常采用吸潮剂吸潮和去湿机吸潮。

(3)商品出库管理。商品出库业务是指商品发出时仓库各业务部门所需办理的手续及其作业的全过程。包括商品出库的程序(包括商品出库前的准备,保证商品按时出库、备料、点父、清理收尾等)、清理善后工作和商品出库中发生问题的处理等。

商品出库要求做到"三不三核五检查"。"三不",即未接单据不登账,未经审单不备货,未经复核不出库;"三核",即在发货时,要核实凭证、核对账卡、核对实物;"五检查",即对单据和实物要进行品名检查、规格检查、包装检查、件数检查、重量检查。

商品出库是仓储业务的最后阶段,要求做到以下几点。

① 必须有业务部门开据齐备的提货单,并认真验证核查,手续齐备,商品才能出库。

② 对交付的商品,要认真对单核对品种、规格、数量要准确,质量要完好,复核要仔细,不错、不漏、单货同行。

③ 商品的包装完整,标志准确、清晰,符合运输要求。

④ 对预约提货的商品,应及早备货。

⑤ 为了维护企业经济利益,商品出库该符合先进先出,接近失效期先出、易坏先出的"三先出"原则,及时发货,但对变质失效的商品不准出库。

⑥ 物品出库完毕，应及时销账，及时清理现场，并将提货凭证注销后归档存查。

8.2　商品运输管理

1. 商品运输的概念及原则

【案例4】

快递日最高处理量破3 000万快递与网购联动发展

据国家邮政局的监测数据，2012年11月11日至13日，全国快递日处理量突破了3 000万件。如果说2011年"双11"网商促销带来的1 800万件日处理量已经是高峰，那么2012年的峰值就足以使人们惊愕。人们关注或者说更加担心的是，作为网购服务不可缺少的一个重要环节，快递保障是否给力。

准备充分，快件"洪峰"平稳通过

中国的网购发展速度已经无法用正常的思维去判断。有媒体说得好，3 000万的日处理量对于刚刚起步的中国快递行业来讲，可以算是到了"洪水泛滥"的程度。一组媒体报道的数据可以看出快递企业面临的压力：申通是占天猫淘宝快件量份额最大的快递企业。11日，申通收件640万。12日这一数据攀升到755万。圆通速递2012年"双11"收件量也创了纪录。

但是对于这次"洪峰"，邮政行业是做了充分准备的。快递企业大都购置、租赁了大型的运输车辆，扩大了分拨场地，进行了人员储备。另外，旺季期间，主要快递公司都通过官方网站或微博不断更新企业运营情况。

这些措施的落实，得到的结果是：2012年的"双11"网购大战，快递没有出现大面积延误。虽然部分地区的雨雪天气使快递服务受到影响，但并不影响大局。天猫总裁张勇也透露，11日天猫产生了7 000多万件包裹，一天内已经有约2 500万件通过了快递公司的中转仓。

更为重要的是，较之去年由于网商促销带来的快递爆仓引发的批评、责难，2012年老百姓对"双11"期间快递服务的态度正在发生转变，不再是一味的埋怨，理解和支持的声音越来越多。

快递与网购实现联动发展互为支撑

早在2012年3月全国"两会"期间，全国政协委员、国家邮政局局长马军胜就建议，推动快递服务与网络购物的联动发展，推动网购与快递信息系统的互联互通，实现双方互相依存、互为支撑、互利共赢的良好局面。一年来，邮政管理部门不懈努力，推动产业链上下游的有效对接，使2012年的快递企业在应对"双11"的到来时显得从容不迫。

5月，在国家邮政局的促成下，9家主要快递企业与天猫签署战略合作协议，就推动网购与快递信息系统的互联互通达成共识。9月，国家邮政局召开全国电视电话会议，就确保旺季寄递服务和安全做具体部署。11月初，中国快递协会快递与网上购物专业委员会又在上海召开会议，落实"双11"物流保障方案，协调电商与快递企业之间的工作对接。与此同时，快递企业还得到了更多的协助，天猫、淘宝都主动呼吁卖家错峰发货。国家邮政局也在其官方网站上发布旺季消费提示和快递业务运行动态，为广大消费者提供快递业务流量、流向变化的信息，引导消费者对交寄快件的时间做出合理安排。

国家邮政局市场监管司负责人介绍，与往年相比，2012 年的"双 11"有两个最大的变化：一是快递与电商的协作更为密切，双方的运营信息都更加公开，二是社会各方面对快递行业的理解和支持在增加。有媒体感叹，中国"双 11"一天的销售额 200 亿元，已经远远超过 2011 年美国最大的网上购物节"网络星期一（cyber monday）"的销售额。正是在政府管理部门的协调下，产业上下游实现联动，确保网购飞速发展的保障。2012 年的"双 11"实践就是例证。

（1）概念。商品运输是借助各种运输工具实现产品由生产地运送到消费低的空间位置的转移。其中包括集货、分配、搬运、中转、装入、卸下、分散等一系列操作。

通过选择最好的运输方式、确定合理的运输量、规划合理的运输线路，尽可能地防止或降低商品的数量损失和质量劣变。商品运输质量强调的是商品在运输过程中，保证商品、人身及设备安全，不发生事故，防止各种差错，减少商品损耗，保证商品的合理运输。

（2）原则。运输过程中的商品质量管理应做到及时、准确、安全和经济。

① 及时。及时就是要按照市场需求和商品流通规律，不失时机的以最少的时间和最短的里程，按时把商品送达到指定地点，及时供应消费需要。它主要是通过缩短在途时间，减少周转环节，加快运输各环节的速度，采用先进的运输工具等措施来实现。

② 准确。准确就是要求在商品的运输过程中，切实防止各种差错的出现，保证商品准确无误，按质按量运达到目的地。

③ 安全。安全是商品在运输过程中避免出现商品霉烂、丢失、污染、燃烧、爆炸等出现以保证商品在质量和数量上的完整无损。它主要是通过选择合适的商品运输包装，合理的运输路线、工具和方式以及提倡文明运输等措施来实现。

④ 经济。经济就是要采取经济合理的运输方式、路线和工具，节约人力、财力、物力，降低商品流通费用，完成商品的运输任务。

2. 商品运输的基本要求

（1）合理选择运输工具。合理选择运输工具不仅能提高运输工具的使用效能，而且直接影响到运输过程中的商品的质量。因此，应根据商品的特性（如石油、危险品、鲜活易腐品、一般商品等）和运输量来选择适合的运输工具。

（2）严格消防。对装载易燃易爆商品的运输工具，装运前发货单位必须对车船及其消防设备进行严格的检查。

（3）严格装载规定。建立严格的商品装运制度，保证商品运输的质量。如对活禽畜跨地区运输时应进行检疫，取得检疫合格证，才能办理托运。同时对车船进行严格的卫生检查，符合运输条件方可装运。

3. 主要运输方式

【案例5】

青岛多式联运提速物流发展

2012 年 9 月 7 日，从胶州市开往新疆阿拉山口的集装箱班列已获铁道部批准即将正式开通，将经过新疆与新亚欧大陆桥连接，出国境后可经 3 条线路抵达荷兰的鹿特丹港，实现跨境运输。

在经济全球化、区域经济发展一体化的形势下，青岛市大力发展交通多式联运，加强经济结构调整，实现港口物流增值，加快外引内联实现共赢，成为全国物流业发展的"领跑者"之一。下一步，青岛市将以国际多式联运发展为主线，申请建设陆路集装箱运输口岸，形成半岛铁路集装箱集疏运枢纽站，为山东半岛港口集装箱与内陆海铁联运发展服务。

完善交通运输网络

近年来，随着我国进出口贸易的快速发展，物流业对加快集装箱多式联运的要求越来越迫切。据测算，在等量运输的情况下，铁路、公路、航空的能耗比为 1∶9.3∶18.6，铁路的二氧化碳排放量仅为公路运输的一半，是短途航空的1/4。据青岛市交通运输委物流发展处工作人员介绍，多式联运在将货物从甲地运输到乙地时，货主只有一次托运，一次计费，一份单证，一次保险，一票直达。货物通过这种运输方式能最大限度地节省人、财、物等费用，各运输工具之间配合密切，在很大程度上节约运输时间，提升企业市场竞争力。

海、陆、空、铁形成综合运输体系，实现多式联运，对物流业的发展具有越来越重要的意义。据了解，由于油价高企，公路运输成本激增。而推出海铁联运业务后，铁路运输以其运力大、费用低、时间准而备受企业青睐。目前，青岛港在全国率先开行了至郑州、西安、成都、太原等地的五定班列，青岛过境箱海铁联运主要是发往阿拉山口、二连浩特和满洲里三个边境口岸。

海空与陆运高效衔接

据了解，青岛大交通适度超前发展，海运、空运与密集的高速公路、铁路为核心的陆运相衔接，形成了较为完善的交通运输网络，为商品运输的畅通、现代物流的发展提供了根本保证。

目前，青岛港航线已覆盖了世界130多个国家和地区的450多个港口，港口航班密度居中国北方港口之首。陆路交通四通八达，其中，全国第三个铁路集装箱中心站已于 2010 年在青岛胶州正式运营，中铁物流依据铁路网优势并与青岛胶州湾的临港优势实现互补，打造中国连接内陆和港口的大型集装箱调运中心，担负起山东半岛乃至周围各省的集装箱铁路运输功能。

同时，随着青银高速、同三高速、潍莱高速等一批高等级公路建成，高速公路总里程超过 700 公里，形成了以高等级公路为支撑，路网结构合理，干支相连的现代公路网络;民航方面，青岛机场早在 2010 年年旅客发送量首次突破千万人次大关，成为全国第 15 家、山东省首家大型机场，已开通国内航线 95 条，国际、地区航线 13 条，基本形成了"沟通南北、辐射西部、连接日韩、面向世界"的开放型航线布局。根据计划，"十二五"期间，青岛机场将主要形成以流亭机场为干线的区域性门户枢纽和国际航空物流中心，预计到 2015 年，旅客吞吐量达 1 850 万人次，货运吞吐量达 27 万吨。文章来源:青岛财经日报。

运输方式是指货物进出关境时所使用的运输工具的分类。常见的商品运输方式如下。

（1）公路运输（见图 8-3）。公路运输（一般是指汽车运输）是陆上两种基本运输方式之一，具有以下的特点。

① 机动灵活、简捷方便、应急性强，能深入到其他运输工具到达不了的地方。

② 适应点多、面广、零星、季节性强的货物运输。

③ 运距短、单程货多。

④ 汽车投资少、收效快。

⑤ 港口集散可争分夺秒，突击抢运任务多。

⑥ 是空运班机、船舶、铁路衔接运输不可缺少的运输形式。

图 8-3 公路运输

⑦ 随着公路现代化、车辆大型化，公路运输是实现集装箱在一定距离内"门到门"运输的最好的运输方式。

⑧ 汽车的载重量小，车辆运输时震动较大，易造成货损事故，费用和成本也比海上运输和铁路运输高。

（2）铁路运输（见图 8-4）。铁路是国民经济的大动脉，铁路运输是现代化运输业的主要运输方式之一，它与其他运输方式相比较，具有以下主要特点。

① 铁路运输的准确性和连续性强。

② 铁路运输速度比较快。

③ 运输量比较大。

④ 铁路运输成本较低。

⑤ 铁路运输安全可靠，风险远比海上运输小。

⑥ 初期投资大。

（3）海上运输（见图 8-5）。国际海上运输是指使用船舶通过海上航道在不同的国家和地区的港口之间运送物质的一种运输方式，其运输的特点有以下几点

图 8-4 铁路运输

① 运输量大。

② 通过能力大，通达性好。

③ 运费低廉。

④ 对货物的适应性强。

⑤ 运输的速度慢。

⑥ 风险较大。

（4）航空运输（见图 8-6）。

航空运输虽然起步较晚，但发展极为迅速，这是与它所具备的许多特点分不开的，这种运输方式与其他运输方式相比，具有以下特点。

① 运送速度快。

图 8-5　海上运输

图 8-6　航空运输

② 安全准确。

③ 手续简便。

④ 节省包装、保险、利息和储存等费用。

⑤ 航空运输的运量小、运价较高。

（5）管道运输（见图 8-7）。

图 8-7　管道运输

　　管道运输是使用管道输运流体货物的一种运输方式，所运货物大多属于燃料一类，主要有油品（包括原油、成品油、液化烃等）、天然气、二氧化碳气体、煤浆及其他矿浆等。管道运输与其他运输方式最大的不同是：管道既是运输工具（但并不移动），又是运输通道，驱动方式是用机泵给货物以压能，使货物本身连续不断地被运送。

　　管道运输的特点如下。

① 输送能力大，一条直径 720 毫米的管道一年可输送原油 2 000 万吨以上。

② 占地少，一般的都是埋于地下。

③ 漏失污染少、噪声低等。

（6）集装箱运输（见图 8-8）。集装箱运输是以集装箱作为运输单位进行货物运输的现代化运输方式，目前已成为国际上普遍采用的一种重要的运输方式。国际多式联运是在集装箱运输的基础上产生和发展起来的，一般以集装箱为媒介，把海上运输、铁路运输、公路运输和航空运输等传统单一运输方式，有机地联合起来，来完成国际间的货物运输。

图 8-8　集装箱运输

① 集装箱运输的优越性如下。

· 对货主而言，它的优越性体现在大大地减少了货物的损坏、偷窃和污染的发生；节省了包装费用；由于减少了转运时间，能够更好地对货物进行控制，从而降低了转运费用，也降低了内陆运输和装卸的费用，便于实现更迅速的"门到门"的运输。

· 对承运人来说，集装箱运输的优点在于减少了船舶在港的停泊时间，加速了船舶的周转，船舶加速的周转可以更有效地利用它的运输能力，减少对货物的索赔责任等。

· 对于货运代理来说，使用集装箱进行货物运输可以为他们提供更多的机会来发挥无船承运人的作用，提供集中运输服务，分流运输服务，拆装箱服务，门到门运输服务和提供联运服务的机会。

② 集装箱运输的不足如下。

· 受货载的限制，使航线上的货物流向不平衡，往往在一些支线运输中，出现空载回航或箱量大量减少的情况，从而影响了经济效益。

· 需要大量投资，产生资金困难。

· 转运不协调，造成运输时间延长，增加一定的费用。

· 受内陆运输条件的限制，无法充分发挥集装箱运输"门到门"的运输优势。

· 各国集装箱运输方面的法律、规章、手续及单证不统一，阻碍国际多式联运的开展。

8.3　商品养护技术

1．商品养护的概念和作用

所谓商品养护，是根据库存商品的变化规律，采取相应的技术组织措施，对商品进行有效的保养与维护，以保持其使用价值和价值的生产活动。商品的维护保养是商品储存期间根据商品的物理、化学性质、所处的环境条件等采取的延缓商品发生各种变化的一项技术工作，在商品养护过程中要坚持以防为主，防治结合的原则。

商品科学养护的内容主要包括仓库温湿度控制、食品的保鲜、金属防锈蚀、防霉腐、防虫蚁等、高分子商品防老化等。

2. 食品商品储存养护

食品商品可分为天然食品和加工食品，他们的储存性能是有一定差异的。天然食品的耐储性能受多方面因素的影响。如品种、产地、饲养和栽培条件和收获季节等。加工食品是指以天然食品为原料再经加工而得到的产品。加工食品大多数由于加工处理和具有完善的包装，其储存性能都优于天然食品。

食品在储存过程中的质量变化主要有生理生化、生物学变化、脂肪氧化酸败等，为使食品在运输或存放时达到防腐、保鲜、增强其营养价值、提高其经济效益的目的，通过采用各种保藏方法，可以有效地杀灭食品中的微生物，钝化食品中的酶活性，排除温度、湿度、氧和紫外线等环境因素的作用。针对食品的质量变化，常见的食品储藏养护方法有：

（1）低温储存法。低温储存法是利用低温抑制微生物繁殖和酶的活性使生化变化速度降低的一种常用食品保鲜方法。低温储存按储存的温度不同又分为冷却储存和冷冻储存两种。冷却储存又叫冷存，储存的温度一般在 0℃～10℃，食品不结冰。由于温度在 0℃以上，某些嗜冷性微生物仍可繁殖，而且食品中酶的活性并未完全被控制，因此，储存期限不宜过长。冷冻储存又叫冻结储存。目前我国冷冻储存主要用于畜、禽、鱼、肉的储存保鲜。冷冻的温度为-18℃，抑制了微生物的活动和酶的活性，因而冷冻食品可以较长时间储存。

（2）热处理、微波、辐照、过滤等方法。利用热处理、微波、辐照、过滤等方法，将食品中腐败微生物数量减少或杀灭到能长期贮藏食品所允许的最低限度并维持这种状况，以免食品在贮藏期内腐败变质。

高温保藏，高温处理可杀灭食品的微生物，破坏酶的活性，再结合密封断氧防污染等手段，便可达到防腐保藏的目的。温度达 100℃以上的，称高压杀菌。为避免长时间的高热杀菌影响食品质量，对鲜奶、果汁等常采用巴斯德氏消毒法。古典的巴氏消毒法的温度为 63℃～66℃，历时 30 分钟，可以杀死一切生长型微生物。后来又改用高温瞬间巴氏消毒法，即 72℃～95℃，15～30 s，杀菌效果与上述方法完全相同。近来又主张对牛奶采用超高温杀菌法，即以 120℃～150℃，1～3s 的加热方法杀菌。

微波是指在 300 兆赫至 300 千兆赫的电磁波。通常，一些介质材料由极性分子和非极性分子组成，在微波电磁场作用下，极性分子从原来的热运动状态转向依照电磁场的方向交变而排列取向。产生类似摩擦热，在这一微观过程中交变电磁场的能量转化为介质内的热能，使介质温度出现宏观上的升高。低温杀菌、无污染微波这种微波的热效应双重杀菌作用又能在较低的温度下杀死细菌，提供了一种能够较多保持食品营养成分的加热杀菌方法。

辐照保藏，食品经过波长在 20nm 以下的电磁波辐照，达到杀菌防腐目的的一种工艺处理。主要用以 60 钴或 137 铯为辐照源的 γ 射线。除杀菌外，辐照还可抑制发芽、杀虫和使食品改性。辐照保藏有食品温度不上升、能带包装成批处理、方便和效率高等优点。在世界范围内（包括中国）经 40 余年的理化、动物和人体研究结果表明，辐照食品的营养价值损失与其他工艺处理相似；辐照后在食品内不形成感生放射性；不形成有毒物质；较低剂量下食品感官状态正常，但剂量偏高时可产生变色及出现"辐照臭"。

高温保藏食品有一定的食用期限，食品经加热处理后可产生各种质量变化，如维生素和无机盐可遭受程度不等的损失；蛋白质因结构破坏变性而变得容易消化吸收，其保水性、溶解性降低，使进一步加工利用受到影响等；食品中的脂肪加热至 160℃～180℃及以上时，可产生过氧化物、聚合物、羰基化物、环氧基等，这些物质不仅恶化食品色香味等，而且有毒性；食品中糖类的加热变化，主要有老化、非酶褐变和焦糖化。

（3）干制、腌渍、糖渍、烟熏等方法。应用某些物理、化学因素的影响，抑制食品中微生物和酶的活力，从而延缓食品腐败变质。干制、腌渍、糖渍、烟熏及使用食品添加剂均属这类保藏方法。

脱水保藏的原理是水分是微生物生存繁殖和一切化学反应所必须的物质，因而食品脱水可起到防腐保藏作用。脱水保藏时，总水分应分别达到 10%、13%～16%和20%以下，或水分活性AW 达到 0.20 以下才有抑制细菌、霉菌、酵母的作用。食品脱水方法一般有日晒、阴干、加热面烫干、喷雾、减压蒸干和冷冻减压蒸干等，后两种方法对食品质量损害较小。

高渗保藏是利用食盐或糖高渗透压和降低水分活性的作用，使微生物原生质脱水死亡，从而达到储藏食品的目的。也可抑制食品内酶的活性，减少食品氧含量。盐腌食品内的食盐含量必须达到 10%以上，才有明显的抑菌作用，食品中含糖量须高达 50%才有保藏作用。

（4）微生物发酵。培养某些有益微生物并进行发酵，建立起能抑制腐败微生物生长活力的新条件，从而延缓食品腐败变质。

提高食品氢离子浓度是改善食品风味与控制腐败相结合的保藏手段。pH 达 4.5 以下，便可杀死腐败菌和常见的致病菌。利用产酸菌产酸，称为酸发酵；直接向食品中加入有机酸，称酸渍；二者多用于制作泡菜、渍酸菜、酸黄瓜等。酸渍食品用醋酸的浓度为 1.7%～2%。

（5）气调储存法。气调储存法即调节环境气体成分的储存方法。其原理是改变仓库或包装中的正常空气组成，降低氧含量，增加二氧化碳含量。以减弱鲜活食品的呼吸强度，抑制微生物发展和食品的化学成分变化。气调储存还需有低温条件配合，才能收到良好效果，因此，气调储存可以看作是低温储存的强化手段。具体的方法有两种：其一是普通气调储存，是利用鲜活食品本身的呼吸作用，消耗空气中的氧和增加二氧化碳的浓度，以达到调节气体成分的目的。其中又有密闭性高的气密库储存法和塑料薄膜袋储存法；其二是机械气调储存，是利用二氧化碳发生器控制氧的含量，来调节密封库内的空气成分。

3. 日用工业品商品的储存养护

（1）商品的霉变与防治。商品霉腐是由于微生物的作用所引起的商品变质。对食品则主要是发生"腐败"，对轻纺工业品所引起的变化主要是生霉，不论是腐败或生霉，其结果都会使商品的使用价值受到不同程度的破坏甚至完全丧失。

霉腐微生物的生长与环境条件：环境温度、环境湿度、适宜的温度可以促进微生物的生命活动，不适宜的温度能减弱微生物的生命活动或可能引起微生物形态、生理等特性的改变，甚至可促使微生物死亡。主要的防霉腐方法如下。

① 常规防霉腐。常规防霉腐就是采取常用的方法，消除适于霉菌滋长发育的条件，使库内温湿度控制在一定标准以下，以达到防霉腐的目的。通常可采用的方法是做好商品入库验收工作和严格控制仓库的温湿度。一方面抑制生物性商品的呼吸、氧化过程，使其自身分解受阻；另一方面抑制霉腐微生物的代谢与生长繁殖，来达到防霉腐的目的，保证商品储存

的稳定。

干燥防霉腐也是生态防霉腐方法之一，它是过降低仓库环境中的水分和商品本身的水分，使霉腐微生物得不到生长繁殖所需水分，来达到防霉腐的。目前主要采用吸潮防潮和通风、晾晒、烘干和其他物理方法的烘干方式。

② 使用防霉腐剂。防霉腐药剂简称防腐剂，是指能够直接干扰霉菌、酵母菌和细菌的生长繁殖，用于商品防霉腐的化学药物，这些药物中有些是抑制微生物生长，有些则是杀菌的。

防霉腐剂的基本原理是使微生物菌体蛋白凝固、沉淀、变性；或破坏酶系统使酶失活，影响细胞呼吸和代谢；或改变细胞膜的通透性，使细胞破裂、解体。防霉腐剂低浓度能抑制霉腐微生物，高浓度就会使其死亡。有实际应用价值的防霉腐剂需具有低毒、广谱、高效、长效、使用方便和价格低廉等特点。

③ 气调防霉腐。气调防霉腐是生态防霉腐的形式之一。气调储藏是一种调整密封环境条件下气体成分的储藏方法，通常由减少环境中的氧，增加二氧化碳含量及降低环境温度等三方面综合作用，来抑制霉腐微生物的生命活动与生物性商品的呼吸强度，从而达到防霉腐的效果。

④ 气相防霉腐。气相防霉腐是挥发性的防霉防腐剂，利用其挥发产生的气体，直接与霉腐微生物接触，杀死或抑制霉腐微生物的生长，以达到防霉腐的目的。

（2）商品的虫害与防治。仓库害虫又叫储藏物害虫。从广义上讲，它应包括所有一切危害储藏物品的害虫。仓库害虫不仅种类多，而且分布相当广泛，有许多主要的仓库害虫可以说是世界性种类。这也是仓库害虫不同于其他害虫的一个重要特点。

主要防治方法有以下几个。

① 机械防治。机械防治主要是利用人工操作或动力操作的各种机械来清除储藏物中害虫。

机械防治的主要方法有：风车除虫；筛子除虫；压盖粮面；竹筒诱杀；离心撞击机治虫及抗虫粮袋等。

② 物理防治。物理防治是指利用各种物理因素（光、电、热、冷冻等等） 直接作用于害虫有机体，破坏害虫的生理机能和机体结构，改变或恶化仓库害虫的生活环境条件，使其不能生存，或者抑制其生长繁殖。

物理防治的主要方法有灯光诱集、高温杀虫、低温杀虫、电离辐射杀虫、微波和远红外治虫、臭氧杀虫等。

③ 密封防治。密封防治是把有虫害的商品密封储藏在仓库或容器中，利用商品本身的呼吸作用和害虫、微生物的生命活动消耗去仓内或容器中的氧气，产生一种缺氧大气，使昆虫窒息而死亡。

④ 气调防治。气调防治害虫人为地改变仓间中的气体成分，就是将害虫周围空气中的含氧量降低到可以保证其生命活动需要标准以下，使害虫窒息而死，保证货物安全。

气调防治一般有两种方法，一是在密封的条件下，抽出含有氧气的空气，达到缺氧的目的；二是以其他气体如氮、二氧化碳充入，以排除含氧的空气，从而降低含氧量。气调防治可以用于粮食、中药材、油料、烟叶、棉花、毛皮制品等，对虫、霉的防治都有较好的效果。它是目前国内外使用的一种新技术，主要优点是没有残毒，也不致使害虫产生抗性。

⑤ 化学防治。化学防治是利用化学杀虫药剂直接或间接的防治害虫的方法。它是以化学药剂对生物有机体的毒理作用为基础的。在施用时，必须考虑杀虫药剂、害虫有机体及环境条件三者的关系，要求所施用的杀虫药剂对害虫有较高的毒性，被治害虫是处在抵抗力较

弱的虫期，以及具备对施药有力的温度、湿度等环境条件，从而获得更好的杀虫效果。化学防止最大的优点是：杀虫力强，防治效果显著。其缺点是对人畜有毒，会给粮食带来不同程度的污染，以及引起害虫抗药性。目前用于防治仓库害虫的化学药剂主要有保护剂和熏蒸剂两大类。

⑥ 生物防治。生物防治是利用仓库害虫外激素和内激素以及利用病原微生物、害虫的天敌（寄生物、捕食者、病原物）来防治和控制害虫的发生和发展。生物防治的优点是：能够有效地控制仓库害虫，对某些害虫的发生有着长期的抑制作用，减少对储物和环境的污染，对人畜安全，降低储藏费用，因而它是一种安全、有效、经济的防虫措施。但对仓库害虫的控制不能像化学药剂那样见效快、简便和方便，有一定的局限性。在采用此法时，应与其他方法相配合，互相协调，取长补短，才能更好地发挥生物防治的作用，收到好的防治效果。

（3）商品的锈蚀与防止。锈蚀是指金属与它所接触的物质（气体或液体）发生化学或电化学作用所引起的破坏或变质现象（从本质上是金属失去电子被氧化成离子的过程）。多数金属的锈蚀是自然进行的。

金属锈蚀根据锈蚀过程的不同，可以分为化学锈蚀和电化学锈蚀两大类。其中，化学锈蚀是金属与环境介质直接发生化学作用而产生的损坏，在锈蚀过程中没有电流的生成。电化学锈蚀是金属在介质中由于发生电化学作用而引起的损坏，在锈蚀过程中有电流产生。仓储金属商品的锈油主要是潮湿的大气锈蚀，属电化学锈蚀。

防止金属腐蚀的主要途径如下。

① 提高金属材料自身的抗蚀性。通常均匀化热处理、表面渗氮、渗铬、渗铝等方法，可以提高金属材料的抗蚀性。

② 采用覆盖层法。防蚀覆盖层也称保护层，实质在于把金属同可能引起或促进腐蚀的各种外界条件，如水分、氧气、二氧化硫等，尽可能隔离开来，从而达到防蚀目的。

③ 采用化学处理法防蚀。采用化学处理的方法使金属表面形成一层钝化膜防蚀。最常见的有氧化膜和磷化膜。

④ 控制环境法防蚀。

- 干燥空气封存法，也称控制相对湿度法。当空气相对湿度控制在≤35%时，金属则不易生锈，非金属也不易长霉。

- 充氮封存法：氮气的化学性质比较稳定，在产品包装中，充入干燥的氮气，隔绝了水分、氧气等腐蚀性介质，从而达到使金属不易生锈、非金属不易老化的目的。

- 隔离污染源法：如去氧封存法等。一般在设计、建筑厂房、库房时，应尽量远离有害气体源，以防止金属腐蚀。

⑤ 采用缓蚀剂法。在腐蚀性介质中加入少许能减小腐蚀速度的缓蚀剂来防止金属腐蚀。通常缓蚀剂可分为：气相缓蚀剂、水溶性缓蚀剂及油溶性缓蚀剂三类。

⑥ 采用电化学法防蚀。电化学腐蚀总是在阳极区域进行，而阴极材料却受到保护。因此人为地选择一些电极电位负的活泼金属极（作阳极），安装在基体金属（作阴极）上，或用导线连接，结果活泼金属被腐蚀，而基体金属得到保护。这种用牺牲阳极而保护阴极的方法称之为阴极保护法。

（4）商品的老化与预防。

高分子材料与制品，如塑料、橡胶及合成纤维等，在储存过程中受各种环境因素（如光、热、氧、臭氧、水以及微生物等）的作用，使其弹性与强度等性能逐渐变坏，严重降低商品的使用价值，甚至完全报废，这种变化称为"老化"。

高分子商品老化后会发生如下变化，一是外观的变化，即商品表面失光、变色等；二是物理性能的变化如比重、导热能力、溶解度、折光率、透光性等；三是机械性能的变化如拉伸强度、体长率、冲击强度、弯曲强度、疲劳强度以及硬度、弹性、附着力、耐磨性能等；四是电性能的变化，即材料的绝缘性能、介电常数、介电损耗、击穿电压等；五是分子结构的变化，如分子量的变化。

商品老化的内因，首先是高分子结构上存在的一些弱点；第二，制造过程（包括聚合、成型加工）中，引进高聚物中的一些新弱点；第三，除树脂外，其他组分存在的一些弱点；第四，塑料中的微量杂质。

影响商品老化的环境因素是指与商品直接接触的各种外界因素，如空气条件（包括气温、湿度、空气成分及其中有害气体）、日光、微生物、高能辐射的影响、机械应力的作用、昆虫的破坏等。

高分子材料的老化有内外两种因素，它的防老化也就可以从这两方面着手。一方面可用添加防老化剂的方法来抑制光、热、氧等外因对高分子材料的作用；也可用物理防护方法使高分子材料避免受到外因的作用。另一方面可用改进聚合和成型加工工艺或改性的方法，提高高分子材料本身对外因作用的稳定性。

本章小结

储存是指保护、管理、贮藏物品。保管是对物品进行保存及对其数量、质量进行管理的活动。

储存过程中商品的质量变化归纳起来有物理机械变化、化学变化、生理生化变化及某些生物活动引起的变化等。

商品储存包括接收商品、存放商品、拣取商品、配送商品等环节，为了保证商品的质量，防止商品质量劣变和损耗，在储存管理中应做好入库、在库和出库管理工作。

商品运输是借助各种运输工具实现产品由生产地运送到消费低的空间位置的转移。其中包括集货、分配、搬运、中转、装入、卸下、分散等一系列操作。通过选择最好的运输方式、确定合理的运输量、规划合理的运输线路，尽可能地防止或降低商品的数量损失和质量劣变。运输过程中的商品质量管理应做到及时、准确、安全和经济。

商品养护，是根据库存商品的变化规律，采取相应的技术组织措施，对商品进行有效的保养与维护，以保持其使用价值和价值的生产活动。商品科学养护的内容主要包括：仓库温湿度控制、食品的保鲜、金属防锈蚀、防霉腐、防虫蚁等、高分子商品防老化等。

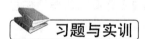
习题与实训

1. 选择题

（1）鲜活食品进行贮藏的．对呼吸作用的掌握应遵循（　　）的基本原则。

 A. 保持有氧呼吸   B. 防止无氧呼吸

 C. 保持较弱的无氧呼吸   D. 保持较弱的有氧呼吸

（2）控制和调节仓库温湿度的主要方法有（　　）。

 A. 密封   B. 通风   C. 升温   D. 降温

 E. 吸潮

（3）在一昼夜中，气温的最高值和最低值分别在（　　）。

 A. 12～14 时零点前后   B. 14～15 时凌晨日出前

C. 12~14 时凌晨日出前　　　　　　　D. 14~15 时零点前后

（4）商品发生溶化是因为它具有的性能是（　　　）。

A. 吸附性和水溶性　　　　　　　　　B. 吸湿性和水溶性

C. 串味和水溶性　　　　　　　　　　D. 吸附性和吸湿性

（5）仓库中的湿度管理，主要是指对（　　　）的控制和调节。

A. 饱和湿度　　　　B. 相对湿度　　　　C. 绝对湿度　　　　D. 露点温度

2. 判断题

（1）商品养护是商品在储运过程中所进行的保养和维护。　　　　　　　　　（　　）

（2）采用通风的方法调节库内温湿度的关键，是选择和掌握通风时机。　　（　　）

（3）饱和湿度是单位体积空气中能容纳的最多水汽量。　　　　　　　　　（　　）

（4）温度越高，绝对湿度越大。　　　　　　　　　　　　　　　　　　　（　　）

（5）仓库中的温度管理主要指绝对湿度的控制和调节。　　　　　　　　　（　　）

（6）空气的绝对湿度与空气饱和湿度的百分比是相对湿度，它表示空气中汽量达到饱和状态的程度。　　　　　　　　　　　　　　　　　　　　　　　　　　　　　　　　　（　　）

（7）商品发生霉变时，商品的化学成本不发生变化。　　　　　　　　　　（　　）

（8）商品养护的主要原则是以防为主，防治结合，防重于治。　　　　　　（　　）

3. 名词解释

（1）商品储存；（2）商品运输；（3）商品养护

4. 简答题

如何根据商品的在储存中的质量变化做好商品的储存管理。

5. 案例分析

竞速用户体验　电商逐鹿物流领域

电商提速自建物流

作为电商服务的"最后一公里"，强大的物流体系是良好用户体验的重要保障。几乎所有电商都把提高客户体验、重金投入物流建设当作一项长期的烧钱事业。2012 年，京东、亚马逊、苏宁易购、1 号店等电商纷纷加快了自建物流的步伐，在价格战以外打响了一场看不见的物流战。

2012 年，亚马逊在天津、哈尔滨等地的运营中心相继启动，在中国市场已经拥有 12 个运营中心，仓储物流总面积超过 50 万平方米。2011 年就誓言未来 3 年内将投资 100 亿元用于物流建设的京东商城物流方面投入超过 36 亿元，仓储面积已经超过 100 万平方米。不惜一切代价扶持苏宁易购的苏宁电器更是拿出百亿资金砸向物流建设。而就在过去一年里，创造了淘宝和天猫年总交易额突破一万亿纪录的阿里巴巴集团更是誓在建立一个超大规模的现代化物流体系，力争在全国范围内实现网络下单 24 小时到达。

与此同时，次日达、限时达、夜间配送、自提柜业务等各种创新性服务纷纷推出，旨在完善"最后一公里"的服务体验。电商鼻祖亚马逊先后在美国、英国推出自助提货柜的取货模式，大大提高了客户体验。2012 年，京东商城上线了自提柜业务，使消费者有了更灵活便利的选择。苏宁易购更是宣布在全国近 1 800 家门店设置网购自提点。

当然，电商企业的野心不仅止于此。2012 年，亚马逊中国、京东商城、凡客诚品、苏宁易购等电商纷纷获得快递牌照，除了意在保障"最后一公里"配送，更重要的是"向合作伙伴提供高效低成本的物流服务"。此前，京东快递的对外"报价表"已经被曝光。易购的物流平台未来不仅满足自有物流配送需求，也将接"外单"。

与任何第三方物流合作，都存在太多不可控因素，自建物流的优势在于配送环节的完全可控，并能第一时间得到用户的反馈信息，在形成规模效应后，成本也将相对可控。这是各大电商纷纷提速自建物流的根本原因。

物流或成电商终极战场

如果说物流服务是网购"最后一公里"，那快递则是"最后一百米"。当前，我国 70%以上的网络零售需要由快递来完成，网购快递件已经占到全部快递业务量的一半以上。不过，快递行业发展速度明显滞后于电商行业，投诉率居高不下，暴力分拣、物品丢失甚至被调换，快递变慢递等现象已成为行业顽疾。对于外包的网购快递业务而言，运费与服务质量是有一定的匹配度的，所谓"一分钱一分货"。例如，顺丰速运走的是"贵族"路线，服务质量与其高价位相对匹配。而以申通、圆通、韵达为代表的快递企业走的是"平民"路线，服务质量难免欠缺，这自然成了不惜代价争取用户的电商们最不能忍受的地方。

2012 年年初，张小姐在亚马逊上订购了几包牛肉干。不过，由于是第三方商家销售、配送，等了一个星期才收到货。"如果是亚马逊的自有商品，我当天下单，转天就能收到"张小姐如是说。后来，张小姐在亚马逊上只购买其自有销售、配送的商品。用她的话说，只为图个送货时间有保障。不仅在亚马逊，网友在京东商城上也发现，在选购商品中一项筛选方式就是"京东配送"或"第三方配送"。越来越多的网友开始将"谁来配送"作为网购商品的必要前提。

早期电商拼基础建设，进入第二阶段的电商拼的是如何吸引用户，而接下来的竞争则集中在如何留住用户上，物流是提高用户体验的关键环节，有可能成为电商们的终极战场。

试分析我国物流业发展的现状及对电子商务产生的影响。

6. 实训任务

试调查一家仓储企业，了解其主要业务内容及如何加强仓储管理，提高仓储效益的。

（1）小组成员分工列表和预期工作时间计划表

任 务 名 称	承 担 成 员	完成工作时间	老师建议工作时间
试选择一家仓储企业，了解其业务管理内容并对其进行分析			

（2）任务工作记录和任务评价

项　　目	记　　录
工作过程	签名：
个人收获	签名：
存在的问题	签名：
任务评价	（教师）签名：

7. 自学与拓展

《物流术语》（GB/T 18354—2006）中对精益物流的定义是：消除物流过程中的无效和不增值作业，用尽量少的投入满足客户需求，实现客户的最大价值，并获得高效率、高效益的物流。

精益物流（Lean logistics）起源于精益制造（Lean manufacturing）的概念。它产生于日本丰田汽车公司在上个世纪 70 年代所独创的"丰田生产系统"，后经美国麻省理工学院教授的研究和总结形成精益思想理论。精益思想是指运用现代管理方法和手段，以社会需求为依据，以充分发挥人的作用为根本，有效配置和合理使用企业资源，最大限度地为企业谋求经济效益的一种新型经营管理理念。而精益物流则是精益思想在物流管理中的应用。

试联系实际分析精益物流应用现状。

附录一 中华人民共和国食品安全法

中华人民共和国主席令

第九号

《中华人民共和国食品安全法》已由中华人民共和国第十一届全国人民代表大会常务委员会第七次会议于 2009 年 2 月 28 日通过，现予公布，自 2009 年 6 月 1 日起施行。

中华人民共和国主席　胡锦涛

2009 年 2 月 28 日

中华人民共和国食品安全法

（2009 年 2 月 28 日第十一届全国人民代表大会常务委员会第七次会议通过）

第一章　总则

第一条　为保证食品安全，保障公众身体健康和生命安全，制定本法。

第二条　在中华人民共和国境内从事下列活动，应当遵守本法：

（一）食品生产和加工（以下称食品生产），食品流通和餐饮服务（以下称食品经营）；

（二）食品添加剂的生产经营；

（三）用于食品的包装材料、容器、洗涤剂、消毒剂和用于食品生产经营的工具、设备（以下称食品相关产品）的生产经营；

（四）食品生产经营者使用食品添加剂、食品相关产品；

（五）对食品、食品添加剂和食品相关产品的安全管理。

供食用的源于农业的初级产品（以下称食用农产品）的质量安全管理，遵守《中华人民共和国农产品质量安全法》的规定。但是，制定有关食用农产品的质量安全标准、公布食用农产品安全有关信息，应当遵守本法的有关规定。

第三条　食品生产经营者应当依照法律、法规和食品安全标准从事生产经营活动，对社会和公众负责，保证食品安全，接受社会监督，承担社会责任。

第四条　国务院设立食品安全委员会，其工作职责由国务院规定。

国务院卫生行政部门承担食品安全综合协调职责，负责食品安全风险评估、食品安全标准制定、食品安全信息公布、食品检验机构的资质认定条件和检验规范的制定，组织查处食品安全重大事故。

国务院质量监督、工商行政管理和国家食品药品监督管理部门依照本法和国务院规定的职责，分别对食品生产、食品流通、餐饮服务活动实施监督管理。

第五条 县级以上地方人民政府统一负责、领导、组织、协调本行政区域的食品安全监督管理工作，建立健全食品安全全程监督管理的工作机制；统一领导、指挥食品安全突发事件应对工作；完善、落实食品安全监督管理责任制，对食品安全监督管理部门进行评议、考核。

县级以上地方人民政府依照本法和国务院的规定确定本级卫生行政、农业行政、质量监督、工商行政管理、食品药品监督管理部门的食品安全监督管理职责。有关部门在各自职责范围内负责本行政区域的食品安全监督管理工作。

上级人民政府所属部门在下级行政区域设置的机构应当在所在地人民政府的统一组织、协调下，依法做好食品安全监督管理工作。

第六条 县级以上卫生行政、农业行政、质量监督、工商行政管理、食品药品监督管理部门应当加强沟通、密切配合，按照各自职责分工，依法行使职权，承担责任。

第七条 食品行业协会应当加强行业自律，引导食品生产经营者依法生产经营，推动行业诚信建设，宣传、普及食品安全知识。

第八条 国家鼓励社会团体、基层群众性自治组织开展食品安全法律、法规以及食品安全标准和知识的普及工作，倡导健康的饮食方式，增强消费者食品安全意识和自我保护能力。

新闻媒体应当开展食品安全法律、法规以及食品安全标准和知识的公益宣传，并对违反本法的行为进行舆论监督。

第九条 国家鼓励和支持开展与食品安全有关的基础研究和应用研究，鼓励和支持食品生产经营者为提高食品安全水平采用先进技术和先进管理规范。

第十条 任何组织或者个人有权举报食品生产经营中违反本法的行为，有权向有关部门了解食品安全信息，对食品安全监督管理工作提出意见和建议。

第二章 食品安全风险监测和评估

第十一条 国家建立食品安全风险监测制度，对食源性疾病、食品污染以及食品中的有害因素进行监测。

国务院卫生行政部门会同国务院有关部门制定、实施国家食品安全风险监测计划。省、自治区、直辖市人民政府卫生行政部门根据国家食品安全风险监测计划，结合本行政区域的具体情况，组织制定、实施本行政区域的食品安全风险监测方案。

第十二条 国务院农业行政、质量监督、工商行政管理和国家食品药品监督管理等有关部门获知有关食品安全风险信息后，应当立即向国务院卫生行政部门通报。国务院卫生行政部门会同有关部门对信息核实后，应当及时调整食品安全风险监测计划。

第十三条 国家建立食品安全风险评估制度，对食品、食品添加剂中生物性、化学性和物理性危害进行风险评估。

国务院卫生行政部门负责组织食品安全风险评估工作，成立由医学、农业、食品、营养等方面的专家组成的食品安全风险评估专家委员会进行食品安全风险评估。

对农药、肥料、生长调节剂、兽药、饲料和饲料添加剂等的安全性评估，应当有食品安全风险评估专家委员会的专家参加。

食品安全风险评估应当运用科学方法，根据食品安全风险监测信息、科学数据以及其他有关信息进行。

第十四条 国务院卫生行政部门通过食品安全风险监测或者接到举报发现食品可能存在安

全隐患的，应当立即组织进行检验和食品安全风险评估。

第十五条　国务院农业行政、质量监督、工商行政管理和国家食品药品监督管理等有关部门应当向国务院卫生行政部门提出食品安全风险评估的建议，并提供有关信息和资料。

国务院卫生行政部门应当及时向国务院有关部门通报食品安全风险评估的结果。

第十六条　食品安全风险评估结果是制定、修订食品安全标准和对食品安全实施监督管理的科学依据。

食品安全风险评估结果得出食品不安全结论的，国务院质量监督、工商行政管理和国家食品药品监督管理部门应当依据各自职责立即采取相应措施，确保该食品停止生产经营，并告知消费者停止食用；需要制定、修订相关食品安全国家标准的，国务院卫生行政部门应当立即制定、修订。

第十七条　国务院卫生行政部门应当会同国务院有关部门，根据食品安全风险评估结果、食品安全监督管理信息，对食品安全状况进行综合分析。对经综合分析表明可能具有较高程度安全风险的食品，国务院卫生行政部门应当及时提出食品安全风险警示，并予以公布。

第三章　食品安全标准

第十八条　制定食品安全标准，应当以保障公众身体健康为宗旨，做到科学合理、安全可靠。

第十九条　食品安全标准是强制执行的标准。除食品安全标准外，不得制定其他的食品强制性标准。

第二十条　食品安全标准应当包括下列内容：

（一）食品、食品相关产品中的致病性微生物、农药残留、兽药残留、重金属、污染物质以及其他危害人体健康物质的限量规定；

（二）食品添加剂的品种、使用范围、用量；

（三）专供婴幼儿和其他特定人群的主辅食品的营养成分要求；

（四）对与食品安全、营养有关的标签、标识、说明书的要求；

（五）食品生产经营过程的卫生要求；

（六）与食品安全有关的质量要求；

（七）食品检验方法与规程；

（八）其他需要制定为食品安全标准的内容。

第二十一条　食品安全国家标准由国务院卫生行政部门负责制定、公布，国务院标准化行政部门提供国家标准编号。

食品中农药残留、兽药残留的限量规定及其检验方法与规程由国务院卫生行政部门、国务院农业行政部门制定。

屠宰畜、禽的检验规程由国务院有关主管部门会同国务院卫生行政部门制定。

有关产品国家标准涉及食品安全国家标准规定内容的，应当与食品安全国家标准相一致。

第二十二条　国务院卫生行政部门应当对现行的食用农产品质量安全标准、食品卫生标准、食品质量标准和有关食品的行业标准中强制执行的标准予以整合，统一公布为食品安全国家标准。

本法规定的食品安全国家标准公布前，食品生产经营者应当按照现行食用农产品质量安全标准、食品卫生标准、食品质量标准和有关食品的行业标准生产经营食品。

第二十三条　食品安全国家标准应当经食品安全国家标准审评委员会审查通过。食品安全国家标准审评委员会由医学、农业、食品、营养等方面的专家以及国务院有关部门的代表组成。

制定食品安全国家标准，应当依据食品安全风险评估结果并充分考虑食用农产品质量安全风险评估结果，参照相关的国际标准和国际食品安全风险评估结果，并广泛听取食品生产经营者和消费者的意见。

第二十四条　没有食品安全国家标准的，可以制定食品安全地方标准。

省、自治区、直辖市人民政府卫生行政部门组织制定食品安全地方标准，应当参照执行本法有关食品安全国家标准制定的规定，并报国务院卫生行政部门备案。

第二十五条　企业生产的食品没有食品安全国家标准或者地方标准的，应当制定企业标准，作为组织生产的依据。国家鼓励食品生产企业制定严于食品安全国家标准或者地方标准的企业标准。企业标准应当报省级卫生行政部门备案，在本企业内部适用。

第二十六条　食品安全标准应当供公众免费查阅。

第四章　食品生产经营

第二十七条　食品生产经营应当符合食品安全标准，并符合下列要求：

（一）具有与生产经营的食品品种、数量相适应的食品原料处理和食品加工、包装、贮存等场所，保持该场所环境整洁，并与有毒、有害场所以及其他污染源保持规定的距离；

（二）具有与生产经营的食品品种、数量相适应的生产经营设备或者设施，有相应的消毒、更衣、盥洗、采光、照明、通风、防腐、防尘、防蝇、防鼠、防虫、洗涤以及处理废水、存放垃圾和废弃物的设备或者设施；

（三）有食品安全专业技术人员、管理人员和保证食品安全的规章制度；

（四）具有合理的设备布局和工艺流程，防止待加工食品与直接入口食品、原料与成品交叉污染，避免食品接触有毒物、不洁物；

（五）餐具、饮具和盛放直接入口食品的容器，使用前应当洗净、消毒，炊具、用具用后应当洗净，保持清洁；

（六）贮存、运输和装卸食品的容器、工具和设备应当安全、无害，保持清洁，防止食品污染，并符合保证食品安全所需的温度等特殊要求，不得将食品与有毒、有害物品一同运输；

（七）直接入口的食品应当有小包装或者使用无毒、清洁的包装材料、餐具；

（八）食品生产经营人员应当保持个人卫生，生产经营食品时，应当将手洗净，穿戴清洁的工作衣、帽；销售无包装的直接入口食品时，应当使用无毒、清洁的售货工具；

（九）用水应当符合国家规定的生活饮用水卫生标准；

（十）使用的洗涤剂、消毒剂应当对人体安全、无害；

（十一）法律、法规规定的其他要求。

第二十八条　禁止生产经营下列食品：

（一）用非食品原料生产的食品或者添加食品添加剂以外的化学物质和其他可能危害人体健康物质的食品，或者用回收食品作为原料生产的食品；

（二）致病性微生物、农药残留、兽药残留、重金属、污染物质以及其他危害人体健康的物质含量超过食品安全标准限量的食品；

（三）营养成分不符合食品安全标准的专供婴幼儿和其他特定人群的主辅食品；

（四）腐败变质、油脂酸败、霉变生虫、污秽不洁、混有异物、掺假掺杂或者感官性状异常的食品；

（五）病死、毒死或者死因不明的禽、畜、兽、水产动物肉类及其制品；

（六）未经动物卫生监督机构检疫或者检疫不合格的肉类，或者未经检验或者检验不合格的肉类制品；

（七）被包装材料、容器、运输工具等污染的食品；

（八）超过保质期的食品；

（九）无标签的预包装食品；

（十）国家为防病等特殊需要明令禁止生产经营的食品；

（十一）其他不符合食品安全标准或者要求的食品。

第二十九条 国家对食品生产经营实行许可制度。从事食品生产、食品流通、餐饮服务，应当依法取得食品生产许可、食品流通许可、餐饮服务许可。

取得食品生产许可的食品生产者在其生产场所销售其生产的食品，不需要取得食品流通的许可；取得餐饮服务许可的餐饮服务提供者在其餐饮服务场所出售其制作加工的食品，不需要取得食品生产和流通的许可；农民个人销售其自产的食用农产品，不需要取得食品流通的许可。

食品生产加工小作坊和食品摊贩从事食品生产经营活动，应当符合本法规定的与其生产经营规模、条件相适应的食品安全要求，保证所生产经营的食品卫生、无毒、无害，有关部门应当对其加强监督管理，具体管理办法由省、自治区、直辖市人民代表大会常务委员会依照本法制定。

第三十条 县级以上地方人民政府鼓励食品生产加工小作坊改进生产条件；鼓励食品摊贩进入集中交易市场、店铺等固定场所经营。

第三十一条 县级以上质量监督、工商行政管理、食品药品监督管理部门应当依照《中华人民共和国行政许可法》的规定，审核申请人提交的本法第二十七条第一项至第四项规定要求的相关资料，必要时对申请人的生产经营场所进行现场核查；对符合规定条件的，决定准予许可；对不符合规定条件的，决定不予许可并书面说明理由。

第三十二条 食品生产经营企业应当建立健全本单位的食品安全管理制度，加强对职工食品安全知识的培训，配备专职或者兼职食品安全管理人员，做好对所生产经营食品的检验工作，依法从事食品生产经营活动。

第三十三条 国家鼓励食品生产经营企业符合良好生产规范要求，实施危害分析与关键控制点体系，提高食品安全管理水平。

对通过良好生产规范、危害分析与关键控制点体系认证的食品生产经营企业，认证机构应当依法实施跟踪调查；对不再符合认证要求的企业，应当依法撤销认证，及时向有关质量监督、工商行政管理、食品药品监督管理部门通报，并向社会公布。认证机构实施跟踪调查不收取任何费用。

第三十四条 食品生产经营者应当建立并执行从业人员健康管理制度。患有痢疾、伤寒、病毒性肝炎等消化道传染病的人员，以及患有活动性肺结核、化脓性或者渗出性皮肤病等有碍食品安全的疾病的人员，不得从事接触直接入口食品的工作。

食品生产经营人员每年应当进行健康检查，取得健康证明后方可参加工作。

第三十五条 食用农产品生产者应当依照食品安全标准和国家有关规定使用农药、肥料、生长调节剂、兽药、饲料和饲料添加剂等农业投入品。食用农产品的生产企业和农民专业合作经济组织应当建立食用农产品生产记录制度。

县级以上农业行政部门应当加强对农业投入品使用的管理和指导，建立健全农业投入品的安全使用制度。

第三十六条　食品生产者采购食品原料、食品添加剂、食品相关产品，应当查验供货者的许可证和产品合格证明文件；对无法提供合格证明文件的食品原料，应当依照食品安全标准进行检验；不得采购或者使用不符合食品安全标准的食品原料、食品添加剂、食品相关产品。

食品生产企业应当建立食品原料、食品添加剂、食品相关产品进货查验记录制度，如实记录食品原料、食品添加剂、食品相关产品的名称、规格、数量、供货者名称及联系方式、进货日期等内容。

食品原料、食品添加剂、食品相关产品进货查验记录应当真实，保存期限不得少于二年。

第三十七条　食品生产企业应当建立食品出厂检验记录制度，查验出厂食品的检验合格证和安全状况，并如实记录食品的名称、规格、数量、生产日期、生产批号、检验合格证号、购货者名称及联系方式、销售日期等内容。

食品出厂检验记录应当真实，保存期限不得少于二年。

第三十八条　食品、食品添加剂和食品相关产品的生产者，应当依照食品安全标准对所生产的食品、食品添加剂和食品相关产品进行检验，检验合格后方可出厂或者销售。

第三十九条　食品经营者采购食品，应当查验供货者的许可证和食品合格的证明文件。

食品经营企业应当建立食品进货查验记录制度，如实记录食品的名称、规格、数量、生产批号、保质期、供货者名称及联系方式、进货日期等内容。

食品进货查验记录应当真实，保存期限不得少于二年。

实行统一配送经营方式的食品经营企业，可以由企业总部统一查验供货者的许可证和食品合格的证明文件，进行食品进货查验记录。

第四十条　食品经营者应当按照保证食品安全的要求贮存食品，定期检查库存食品，及时清理变质或者超过保质期的食品。

第四十一条　食品经营者贮存散装食品，应当在贮存位置标明食品的名称、生产日期、保质期、生产者名称及联系方式等内容。

食品经营者销售散装食品，应当在散装食品的容器、外包装上标明食品的名称、生产日期、保质期、生产经营者名称及联系方式等内容。

第四十二条　预包装食品的包装上应当有标签。标签应当标明下列事项：

（一）名称、规格、净含量、生产日期；

（二）成分或者配料表；

（三）生产者的名称、地址、联系方式；

（四）保质期；

（五）产品标准代号；

（六）贮存条件；

（七）所使用的食品添加剂在国家标准中的通用名称；

（八）生产许可证编号；

（九）法律、法规或者食品安全标准规定必须标明的其他事项。

专供婴幼儿和其他特定人群的主辅食品，其标签还应当标明主要营养成分及其含量。

第四十三条　国家对食品添加剂的生产实行许可制度。申请食品添加剂生产许可的条件、程序，按照国家有关工业产品生产许可证管理的规定执行。

第四十四条　申请利用新的食品原料从事食品生产或者从事食品添加剂新品种、食品相关产品新品种生产活动的单位或者个人，应当向国务院卫生行政部门提交相关产品的安全性评估材料。国务院卫生行政部门应当自收到申请之日起六十日内组织对相关产品的安全性评估材料进行审查；对符合食品安全要求的，依法决定准予许可并予以公布；对不符合食品安全要求的，决定不予许可并书面说明理由。

第四十五条　食品添加剂应当在技术上确有必要且经过风险评估证明安全可靠，方可列入允许使用的范围。国务院卫生行政部门应当根据技术必要性和食品安全风险评估结果，及时对食品添加剂的品种、使用范围、用量的标准进行修订。

第四十六条　食品生产者应当依照食品安全标准关于食品添加剂的品种、使用范围、用量的规定使用食品添加剂；不得在食品生产中使用食品添加剂以外的化学物质和其他可能危害人体健康的物质。

第四十七条　食品添加剂应当有标签、说明书和包装。标签、说明书应当载明本法第四十二条第一款第一项至第六项、第八项、第九项规定的事项，以及食品添加剂的使用范围、用量、使用方法，并在标签上载明"食品添加剂"字样。

第四十八条　食品和食品添加剂的标签、说明书，不得含有虚假、夸大的内容，不得涉及疾病预防、治疗功能。生产者对标签、说明书上所载明的内容负责。

食品和食品添加剂的标签、说明书应当清楚、明显，容易辨识。

食品和食品添加剂与其标签、说明书所载明的内容不符的，不得上市销售。

第四十九条　食品经营者应当按照食品标签标示的警示标志、警示说明或者注意事项的要求，销售预包装食品。

第五十条　生产经营的食品中不得添加药品，但是可以添加按照传统既是食品又是中药材的物质。按照传统既是食品又是中药材的物质的目录由国务院卫生行政部门制定、公布。

第五十一条　国家对声称具有特定保健功能的食品实行严格监管。有关监督管理部门应当依法履职，承担责任。具体管理办法由国务院规定。

声称具有特定保健功能的食品不得对人体产生急性、亚急性或者慢性危害，其标签、说明书不得涉及疾病预防、治疗功能，内容必须真实，应当载明适宜人群、不适宜人群、功效成分或者标志性成分及其含量等；产品的功能和成分必须与标签、说明书相一致。

第五十二条　集中交易市场的开办者、柜台出租者和展销会举办者，应当审查入场食品经营者的许可证，明确入场食品经营者的食品安全管理责任，定期对入场食品经营者的经营环境和条件进行检查，发现食品经营者有违反本法规定的行为的，应当及时制止并立即报告所在地县级工商行政管理部门或者食品药品监督管理部门。

集中交易市场的开办者、柜台出租者和展销会举办者未履行前款规定义务，本市场发生食品安全事故的，应当承担连带责任。

第五十三条　国家建立食品召回制度。食品生产者发现其生产的食品不符合食品安全标准，应当立即停止生产，召回已经上市销售的食品，通知相关生产经营者和消费者，并记录召回和通知情况。

食品经营者发现其经营的食品不符合食品安全标准，应当立即停止经营，通知相关生产经营者和消费者，并记录停止经营和通知情况。食品生产者认为应当召回的，应当立即召回。

食品生产者应当对召回的食品采取补救、无害化处理、销毁等措施，并将食品召回和处理情况向县级以上质量监督部门报告。

食品生产经营者未依照本条规定召回或者停止经营不符合食品安全标准的食品的，县级以上质量监督、工商行政管理、食品药品监督管理部门可以责令其召回或者停止经营。

第五十四条　食品广告的内容应当真实合法，不得含有虚假、夸大的内容，不得涉及疾病预防、治疗功能。

食品安全监督管理部门或者承担食品检验职责的机构、食品行业协会、消费者协会不得以广告或者其他形式向消费者推荐食品。

第五十五条　社会团体或者其他组织、个人在虚假广告中向消费者推荐食品，使消费者的合法权益受到损害的，与食品生产经营者承担连带责任。

第五十六条　地方各级人民政府鼓励食品规模化生产和连锁经营、配送。

第五章　食品检验

第五十七条　食品检验机构按照国家有关认证认可的规定取得资质认定后，方可从事食品检验活动。但是，法律另有规定的除外。

食品检验机构的资质认定条件和检验规范，由国务院卫生行政部门规定。

本法施行前经国务院有关主管部门批准设立或者经依法认定的食品检验机构，可以依照本法继续从事食品检验活动。

第五十八条　食品检验由食品检验机构指定的检验人独立进行。

检验人应当依照有关法律、法规的规定，并依照食品安全标准和检验规范对食品进行检验，尊重科学，恪守职业道德，保证出具的检验数据和结论客观、公正，不得出具虚假的检验报告。

第五十九条　食品检验实行食品检验机构与检验人负责制。食品检验报告应当加盖食品检验机构公章，并有检验人的签名或者盖章。食品检验机构和检验人对出具的食品检验报告负责。

第六十条　食品安全监督管理部门对食品不得实施免检。

县级以上质量监督、工商行政管理、食品药品监督管理部门应当对食品进行定期或者不定期的抽样检验。进行抽样检验，应当购买抽取的样品，不收取检验费和其他任何费用。

县级以上质量监督、工商行政管理、食品药品监督管理部门在执法工作中需要对食品进行检验的，应当委托符合本法规定的食品检验机构进行，并支付相关费用。对检验结论有异议的，可以依法进行复检。

第六十一条　食品生产经营企业可以自行对所生产的食品进行检验，也可以委托符合本法规定的食品检验机构进行检验。

食品行业协会等组织、消费者需要委托食品检验机构对食品进行检验的，应当委托符合本法规定的食品检验机构进行。

第六章　食品进出口

第六十二条　进口的食品、食品添加剂以及食品相关产品应当符合我国食品安全国家标准。

进口的食品应当经出入境检验检疫机构检验合格后，海关凭出入境检验检疫机构签发的通关证明放行。

第六十三条　进口尚无食品安全国家标准的食品，或者首次进口食品添加剂新品种、食品相关产品新品种，进口商应当向国务院卫生行政部门提出申请并提交相关的安全性评估材料。国务院卫生行政部门依照本法第四十四条的规定作出是否准予许可的决定，并及时制定相应的食品安全国家标准。

第六十四条　境外发生的食品安全事件可能对我国境内造成影响，或者在进口食品中发现严重食品安全问题的，国家出入境检验检疫部门应当及时采取风险预警或者控制措施，并向国务院卫生行政、农业行政、工商行政管理和国家食品药品监督管理部门通报。接到通报的部门应当及时采取相应措施。

第六十五条　向我国境内出口食品的出口商或者代理商应当向国家出入境检验检疫部门备案。向我国境内出口食品的境外食品生产企业应当经国家出入境检验检疫部门注册。

国家出入境检验检疫部门应当定期公布已经备案的出口商、代理商和已经注册的境外食品生产企业名单。

第六十六条　进口的预包装食品应当有中文标签、中文说明书。标签、说明书应当符合本法以及我国其他有关法律、行政法规的规定和食品安全国家标准的要求，载明食品的原产地以及境内代理商的名称、地址、联系方式。预包装食品没有中文标签、中文说明书或者标签、说明书不符合本条规定的，不得进口。

第六十七条　进口商应当建立食品进口和销售记录制度，如实记录食品的名称、规格、数量、生产日期、生产或者进口批号、保质期、出口商和购货者名称及联系方式、交货日期等内容。

食品进口和销售记录应当真实，保存期限不得少于二年。

第六十八条　出口的食品由出入境检验检疫机构进行监督、抽检，海关凭出入境检验检疫机构签发的通关证明放行。

出口食品生产企业和出口食品原料种植、养殖场应当向国家出入境检验检疫部门备案。

第六十九条　国家出入境检验检疫部门应当收集、汇总进出口食品安全信息，并及时通报相关部门、机构和企业。

国家出入境检验检疫部门应当建立进出口食品的进口商、出口商和出口食品生产企业的信誉记录，并予以公布。对有不良记录的进口商、出口商和出口食品生产企业，应当加强对其进出口食品的检验检疫。

第七章　食品安全事故处置

第七十条　国务院组织制定国家食品安全事故应急预案。

县级以上地方人民政府应当根据有关法律、法规的规定和上级人民政府的食品安全事故应急预案以及本地区的实际情况，制定本行政区域的食品安全事故应急预案，并报上一级人民政府备案。

食品生产经营企业应当制定食品安全事故处置方案，定期检查本企业各项食品安全防范措施的落实情况，及时消除食品安全事故隐患。

第七十一条　发生食品安全事故的单位应当立即予以处置，防止事故扩大。事故发生单位和接收病人进行治疗的单位应当及时向事故发生地县级卫生行政部门报告。

农业行政、质量监督、工商行政管理、食品药品监督管理部门在日常监督管理中发现食品安全事故，或者接到有关食品安全事故的举报，应当立即向卫生行政部门通报。

发生重大食品安全事故的，接到报告的县级卫生行政部门应当按照规定向本级人民政府和上级人民政府卫生行政部门报告。县级人民政府和上级人民政府卫生行政部门应当按照规定上报。

任何单位或者个人不得对食品安全事故隐瞒、谎报、缓报，不得毁灭有关证据。

第七十二条 县级以上卫生行政部门接到食品安全事故的报告后，应当立即会同有关农业行政、质量监督、工商行政管理、食品药品监督管理部门进行调查处理，并采取下列措施，防止或者减轻社会危害：

（一）开展应急救援工作，对因食品安全事故导致人身伤害的人员，卫生行政部门应当立即组织救治；

（二）封存可能导致食品安全事故的食品及其原料，并立即进行检验；对确认属于被污染的食品及其原料，责令食品生产经营者依照本法第五十三条的规定予以召回、停止经营并销毁；

（三）封存被污染的食品用工具及用具，并责令进行清洗消毒；

（四）做好信息发布工作，依法对食品安全事故及其处理情况进行发布，并对可能产生的危害加以解释、说明。

发生重大食品安全事故的，县级以上人民政府应当立即成立食品安全事故处置指挥机构，启动应急预案，依照前款规定进行处置。

第七十三条 发生重大食品安全事故，设区的市级以上人民政府卫生行政部门应当立即会同有关部门进行事故责任调查，督促有关部门履行职责，向本级人民政府提出事故责任调查处理报告。

重大食品安全事故涉及两个以上省、自治区、直辖市的，由国务院卫生行政部门依照前款规定组织事故责任调查。

第七十四条 发生食品安全事故，县级以上疾病预防控制机构应当协助卫生行政部门和有关部门对事故现场进行卫生处理，并对与食品安全事故有关的因素开展流行病学调查。

第七十五条 调查食品安全事故，除了查明事故单位的责任，还应当查明负有监督管理和认证职责的监督管理部门、认证机构的工作人员失职、渎职情况。

第八章 监督管理

第七十六条 县级以上地方人民政府组织本级卫生行政、农业行政、质量监督、工商行政管理、食品药品监督管理部门制定本行政区域的食品安全年度监督管理计划，并按照年度计划组织开展工作。

第七十七条 县级以上质量监督、工商行政管理、食品药品监督管理部门履行各自食品安全监督管理职责，有权采取下列措施：

（一）进入生产经营场所实施现场检查；

（二）对生产经营的食品进行抽样检验；

（三）查阅、复制有关合同、票据、账簿以及其他有关资料；

（四）查封、扣押有证据证明不符合食品安全标准的食品，违法使用的食品原料、食品添加剂、食品相关产品，以及用于违法生产经营或者被污染的工具、设备；

（五）查封违法从事食品生产经营活动的场所。

县级以上农业行政部门应当依照《中华人民共和国农产品质量安全法》规定的职责，对食用农产品进行监督管理。

第七十八条 县级以上质量监督、工商行政管理、食品药品监督管理部门对食品生产经营者进行监督检查，应当记录监督检查的情况和处理结果。监督检查记录经监督检查人员和食品生产经营者签字后归档。

第七十九条 县级以上质量监督、工商行政管理、食品药品监督管理部门应当建立食品生产经营者食品安全信用档案，记录许可颁发、日常监督检查结果、违法行为查处等情况；根据食品安全信用档案的记录，对有不良信用记录的食品生产经营者增加监督检查频次。

第八十条 县级以上卫生行政、质量监督、工商行政管理、食品药品监督管理部门接到咨询、投诉、举报，对属于本部门职责的，应当受理，并及时进行答复、核实、处理；对不属于本部门职责的，应当书面通知并移交有权处理的部门处理。有权处理的部门应当及时处理，不得推诿；属于食品安全事故的，依照本法第七章有关规定进行处置。

第八十一条 县级以上卫生行政、质量监督、工商行政管理、食品药品监督管理部门应当按照法定权限和程序履行食品安全监督管理职责；对生产经营者的同一违法行为，不得给予二次以上罚款的行政处罚；涉嫌犯罪的，应当依法向公安机关移送。

第八十二条 国家建立食品安全信息统一公布制度。下列信息由国务院卫生行政部门统一公布：

（一）国家食品安全总体情况；

（二）食品安全风险评估信息和食品安全风险警示信息；

（三）重大食品安全事故及其处理信息；

（四）其他重要的食品安全信息和国务院确定的需要统一公布的信息。

前款第二项、第三项规定的信息，其影响限于特定区域的，也可以由有关省、自治区、直辖市人民政府卫生行政部门公布。县级以上农业行政、质量监督、工商行政管理、食品药品监督管理部门依据各自职责公布食品安全日常监督管理信息。

食品安全监督管理部门公布信息，应当做到准确、及时、客观。

第八十三条 县级以上地方卫生行政、农业行政、质量监督、工商行政管理、食品药品监督管理部门获知本法第八十二条第一款规定的需要统一公布的信息，应当向上级主管部门报告，由上级主管部门立即报告国务院卫生行政部门；必要时，可以直接向国务院卫生行政部门报告。

县级以上卫生行政、农业行政、质量监督、工商行政管理、食品药品监督管理部门应当相互通报获知的食品安全信息。

第九章 法律责任

第八十四条 违反本法规定，未经许可从事食品生产经营活动，或者未经许可生产食品添加剂的，由有关主管部门按照各自职责分工，没收违法所得、违法生产经营的食品、食品添加剂和用于违法生产经营的工具、设备、原料等物品；违法生产经营的食品、食品添加剂货值金额不足一万元的，并处二千元以上五万元以下罚款；货值金额一万元以上的，并处货值金额五倍以上十倍以下罚款。

第八十五条 违反本法规定，有下列情形之一的，由有关主管部门按照各自职责分工，没收违法所得、违法生产经营的食品和用于违法生产经营的工具、设备、原料等物品；违法生产经营的食品货值金额不足一万元的，并处二千元以上五万元以下罚款；货值金额一万元以上的，并处货值金额五倍以上十倍以下罚款；情节严重的，吊销许可证：

（一）用非食品原料生产食品或者在食品中添加食品添加剂以外的化学物质和其他可能危害人体健康的物质，或者用回收食品作为原料生产食品；

（二）生产经营致病性微生物、农药残留、兽药残留、重金属、污染物质以及其他危害人体健康的物质含量超过食品安全标准限量的食品；

（三）生产经营营养成分不符合食品安全标准的专供婴幼儿和其他特定人群的主辅食品；

（四）经营腐败变质、油脂酸败、霉变生虫、污秽不洁、混有异物、掺假掺杂或者感官性状异常的食品；

（五）经营病死、毒死或者死因不明的禽、畜、兽、水产动物肉类，或者生产经营病死、毒死或者死因不明的禽、畜、兽、水产动物肉类的制品；

（六）经营未经动物卫生监督机构检疫或者检疫不合格的肉类，或者生产经营未经检验或者检验不合格的肉类制品；

（七）经营超过保质期的食品；

（八）生产经营国家为防病等特殊需要明令禁止生产经营的食品；

（九）利用新的食品原料从事食品生产或者从事食品添加剂新品种、食品相关产品新品种生产，未经过安全性评估；

（十）食品生产经营者在有关主管部门责令其召回或者停止经营不符合食品安全标准的食品后，仍拒不召回或者停止经营的。

第八十六条　违反本法规定，有下列情形之一的，由有关主管部门按照各自职责分工，没收违法所得、违法生产经营的食品和用于违法生产经营的工具、设备、原料等物品；违法生产经营的食品货值金额不足一万元的，并处二千元以上五万元以下罚款；货值金额一万元以上的，并处货值金额二倍以上五倍以下罚款；情节严重的，责令停产停业，直至吊销许可证：

（一）经营被包装材料、容器、运输工具等污染的食品；

（二）生产经营无标签的预包装食品、食品添加剂或者标签、说明书不符合本法规定的食品、食品添加剂；

（三）食品生产者采购、使用不符合食品安全标准的食品原料、食品添加剂、食品相关产品；

（四）食品生产经营者在食品中添加药品。

第八十七条　违反本法规定，有下列情形之一的，由有关主管部门按照各自职责分工，责令改正，给予警告；拒不改正的，处二千元以上二万元以下罚款；情节严重的，责令停产停业，直至吊销许可证：

（一）未对采购的食品原料和生产的食品、食品添加剂、食品相关产品进行检验；

（二）未建立并遵守查验记录制度、出厂检验记录制度；

（三）制定食品安全企业标准未依照本法规定备案；

（四）未按规定要求贮存、销售食品或者清理库存食品；

（五）进货时未查验许可证和相关证明文件；

（六）生产的食品、食品添加剂的标签、说明书涉及疾病预防、治疗功能；

（七）安排患有本法第三十四条所列疾病的人员从事接触直接入口食品的工作。

第八十八条　违反本法规定，事故单位在发生食品安全事故后未进行处置、报告的，由有关主管部门按照各自职责分工，责令改正，给予警告；毁灭有关证据的，责令停产停业，并处二千元以上十万元以下罚款；造成严重后果的，由原发证部门吊销许可证。

第八十九条　违反本法规定，有下列情形之一的，依照本法第八十五条的规定给予处罚：

（一）进口不符合我国食品安全国家标准的食品；

（二）进口尚无食品安全国家标准的食品，或者首次进口食品添加剂新品种、食品相关产品新品种，未经过安全性评估；

（三）出口商未遵守本法的规定出口食品。

违反本法规定，进口商未建立并遵守食品进口和销售记录制度的，依照本法第八十七条的规定给予处罚。

第九十条 违反本法规定，集中交易市场的开办者、柜台出租者、展销会的举办者允许未取得许可的食品经营者进入市场销售食品，或者未履行检查、报告等义务的，由有关主管部门按照各自职责分工，处二千元以上五万元以下罚款；造成严重后果的，责令停业，由原发证部门吊销许可证。

第九十一条 违反本法规定，未按照要求进行食品运输的，由有关主管部门按照各自职责分工，责令改正，给予警告；拒不改正的，责令停产停业，并处二千元以上五万元以下罚款；情节严重的，由原发证部门吊销许可证。

第九十二条 被吊销食品生产、流通或者餐饮服务许可证的单位，其直接负责的主管人员自处罚决定作出之日起五年内不得从事食品生产经营管理工作。

食品生产经营者聘用不得从事食品生产经营管理工作的人员从事管理工作的，由原发证部门吊销许可证。

第九十三条 违反本法规定，食品检验机构、食品检验人员出具虚假检验报告的，由授予其资质的主管部门或者机构撤销该检验机构的检验资格；依法对检验机构直接负责的主管人员和食品检验人员给予撤职或者开除的处分。

违反本法规定，受到刑事处罚或者开除处分的食品检验机构人员，自刑罚执行完毕或者处分决定作出之日起十年内不得从事食品检验工作。食品检验机构聘用不得从事食品检验工作的人员的，由授予其资质的主管部门或者机构撤销该检验机构的检验资格。

第九十四条 违反本法规定，在广告中对食品质量作虚假宣传，欺骗消费者的，依照《中华人民共和国广告法》的规定给予处罚。

违反本法规定，食品安全监督管理部门或者承担食品检验职责的机构、食品行业协会、消费者协会以广告或者其他形式向消费者推荐食品的，由有关主管部门没收违法所得，依法对直接负责的主管人员和其他直接责任人员给予记大过、降级或者撤职的处分。

第九十五条 违反本法规定，县级以上地方人民政府在食品安全监督管理中未履行职责，本行政区域出现重大食品安全事故、造成严重社会影响的，依法对直接负责的主管人员和其他直接责任人员给予记大过、降级、撤职或者开除的处分。

违反本法规定，县级以上卫生行政、农业行政、质量监督、工商行政管理、食品药品监督管理部门或者其他有关行政部门不履行本法规定的职责或者滥用职权、玩忽职守、徇私舞弊的，依法对直接负责的主管人员和其他直接责任人员给予记大过或者降级的处分；造成严重后果的，给予撤职或者开除的处分；其主要负责人应当引咎辞职。

第九十六条 违反本法规定，造成人身、财产或者其他损害的，依法承担赔偿责任。

生产不符合食品安全标准的食品或者销售明知是不符合食品安全标准的食品，消费者除要求赔偿损失外，还可以向生产者或者销售者要求支付价款十倍的赔偿金。

第九十七条 违反本法规定，应当承担民事赔偿责任和缴纳罚款、罚金，其财产不足以同时支付时，先承担民事赔偿责任。

第九十八条 违反本法规定，构成犯罪的，依法追究刑事责任。

第十章 附则

第九十九条 本法下列用语的含义：

食品，指各种供人食用或者饮用的成品和原料以及按照传统既是食品又是药品的物品，但是不包括以治疗为目的的物品。

食品安全，指食品无毒、无害，符合应当有的营养要求，对人体健康不造成任何急性、亚急性或者慢性危害。

预包装食品，指预先定量包装或者制作在包装材料和容器中的食品。

食品添加剂，指为改善食品品质和色、香、味以及为防腐、保鲜和加工工艺的需要而加入食品中的人工合成或者天然物质。

用于食品的包装材料和容器，指包装、盛放食品或者食品添加剂用的纸、竹、木、金属、搪瓷、陶瓷、塑料、橡胶、天然纤维、化学纤维、玻璃等制品和直接接触食品或者食品添加剂的涂料。

用于食品生产经营的工具、设备，指在食品或者食品添加剂生产、流通、使用过程中直接接触食品或者食品添加剂的机械、管道、传送带、容器、用具、餐具等。

用于食品的洗涤剂、消毒剂，指直接用于洗涤或者消毒食品、餐饮具以及直接接触食品的工具、设备或者食品包装材料和容器的物质。

保质期，指预包装食品在标签指明的贮存条件下保持品质的期限。

食源性疾病，指食品中致病因素进入人体引起的感染性、中毒性等疾病。

食物中毒，指食用了被有毒有害物质污染的食品或者食用了含有毒有害物质的食品后出现的急性、亚急性疾病。

食品安全事故，指食物中毒、食源性疾病、食品污染等源于食品，对人体健康有危害或者可能有危害的事故。

第一百条　食品生产经营者在本法施行前已经取得相应许可证的，该许可证继续有效。

第一百零一条　乳品、转基因食品、生猪屠宰、酒类和食盐的食品安全管理，适用本法；法律、行政法规另有规定的，依照其规定。

第一百零二条　铁路运营中食品安全的管理办法由国务院卫生行政部门会同国务院有关部门依照本法制定。

军队专用食品和自供食品的食品安全管理办法由中央军事委员会依照本法制定。

第一百零三条　国务院根据实际需要，可以对食品安全监督管理体制作出调整。

第一百零四条　本法自 2009 年 6 月 1 日起施行。《中华人民共和国食品卫生法》同时废止。

附录二　食品安全国家标准

预包装食品标签通则

1　范围

本标准适用于直接提供给消费者的预包装食品标签和非直接提供给消费者的预包装食品标签。

本标准不适用于为预包装食品在储藏运输过程中提供保护的食品储运包装标签、散装食品和现制现售食品的标识。

2 术语和定义

2.1 预包装食品

预先定量包装或者制作在包装材料和容器中的食品，包括预先定量包装以及预先定量制作在包装材料和容器中并且在一定量限范围内具有统一的质量或体积标识的食品。

2.2 食品标签

食品包装上的文字、图形、符号及一切说明物。

2.3 配料

在制造或加工食品时使用的，并存在（包括以改性的形式存在）于产品中的任何物质，包括食品添加剂。

2.4 生产日期（制造日期）

食品成为最终产品的日期，也包括包装或灌装日期，即将食品装入（灌入）包装物或容器中，形成最终销售单元的日期。

2.5 保质期

预包装食品在标签指明的贮存条件下，保持品质的期限。在此期限内，产品完全适于销售，并保持标签中不必说明或已经说明的特有品质。

2.6 规格

同一预包装内含有多件预包装食品时，对净含量和内含件数关系的表述。

2.7 主要展示版面

预包装食品包装物或包装容器上容易被观察到的版面。

3 基本要求

3.1 应符合法律、法规的规定，并符合相应食品安全标准的规定。

3.2 应清晰、醒目、持久，应使消费者购买时易于辨认和识读。

3.3 应通俗易懂、有科学依据，不得标示封建迷信、色情、贬低其他食品或违背营养科学常识的内容。

3.4 应真实、准确，不得以虚假、夸大、使消费者误解或欺骗性的文字、图形等方式介绍食品，也不得利用字号大小或色差误导消费者。

3.5 不应直接或以暗示性的语言、图形、符号，误导消费者将购买的食品或食品的某一性质与另一产品混淆。

3.6 不应标注或者暗示具有预防、治疗疾病作用的内容，非保健食品不得明示或者暗示具有保健作用。

3.7 不应与食品或者其包装物（容器）分离。

3.8 应使用规范的汉字（商标除外）。具有装饰作用的各种艺术字，应书写正确，易于辨认。

3.8.1 可以同时使用拼音或少数民族文字，拼音不得大于相应汉字。

3.8.2 可以同时使用外文，但应与中文有对应关系（商标、进口食品的制造者和地址、国外经销者的名称和地址、网址除外）。所有外文不得大于相应的汉字（商标除外）。

3.9 预包装食品包装物或包装容器最大表面面积大于 $35cm^2$ 时（最大表面面积计算方法见附录 A），强制标示内容的文字、符号、数字的高度不得小于 1.8mm。

3.10 一个销售单元的包装中含有不同品种、多个独立包装可单独销售的食品，每件独立包装的食品标识应当分别标注。

3.11 若外包装易于开启识别或透过外包装物能清晰地识别内包装物（容器）上的所有强制标示内容或部分强制标示内容，可不在外包装物上重复标示相应的内容；否则应在外包装物上按要求标示所有强制标示内容。

4 标示内容

4.1 直接向消费者提供的预包装食品标签标示内容

4.1.1 一般要求

直接向消费者提供的预包装食品标签标示应包括食品名称、配料表、净含量和规格、生产者和（或）经销者的名称、地址和联系方式、生产日期和保质期、贮存条件、食品生产许可证编号、产品标准代号及其他需要标示的内容。

4.1.2 食品名称

4.1.2.1 应在食品标签的醒目位置，清晰地标示反映食品真实属性的专用名称。

4.1.2.1.1 当国家标准、行业标准或地方标准中已规定了某食品的一个或几个名称时，应选用其中的一个，或等效的名称。

4.1.2.1.2 无国家标准、行业标准或地方标准规定的名称时，应使用不使消费者误解或混淆的常用名称或通俗名称。

4.1.2.2 标示"新创名称"、"奇特名称"、"音译名称"、"牌号名称"、"地区俚语名称"或"商标名称"时，应在所示名称的同一展示版面标示 4.1.2.1 规定的名称。

4.1.2.2.1 当"新创名称"、"奇特名称"、"音译名称"、"牌号名称"、"地区俚语名称"或"商标名称"含有易使人误解食品属性的文字或术语（词语）时，应在所示名称的同一展示版面邻近部位使用同一字号标示食品真实属性的专用名称。

4.1.2.2.2 当食品真实属性的专用名称因字号或字体颜色不同易使人误解食品属性时，也应使用同一字号及同一字体颜色标示食品真实属性的专用名称。

4.1.2.3 为不使消费者误解或混淆食品的真实属性、物理状态或制作方法，可以在食品名称前或食品名称后附加相应的词或短语。如干燥的、浓缩的、复原的、熏制的、油炸的、粉末的、粒状的等。

4.1.3 配料表

4.1.3.1 预包装食品的标签上应标示配料表，配料表中的各种配料应按 4.1.2 的要求标示具体名称，食品添加剂按照 4.1.3.1.4 的要求标示名称。

4.1.3.1.1 配料表应以"配料"或"配料表"为引导词。当加工过程中所用的原料已改变为其他成分（如酒、酱油、食醋等发酵产品）时，可用"原料"或"原料与辅料"代替"配料"、"配料表"，并按本标准相应条款的要求标示各种原料、辅料和食品添加剂。加工助剂不需要标示。

4.1.3.1.2 各种配料应按制造或加工食品时加入量的递减顺序一一排列；加入量小超过 2%的配料可以不按递减顺序排列。

4.1.3.1.3 如果某种配料是由两种或两种以上的其他配料构成的复合配料（不包括复合食品添加剂），应在配料表中标示复合配料的名称，随后将复合配料的原始配料在括号内按加入量的递减顺序标示。当某种复合配料已有国家标准、行业标准或地方标准，且其加入量小于食品总量的 25%时，不需要标示复合配料的原始配料。

4.1.3.1.4 食品添加剂应当标示其在 GB 2760 中的食品添加剂通用名称。食品添加剂通用名称可以标示为食品添加剂的具体名称，也可标示为食品添加剂的功能类别名称并同时标示食品添加剂的具体名称或国际编码（INS号）（标示形式见附录 B）。在同一预包装食品的标签上，应选择附录 B 中的一种形式标示食品添加剂。当采用同时标示食品添加剂的功能类别名称和国际编码的形式时，若某种食品添加剂尚不存在相应的国际编码，或因致敏物质标示需要，可以标示其具体名称。食品添加剂的名称不包括其制法。加入量小于食品总量 25%的复合配料中含有的食品添加剂，若符合 GB 2 760 规定的带入原则且在最终产品中不起工艺作用的，不需要标示。

4.1.3.1.5　在食品制造或加工过程中，加入的水应在配料表中标示。在加工过程中已挥发的水或其他挥发性配料不需要标示。

4.1.3.1.6　可食用的包装物也应在配料表中标示原始配料，国家另有法律法规规定的除外。

4.1.3.2　下列食品配料，可以选择按表 1 的方式标示。

表 1　配料标示方式

配　料　类　别	标　示　方　式
各种植物油或精炼植物油，不包括橄榄油	"植物油"或"精炼植物油"；如经过氢化处理，应标示为"氢化"或"部分氢化"
各种淀粉，不包括化学改性淀粉	"淀粉"
加入量不超过 2%的各种香辛料或香辛料浸出物（单一的或合计的）	"香辛料"、"香辛料类"或"复合香辛料"
胶基糖果的各种胶基物质制剂	"胶姆糖基础剂"、"胶基"
添加量不超过 10%的各种果脯蜜饯水果	"蜜饯"、"果脯"
食用香精、香料	"食用香精"、"食用香料"、"食用香精香料"

4.1.4　配料的定量标示

4.1.4.1　如果在食品标签或食品说明书上特别强调添加了或含有一种或多种有价值、有特性的配料或成分，应标示所强调配料或成分的添加量或在成品中的含量。

4.1.4.2　如果在食品的标签上特别强调一种或多种配料或成分的含量较低或无时，应标示所强调配料或成分在成品中的含量。

4.1.4.3　食品名称中提及的某种配料或成分而未在标签上特别强调，不需要标示该种配料或成分的添加量或在成品中的含量。

4.1.5　净含量和规格

4.1.5.1　净含量的标示应由净含量、数字和法定计量单位组成（标示形式参见附录 C）。

4.1.5.2　应依据法定计量单位，按以下形式标示包装物（容器）中食品的净含量：

a）液态食品，用体积升（L）（l）、毫升（mL）（ml），或用质量克（g）、千克（kg）；

b）固态食品，用质量克（g）、千克（kg）；

c）半固态或黏性食品，用质量克（g）、千克（kg）或体积升（L）（l）、毫升（mL）（ml）。

4.1.5.3　净含量的计量单位应按表 2 标示。

表 2　净含量计量单位的标示方式

计　量　方　式	净含量（Q）的范围	计　量　单　位
体积	Q < 1 000mL	毫升（mL）（ml）
	Q ≥ 1 000mL	升（L）（l）
质量	Q < 1 000g	克（g）
	Q ≥ 1 000g	千克（kg）

4.1.5.4 净含量字符的最小高度应符合表3的规定。

表3 净含量字符的最小高度

净含量（Q）的范围	字符的最小高度 mm
Q≤50mL；Q≤50g	2
50mL＜Q≤200mL；50g＜Q≤200g	3
200mL＜Q≤1L；200g＜Q≤1kg	4
Q＞1kg；Q＞1L	6

4.1.5.5 净含量应与食品名称在包装物或容器的同一展示版面标示。

4.1.5.6 容器中含有固、液两相物质的食品，且固相物质为主要食品配料时，除标示净含量外，还应以质量或质量分数的形式标示沥干物（固形物）的含量（标示形式参见附录C）。

4.1.5.7 同一预包装内含有多个单件预包装食品时，大包装在标示净含量的同时还应标示规格。

4.1.5.8 规格的标示应由单件预包装食品净含量和件数组成，或只标示件数，可不标示"规格"二字。单件预包装食品的规格即指净含量（标示形式参见附录C）。

4.1.6 生产者、经销者的名称、地址和联系方式

4.1.6.1 应当标注生产者的名称、地址和联系方式。生产者名称和地址应当是依法登记注册、能够承担产品安全质量责任的生产者的名称、地址。有下列情形之一的，应按下列要求予以标示。

4.1.6.1.1 依法独立承担法律责任的集团公司、集团公司的子公司，应标示各自的名称和地址。

4.1.6.1.2 不能依法独立承担法律责任的集团公司的分公司或集团公司的生产基地，应标示集团公司和分公司（生产基地）的名称、地址；或仅标示集团公司的名称、地址及产地，产地应当按照行政区划标注到地市级地域。

4.1.6.1.3 受其他单位委托加工预包装食品的，应标示委托单位和受委托单位的名称和地址；或仅标示委托单位的名称和地址及产地，产地应当按照行政区划标注到地市级地域。

4.1.6.2 依法承担法律责任的生产者或经销者的联系方式应标示以下至少一项内容：电话、传真、网络联系方式等，或与地址一并标示的邮政地址。

4.1.6.3 进口预包装食品应标示原产国国名或地区区名（如香港、澳门、台湾），以及在中国依法登记注册的代理商、进口商或经销者的名称、地址和联系方式，可不标示生产者的名称、地址和联系方式。

4.1.7 日期标示

4.1.7.1 应清晰标示预包装食品的生产日期和保质期。如日期标示采用"见包装物某部位"的形式，应标示所在包装物的具体部位。日期标示不得另外加贴、补印或篡改（标示形式参见附录C）。

4.1.7.2 当同一预包装内含有多个标示了生产日期及保质期的单件预包装食品时，外包装上标示的保质期应按最早到期的单件食品的保质期计算。外包装上标示的生产日期应为最早生产的单件食品的生产日期，或外包装形成销售单元的日期；也可在外包装上分别标示各单件装食品的生产日期和保质期。

4.1.7.3 应按年、月、日的顺序标示日期，如果不按此顺序标示，应注明日期标示顺序（标

示形式参见附录 C)。

4.1.8 贮存条件

预包装食品标签应标示贮存条件（标示形式参见附录 C）。

4.1.9 食品生产许可证编号

预包装食品标签应标示食品生产许可证编号的，标示形式按照相关规定执行。

4.1.10 产品标准代号

在国内生产并在国内销售的预包装食品（不包括进口预包装食品）应标示产品所执行的标准代号和顺序号。

4.1.11 其他标示内容

4.1.11.1 辐照食品

4.1.11.1.1 经电离辐射线或电离能量处理过的食品，应在食品名称附近标示"辐照食品"。

4.1.11.1.2 经电离辐射线或电离能量处理过的任何配料，应在配料表中标明。

4.1.11.2 转基因食品

转基因食品的标示应符合相关法律、法规的规定。

4.1.11.3 营养标签

4.1.11.3.1 特殊膳食类食品和专供婴幼儿的主辅类食品，应当标示主要营养成分及其含量，标示方式按照 GB 13432 执行。

4.1.11.3.2 其他预包装食品如需标示营养标签，标示方式参照相关法规标准执行。

4.1.11.4 质量（品质）等级

食品所执行的相应产品标准已明确规定质量（品质）等级的，应标示质量（品质）等级。

4.2 非直接提供给消费者的预包装食品标签标示内容

非直接提供给消费者的预包装食品标签应按照 4.1 项下的相应要求标示食品名称、规格、净含量、生产日期、保质期和贮存条件，其他内容如未在标签上标注，则应在说明书或合同中注明。

4.3 标示内容的豁免

4.3.1 下列预包装食品可以免除标示保质期：酒精度大于等于 10% 的饮料酒；食醋；食用盐；固态食糖类；味精。

4.3.2 当预包装食品包装物或包装容器的最大表面面积小于 10cm² 时（最大表面面积计算方法见附录 A），可以只标示产品名称、净含量、生产者（或经销商）的名称和地址。

4.4 推荐标示内容

4.4.1 批号

根据产品需要，可以标示产品的批号。

4.4.2 食用方法

根据产品需要，可以标示容器的开启方法、食用方法、烹调方法、复水再制方法等对消费者有帮助的说明。

4.4.3 致敏物质

4.4.3.1 以下食品及其制品可能导致过敏反应，如果用作配料，宜在配料表中使用易辨识的名称，或在配料表邻近位置加以提示：

a) 含有麸质的谷物及其制品（如小麦、黑麦、大麦、燕麦、斯佩耳特小麦或它们的杂交品系）；

b) 甲壳纲类动物及其制品（如虾、龙虾、蟹等）；

c）鱼类及其制品；

d）蛋类及其制品；

e）花生及其制品；

f）大豆及其制品；

g）乳及乳制品（包括乳糖）；

h）坚果及其果仁类制品。

4.4.3.2　如加工过程中可能带入上述食品或其制品，宜在配料表临近位置加以提示。

5　其他

按国家相关规定需要特殊审批的食品，其标签标识按照相关规定执行。

附录 A

包装物或包装容器最大表面面积计算方法

A.1　长方体形包装物或长方体形包装容器计算方法

长方体形包装物或长方体形包装容器的最大一个侧面的高度（cm）乘以宽度（cm）。

A.2　圆柱形包装物、圆柱形包装容器或近似圆柱形包装物、近似圆柱形包装容器计算方法

包装物或包装容器的高度（cm）乘以圆周长（cm）的 40%。

A.3　其他形状的包装物或包装容器计算方法

包装物或包装容器的总表面积的 40%。

如果包装物或包装容器有明显的主要展示版面，应以主要展示版面的面积为最大表面面积。包装袋等计算表面面积时应除去封边所占尺寸。瓶形或罐形包装计算表面面积时不包括肩部、颈部、顶部和底部的凸缘。

附录 B

食品添加剂在配料表中的标示形式

D.1　按照加入量的递减顺序全部标示食品添加剂的具体名称

配料：水，全脂奶粉，稀奶油，植物油，巧克力（可可液块，白砂糖，可可脂，磷脂，聚甘油蓖麻醇酯，食用香精，柠檬黄），葡萄糖浆，丙二醇脂肪酸酯，卡拉胶，瓜尔胶，胭脂树橙，麦芽糊精，食用香料。

B.2　按照加入量的递减顺序全部标示食品添加剂的功能类别名称及国际编码

配料：水，全脂奶粉，稀奶油，植物油，巧克力（可可液块，白砂糖，可可脂，乳化剂（322，476），食用香精，着色剂（102）），葡萄糖浆，乳化剂（477），增稠剂（407，412），着色剂（160b），麦芽糊精，食用香料。

B.3　按照加入量的递减顺序全部标示食品添加剂的功能类别名称及具体名称

配料：水，全脂奶粉，稀奶油，植物油，巧克力（可可液块，白砂糖，可可脂，乳化剂（磷脂，聚甘油蓖麻醇酯），食用香精，着色剂（柠檬黄）），葡萄糖浆，乳化剂（丙二醇脂肪酸酯），增稠剂（卡拉胶，瓜尔胶），着色剂（胭脂树橙），麦芽糊精，食用香料。

B.4　建立食品添加剂项一并标示的形式

B.4.1　一般原则

直接使用的食品添加剂应在食品添加剂项中标注。营养强化剂、食用香精香料、胶基糖果中基础剂物质可在配料表的食品添加剂项外标注。非直接使用的食品添加剂不在食品添加剂项中标注。食品添加剂项在配料表中的标注顺序由需纳入该项的各种食品添加剂的总重量决定。

B.4.2　全部标示食品添加剂的具体名称

配料：水，全脂奶粉，稀奶油，植物油，巧克力（可可液块，白砂糖，可可脂，磷脂，聚甘油蓖麻醇酯，食用香精，柠檬黄），葡萄糖浆，食品添加剂（丙二醇脂肪酸酯，卡拉胶，瓜尔胶，胭脂树橙），麦芽糊精，食用香料。

B.4.3　全部标示食品添加剂的功能类别名称及国际编码

配料：水，全脂奶粉，稀奶油，植物油，巧克力（可可液块，白砂糖，可可脂，乳化剂（322，476），食用香精，着色剂（102）），葡萄糖浆，食品添加剂（乳化剂（477），增稠剂（407，412），着色剂（160b）），麦芽糊精，食用香料。

B.4.4　全部标示食品添加剂的功能类别名称及具体名称

配料：水，全脂奶粉，稀奶油，植物油，巧克力（可可液块，白砂糖，可可脂，乳化剂（磷脂，聚甘油蓖麻醇酯），食用香精，着色剂（柠檬黄）），葡萄糖浆，食品添加剂（乳化剂（丙二醇脂肪酸酯），增稠剂（卡拉胶，瓜尔胶），着色剂（胭脂树橙）），麦芽糊精，食用香料。

附录 C

部分标签项目的推荐标示形式

C.1　概述

本附录以示例形式提供了预包装食品部分标签项目的推荐标示形式，标示相应项目时可选用但不限于这些形式。如需要根据食品特性或包装特点等对推荐形式调整使用的，应与推荐形式基本涵义保持一致。

C.2　净含量和规格的标示

为方便表述，净含量的示例统一使用质量为计量方式，使用冒号为分隔符。标签上应使用实际产品适用的计量单位，并可根据实际情况选择空格或其他符号作为分隔符，便于识读。

C.2.1　单件预包装食品的净含量（规格）可以有如下标示形式：

净含量（或净含量/规格）：450g；

净含量（或净含量/规格）：225 克（200 克+送 25 克）；

净含量（或净含量/规格）：200 克+赠 25 克；

净含量（或净含量/规格）：（200+25）克。

C.2.2　净含量和沥干物（固形物）可以有如下标示形式（以"糖水梨罐头"为例）：

净含量(或净含量/规格)：425 克　沥干物(或固形物或梨块)：不低于255 克(或不低于60%)。

C.2.3　同一预包装内含有多件同种类的预包装食品时，净含量和规格均可以有如下标示形式：

净含量（或净含量/规格）：40 克 × 5；

净含量（或净含量/规格）：5 × 40 克；

净含量（或净含量/规格）：200 克（5 × 40 克）；

净含量（或净含量/规格）：200 克（40 克 × 5）；

净含量（或净含量/规格）：200 克（5 件）；

净含量：200 克　规格：5 × 40 克；

净含量：200 克　规格：40 克 × 5；

净含量：200 克　规格：5 件；

净含量（或净含量/规格）：200 克（100 克 + 50 克 × 2）；

净含量（或净含量/规格）：200 克（80 克 × 2 + 40 克）；

净含量：200 克　规格：100 克 + 50 克 × 2；

净含量：200 克　规格：80 克 × 2 + 40 克。

C.2.4　同一预包装内含有多件不同种类的预包装食品时，净含量和规格可以有如下标示形式：

净含量（或净含量/规格）：200 克（A 产品 40 克 × 3，B 产品 40 克 × 2）；

淨含量（或净含量/规格）：200 克（40 克 × 3，40 克 × 2）：

净含量（或净含量/规格）：100 克 A 产品，50 克 × 2B 产品，50 克 C 产品；

净含量（或净含量/规格）：A 产品：100 克，B 产品：50 克 × 2，C 产品：50 克；

净含量/规格：100 克（A 产品），50 克 × 2（B 产品），50 克（C 产品）；

净含量/规格：A 产品 100 克，B 产品 50 克 × 2，C 产品 50 克。

C.3　日期的标示

日期中年、月、日可用空格、斜线、连字符、句点等符号分隔，或不用分隔符。年代号一般应标示 4 位数字，小包装食品也可以标示 2 位数字。月、日应标示 2 位数字。

日期的标示可以有如下形式：

2010 年 3 月 20 日；

2010 03 20；　　2010/03/20；　　20100320；

20 日 3 月 2010 年；3 月 20 日 2010 年；

（月/日/年）：03 20 2010；　　03/20/2010；　　03202010。

C.4　保质期的标示

保质期可以有如下标示形式：

最好在……之前食（饮）用；　　……之前食（饮）用佳；　　……之前最佳；

此日期前最佳……；　　此日期前食（饮）用最佳……；

保质期（至）……；保质期 × × 个月（或 × × 日，或 × × 天，或 × × 周，或 × 年）。

C.5　贮存条件的标示

贮存条件可以标示"贮存条件"、"贮藏条件"、"贮藏方法"等标题，或不标示标题。

贮存条件可以有如下标示形式：

常温（或冷冻，或冷藏，或避光，或阴凉干燥处）保存；

× × - × × ℃保存；

请置于阴凉干燥处；

常温保存，开封后需冷藏；

温度：≤ × × ℃，湿度：≤ × × %。

附录三　商品条码管理办法

第一章　总则

第一条　为了规范商品条码管理，保证商品条码质量，加快商品条码在电子商务和商品流通等领域的应用，促进我国电子商务、商品流通信息化的发展，根据国家有关规定，制定本办法。

第二条　本办法所称商品条码包括零售商品、非零售商品、物流单元、位置的代码和条码标识。

我国采用国际通用的商品代码及条码标识体系，推广应用商品条码，建立我国的商品标识系统。

第三条　中华人民共和国境内商品条码的注册、编码、印制、应用及其管理，适用本办法。

第四条　国家质量监督检验检疫总局（以下简称国家质检总局）和国家标准化管理委员会（以下简称国家标准委）是全国商品条码工作的主管部门，统一组织管理全国商品条码工作。中国物品编码中心（以下简称编码中心）是全国商品条码工作机构，负责全国商品条码管理的具体实施工作。

第五条　厂商识别代码是商品条码的重要组成部分。任何单位和个人使用商品条码必须按照本办法核准注册，获得厂商识别代码。

第二章　注册

第六条　依法取得营业执照和相关合法经营资质证明的生产者、销售者和服务提供者，可以申请注册厂商识别代码。

集团公司中具有独立法人资格的子公司需要使用商品条码时，应当按规定单独申请注册厂商识别代码。

第七条　厂商识别代码注册申请人（以下简称申请人）可以到所在地的编码中心地方分支机构（以下简称编码分支机构）申请注册厂商识别代码。

申请人应当填写《中国商品条码系统成员注册登记表》，出示营业执照或相关合法经营资质证明并提供复印件。

第八条　对申请人提供的申请资料，编码分支机构应当在 5 个工作日内完成初审。对初审合格的，编码分支机构签署意见并报送编码中心审批；对初审不合格的，编码分支机构应当将申请资料退给申请人并说明理由。

第九条　对初审合格的申请资料，编码中心应当自收到申请人交纳的有关费用之日起 5 个工作日内完成审核程序。对符合本办法第六、七条规定要求的，编码中心向申请人核准注册厂商识别代码；对不符合规定要求的，编码中心应当将申请资料退回编码分支机构并说明理由。

第十条　申请人获准注册厂商识别代码的，由编码中心发给《中国商品条码系统成员证书》（以下简称《系统成员证书》），取得中国商品条码系统成员（以下简称系统成员）资格。

第十一条　具有下列情形之一的，不予注册厂商识别代码：

（一）不能出示营业执照或相关合法经营资质证明文件的。

（二）社会组织、行业协会、中介机构等组织或单位，非本单位使用厂商识别代码的。

（三）违反法律法规或者国际物品编码协会章程的其他情形。

第十二条　编码中心应当定期公告系统成员及其注册的厂商识别代码。

第三章　编码、设计及印刷

第十三条　商品条码的编码、设计及印刷应当符合《商品条码》（GB 12904）等相关国家标准的规定。编码中心应当按照有关国家标准编制厂商识别代码。

第十四条　系统成员应当按照有关国家标准编制商品代码，向所在地的编码分支机构通报编码信息。

第十五条　企业在设计商品条码时，应当根据应用需要采用《商品条码》（GB 12904）、《储运单元条码》（GB/T 16830）、《EAN·UCC 系统 128 条码》（GB/T 15425）等国家标准中规定的条码标识。

第十六条　从事商品条码印刷的企业可以向条码工作机构提出申请，取得印刷资质。获得印刷资质的印刷企业，可优先承接商品条码的印刷业务。具体管理办法由国家质检总局另行规定。

第十七条　印刷企业应当按照有关国家标准印刷商品条码，保证商品条码印刷质量。

印刷企业接受商品条码印刷业务时，应当查验委托人的《系统成员证书》或境外同等效力的证明文件并进行备案。

第十八条　条码工作机构鼓励系统成员和相关单位委托具有商品条码印刷资格的企业印刷商品条码。

第四章　应用和管理

第十九条　系统成员对其厂商识别代码、商品代码和相应的商品条码享有专用权。

第二十条　系统成员不得将其厂商识别代码和相应的商品条码转让他人使用。

第二十一条　任何单位和个人未经核准注册不得使用厂商识别代码和相应的条码。

任何单位和个人不得在商品包装上使用其他条码冒充商品条码；不得伪造商品条码。

第二十二条　销售者应当积极采用商品条码。销售者在其经销的商品没有使用商品条码的情况下，可以使用店内条码。店内条码的使用，应当符合国家标准《店内条码》（GB/T 18283）的有关规定。

生产者不得以店内条码冒充商品条码使用。

第二十三条　销售者进货时，应当查验与商品条码对应的《系统成员证书》或者同等效力的证明文件。

第二十四条　销售者不得经销违反第二十一条规定的商品。

销售者不得以商品条码的名义向供货方收取进店费、上架费、信息处理费等费用，干扰商品条码的推广应用。

第二十五条　在国内生产的商品使用境外注册的商品条码时，生产者应当提供该商品条码的注册证明、授权委托书等相关证明，并到所在地的编码分支机构备案，由编码分支机构将备案材料报送编码中心。

第二十六条　国家质检总局、国家标准委负责组织全国商品条码的监督检查工作，各级地方质量技术监督行政部门负责本行政区域内商品条码的监督检查工作。

第二十七条　各地质量技术监督行政部门要积极配合地方政府和有关部门，引导商品生产者、销售者、服务提供者积极采用国际通用的商品代码及条码标识体系，使用商品条码，保证商品条码质量，提高企业在商品生产、储运、配送、销售等各环节的现代化管理水平。

第五章　续展、变更和注销

第二十八条　厂商识别代码有效期为 2 年。

系统成员应当在厂商识别代码有效期满前 3 个月内，到所在地的编码分支机构办理续展手续。逾期未办理续展手续的，注销其厂商识别代码和系统成员资格。

第二十九条　系统成员的名称、地址、法定代表人等信息发生变化时，应当自有关部门批准之日起 30 内，持有关文件和《系统成员证书》到所在地的编码分支机构办理变更手续。

第三十条　系统成员停止使用厂商识别代码的，应当在停止使用之日起 3 个月内到所在地的编码分支机构办理注销手续。

第三十一条　已被注销厂商识别代码的生产者、销售者和服务提供者，需要使用商品条码时，应当重新申请注册厂商识别代码。

第三十二条　任何单位和个人不得擅自使用已经注销的厂商识别代码和相应条码。

第三十三条　编码中心应当定期公告已被注销系统成员资格的企业名称及其厂商识别代码。

第六章　法律责任

第三十四条　系统成员转让厂商识别代码和相应条码的，责令其改正，没收违法所得，处以 3 000 元罚款。

第三十五条　未经核准注册使用厂商识别代码和相应商品条码的，在商品包装上使用其他条码冒充商品条码或伪造商品条码的，或者使用已经注销的厂商识别代码和相应商品条码的，责令其改正，处以 30 000 元以下罚款。

第三十六条　经销的商品印有未经核准注册、备案或者伪造的商品条码的，责令其改正，处以 10 000 元以下罚款。

第三十七条　销售者以商品条码的名义向供货商收取进店费等不正当费用的，供货商可依法要求退还。

第三十八条　本章所规定的行政处罚由县以上地方质量技术监督行政部门负责实施。

第三十九条　当事人对行政处罚不服的，可以依法申请行政复议或者提起行政诉讼。

第四十条　质量技术监督行政部门应当加强对条码工作机构的管理与监督。因条码工作机构及工作人员的失误，给系统成员造成重大损失的，依法给予行政处分。

第四十一条　从事商品条码管理工作的国家工作人员滥用职权、徇私舞弊的，由其主管部门给予行政处分；构成犯罪的，依法追究其刑事责任。

第七章　附则

第四十二条　本办法下列用语的含义是：

商品条码是由一组规则排列的条、空及其对应代码组成，是表示商品特定信息的标识。

零售商品代码与条码是指以满足零售扫描结算为主要目的，而为商品单元编制的代码和条码标识。

非零售商品代码与条码是指以满足非零售结算为目的，而为商品单元所编制的代码和条码标识。在流通环节中，可以对该商品单元进行定价、订购或开据发票。

物流单元代码与条码是指对物流中临时性商品包装单元所编制的代码和条码标识。

位置代码与条码是指对厂商的物理位置、职能部门等所编制的代码与条码标识。

厂商识别代码是指国际通用的商品标识系统中表示厂商的惟一代码，是商品条码的重要组成部分。

商品代码是指包含厂商识别代码在内的对零售商品、非零售商品、物流单元、位置、资产及服务进行全球惟一标识的一组数字代码。

店内条码是指商店为便于商品在店内管理而对商品自行编制的临时性代码及条码标识。

第四十三条　商品条码收费按照国家有关规定执行。

第四十四条　本办法由国家质检总局负责解释。

第四十五条　本办法自 2005 年 10 月 1 日起施行。1998 年 7 月 3 日原国家质量技术监督局颁布的《商品条码管理办法》同时废止。

附录四　中华人民共和国进出口商品检验法

（1989 年 2 月 21 日第七届全国人民代表大会常务委员会第六次会议通过　根据 2002 年 4 月 28 日第九届全国人民代表大会常务委员会第二十七次会议《关于修改<中华人民共和国进出口商品检验法>的决定》修正）

第一章　总则

第一条　为了加强进出口商品检验工作，规范进出口商品检验行为，维护社会公共利益和进出口贸易有关各方的合法权益，促进对外经济贸易关系的顺利发展，制定本法。

第二条　国务院设立进出口商品检验部门（以下简称国家商检部门），主管全国进出口商品检验工作。国家商检部门设在各地的进出口商品检验机构（以下简称商检机构）管理所辖地区的进出口商品检验工作。

第三条　商检机构和经国家商检部门许可的检验机构，依法对进出口商品实施检验。

第四条　进出口商品检验应当根据保护人类健康和安全、保护动物或者植物的生命和健康、保护环境、防止欺诈行为、维护国家安全的原则，由国家商检部门制定、调整必须实施检验的进出口商品目录（以下简称目录）并公布实施。

第五条　列入目录的进出口商品，由商检机构实施检验。

前款规定的进口商品未经检验的，不准销售、使用；前款规定的出口商品未经检验合格的，不准出口。

本条第一款规定的进出口商品，其中符合国家规定的免予检验条件的，由收货人或者发货人申请，经国家商检部门审查批准，可以免予检验。

第六条　必须实施的进出口商品检验，是指确定列入目录的进出口商品是否符合国家技术规范的强制性要求的合格评定活动。

合格评定程序包括:抽样、检验和检查；评估、验证和合格保证；注册、认可和批准以及各项的组合。

第七条　列入目录的进出口商品，按照国家技术规范的强制性要求进行检验；尚未制定国家技术规范的强制性要求的，应当依法及时制定，未制定之前，可以参照国家商检部门指定的国外有关标准进行检验。

第八条　经国家商检部门许可的检验机构，可以接受对外贸易关系人或者外国检验机构的委托，办理进出口商品检验鉴定业务。

第九条　法律、行政法规规定由其他检验机构实施检验的进出口商品或者检验项目，依照有关法律、行政法规的规定办理。

第十条　国家商检部门和商检机构应当及时收集和向有关方面提供进出口商品检验方面的信息。

国家商检部门和商检机构的工作人员在履行进出口商品检验的职责中，对所知悉的商业秘密负有保密义务。

第二章　进口商品的检验

第十一条　本法规定必须经商检机构检验的进口商品的收货人或者其代理人，应当向报关地的商检机构报检。海关凭商检机构签发的货物通关证明验放。

第十二条　本法规定必须经商检机构检验的进口商品的收货人或者其代理人，应当在商检机构规定的地点和期限内，接受商检机构对进口商品的检验。商检机构应当在国家商检部门统一规定的期限内检验完毕，并出具检验证单。

第十三条　本法规定必须经商检机构检验的进口商品以外的进口商品的收货人，发现进口商品质量不合格或者残损短缺，需要由商检机构出证索赔的，应当向商检机构申请检验出证。

第十四条　对重要的进口商品和大型的成套设备，收货人应当依据对外贸易合同约定在出口国装运前进行预检验、监造或者监装，主管部门应当加强监督；商检机构根据需要可以派出检验人员参加。

第三章　出口商品的检验

第十五条　本法规定必须经商检机构检验的出口商品的发货人或者其代理人，应当在商检机构规定的地点和期限内，向商检机构报检。商检机构应当在国家商检部门统一规定的期限内检验完毕，并出具检验证单。

对本法规定必须实施检验的出口商品，海关凭商检机构签发的货物通关证明验放。

第十六条　经商检机构检验合格发给检验证单的出口商品，应当在商检机构规定的期限内报关出口；超过期限的，应当重新报检。

第十七条　为出口危险货物生产包装容器的企业，必须申请商检机构进行包装容器的性能鉴定。生产出口危险货物的企业，必须申请商检机构进行包装容器的使用鉴定。使用未经鉴定合格的包装容器的危险货物，不准出口。

第十八条　对装运出口易腐烂变质食品的船舱和集装箱，承运人或者装箱单位必须在装货前申请检验。未经检验合格的，不准装运。

第四章　监督管理

第十九条　商检机构对本法规定必须经商检机构检验的进出口商品以外的进出口商品，根据国家规定实施抽查检验。

国家商检部门可以公布抽查检验结果或者向有关部门通报抽查检验情况。

第二十条　商检机构根据便利对外贸易的需要，可以按照国家规定对列入目录的出口商品进行出厂前的质量监督管理和检验。

第二十一条　为进出口货物的收发货人办理报检手续的代理人应当在商检机构进行注册登记；办理报检手续时应当向商检机构提交授权委托书。

第二十二条　国家商检部门可以按照国家有关规定，通过考核，许可符合条件的国内外检验机构承担委托的进出口商品检验鉴定业务。

第二十三条　国家商检部门和商检机构依法对经国家商检部门许可的检验机构的进出口商品检验鉴定业务活动进行监督，可以对其检验的商品抽查检验。

第二十四条　国家商检部门根据国家统一的认证制度，对有关的进出口商品实施认证管理。

第二十五条　商检机构可以根据国家商检部门同外国有关机构签订的协议或者接受外国有关机构的委托进行进出口商品质量认证工作，准许在认证合格的进出口商品上使用质量认证标志。

第二十六条　商检机构依照本法对实施许可制度的进出口商品实行验证管理，查验单证，核对证货是否相符。

第二十七条　商检机构根据需要，对检验合格的进出口商品，可以加施商检标志或者封识。

第二十八条　进出口商品的报检人对商检机构作出的检验结果有异议的，可以向原商检机构或者其上级商检机构以至国家商检部门申请复验，由受理复验的商检机构或者国家商检部门及时作出复验结论。

第二十九条　当事人对商检机构、国家商检部门作出的复验结论不服或者对商检机构作出的处罚决定不服的，可以依法申请行政复议，也可以依法向人民法院提起诉讼。

第三十条　国家商检部门和商检机构履行职责，必须遵守法律，维护国家利益，依照法定职权和法定程序严格执法，接受监督。

国家商检部门和商检机构应当根据依法履行职责的需要，加强队伍建设，使商检工作人员具有良好的政治、业务素质。商检工作人员应当定期接受业务培训和考核，经考核合格，方可上岗执行职务。

商检工作人员必须忠于职守，文明服务，遵守职业道德，不得滥用职权，谋取私利。

第三十一条　国家商检部门和商检机构应当建立健全内部监督制度，对其工作人员的执法活动进行监督检查。

商检机构内部负责受理报检、检验、出证放行等主要岗位的职责权限应当明确，并相互分离、相互制约。

第三十二条　任何单位和个人均有权对国家商检部门、商检机构及其工作人员的违法、违纪行为进行控告、检举。收到控告、检举的机关应当依法按照职责分工及时查处，并为控告人、检举人保密。

第五章　法律责任

第三十三条　违反本法规定，将必须经商检机构检验的进口商品未报经检验而擅自销售或者使用的，或者将必须经商检机构检验的出口商品未报经检验合格而擅自出口的，由商检机构没收违法所得，并处货值金额百分之五以上百分之二十以下的罚款；构成犯罪的，依法追究刑事责任。

第三十四条　违反本法规定，未经国家商检部门许可，擅自从事进出口商品检验鉴定业务的，由商检机构责令停止非法经营，没收违法所得，并处违法所得一倍以上三倍以下的罚款。

第三十五条　进口或者出口属于掺杂掺假、以假充真、以次充好的商品或者以不合格进出口商品冒充合格进出口商品的，由商检机构责令停止进口或者出口，没收违法所得，并处货值金额百分之五十以上三倍以下的罚款；构成犯罪的，依法追究刑事责任。

第三十六条　伪造、变造、买卖或者盗窃商检单证、印章、标志、封识、质量认证标志的，依法追究刑事责任；尚不够刑事处罚的，由商检机构责令改正，没收违法所得，并处货值金额等值以下的罚款。

第三十七条　国家商检部门、商检机构的工作人员违反本法规定，泄露所知悉的商业秘密的，依法给予行政处分，有违法所得的，没收违法所得；构成犯罪的，依法追究刑事责任。

第三十八条　国家商检部门、商检机构的工作人员滥用职权，故意刁难的，徇私舞弊，伪造检验结果的，或者玩忽职守，延误检验出证的，依法给予行政处分；构成犯罪的，依法追究刑事责任。

第六章　附则

第三十九条　商检机构和其他检验机构依照本法的规定实施检验和办理检验鉴定业务，依照国家有关规定收取费用。

第四十条　国务院根据本法制定实施条例。

第四十一条　本法自 1989 年 8 月 1 日起施行。

附录五　中华人民共和国认证认可条例

中华人民共和国国务院令

（第 390 号）

《中华人民共和国认证认可条例》已经 2003 年 8 月 20 日国务院第 18 次常务会议通过，现予公布，自 2003 年 11 月 1 日起施行。

总理　温家宝

2003 年 9 月 3 日

中华人民共和国认证认可条例

第一章　总则

第一条　为了规范认证认可活动，提高产品、服务的质量和管理水平，促进经济和社会的发展，制定本条例。

第二条　本条例所称认证，是指由认证机构证明产品、服务、管理体系符合相关技术规范、相关技术规范的强制性要求或者标准的合格评定活动。

本条例所称认可，是指由认可机构对认证机构、检查机构、实验室以及从事评审、审核等认证活动人员的能力和执业资格，予以承认的合格评定活动。

第三条　在中华人民共和国境内从事认证认可活动，应当遵守本条例。

第四条　国家实行统一的认证认可监督管理制度。

国家对认证认可工作实行在国务院认证认可监督管理部门统一管理、监督和综合协调下，各有关方面共同实施的工作机制。

第五条 国务院认证认可监督管理部门应当依法对认证培训机构、认证咨询机构的活动加强监督管理。

第六条 认证认可活动应当遵循客观独立、公开公正、诚实信用的原则。

第七条 国家鼓励平等互利地开展认证认可国际互认活动。认证认可国际互认活动不得损害国家安全和社会公共利益。

第八条 从事认证认可活动的机构及其人员，对其所知悉的国家秘密和商业秘密负有保密义务。

第二章 认证机构

第九条 设立认证机构，应当经国务院认证认可监督管理部门批准，并依法取得法人资格后，方可从事批准范围内的认证活动。

未经批准，任何单位和个人不得从事认证活动。

第十条 设立认证机构，应当符合下列条件：

（一）有固定的场所和必要的设施；

（二）有符合认证认可要求的管理制度；

（三）注册资本不得少于人民币 300 万元；

（四）有 10 名以上相应领域的专职认证人员。

从事产品认证活动的认证机构，还应当具备与从事相关产品认证活动相适应的检测、检查等技术能力。

第十一条 设立外商投资的认证机构除应当符合本条例第十条规定的条件外，还应当符合下列条件：

（一）外方投资者取得其所在国家或者地区认可机构的认可；

（二）外方投资者具有 3 年以上从事认证活动的业务经历。

设立外商投资认证机构的申请、批准和登记，按照有关外商投资法律、行政法规和国家有关规定办理。

第十二条 设立认证机构的申请和批准程序：

（一）设立认证机构的申请人，应当向国务院认证认可监督管理部门提出书面申请，并提交符合本条例第十条规定条件的证明文件；

（二）国务院认证认可监督管理部门自受理认证机构设立申请之日起 90 日内，应当作出是否批准的决定。涉及国务院有关部门职责的，应当征求国务院有关部门的意见。决定批准的，向申请人出具批准文件，决定不予批准的，应当书面通知申请人，并说明理由；

（三）申请人凭国务院认证认可监督管理部门出具的批准文件，依法办理登记手续。

国务院认证认可监督管理部门应当公布依法设立的认证机构名录。

第十三条 境外认证机构在中华人民共和国境内设立代表机构，须经批准，并向工商行政管理部门依法办理登记手续后，方可从事与所从属机构的业务范围相关的推广活动，但不得从事认证活动。

境外认证机构在中华人民共和国境内设立代表机构的申请、批准和登记，按照有关外商投资法律、行政法规和国家有关规定办理。

第十四条 认证机构不得与行政机关存在利益关系。

认证机构不得接受任何可能对认证活动的客观公正产生影响的资助；不得从事任何可能对认证活动的客观公正产生影响的产品开发、营销等活动。

认证机构不得与认证委托人存在资产、管理方面的利益关系。

第十五条 认证人员从事认证活动，应当在一个认证机构执业，不得同时在两个以上认证机构执业。

第十六条 向社会出具具有证明作用的数据和结果的检查机构、实验室，应当具备有关法律、行政法规规定的基本条件和能力，并依法经认定后，方可从事相应活动，认定结果由国务院认证认可监督管理部门公布。

第三章 认证

第十七条 国家根据经济和社会发展的需要，推行产品、服务、管理体系认证。

第十八条 认证机构应当按照认证基本规范、认证规则从事认证活动。认证基本规范、认证规则由国务院认证认可监督管理部门制定；涉及国务院有关部门职责的，国务院认证认可监督管理部门应当会同国务院有关部门制定。

属于认证新领域，前款规定的部门尚未制定认证规则的，认证机构可以自行制定认证规则，并报国务院认证认可监督管理部门备案。

第十九条 任何法人、组织和个人可以自愿委托依法设立的认证机构进行产品、服务、管理体系认证。

第二十条 认证机构不得以委托人未参加认证咨询或者认证培训等为理由，拒绝提供本认证机构业务范围内的认证服务，也不得向委托人提出与认证活动无关的要求或者限制条件。

第二十一条 认证机构应当公开认证基本规范、认证规则、收费标准等信息。

第二十二条 认证机构以及与认证有关的检查机构、实验室从事认证以及与认证有关的检查、检测活动，应当完成认证基本规范、认证规则规定的程序，确保认证、检查、检测的完整、客观、真实，不得增加、减少、遗漏程序。

认证机构以及与认证有关的检查机构、实验室应当对认证、检查、检测过程作出完整记录，归档留存。

第二十三条 认证机构及其认证人员应当及时作出认证结论，并保证认证结论的客观、真实。认证结论经认证人员签字后，由认证机构负责人签署。

认证机构及其认证人员对认证结果负责。

第二十四条 认证结论为产品、服务、管理体系符合认证要求的，认证机构应当及时向委托人出具认证证书。

第二十五条 获得认证证书的，应当在认证范围内使用认证证书和认证标志，不得利用产品、服务认证证书、认证标志和相关文字、符号，误导公众认为其管理体系已通过认证，也不得利用管理体系认证证书、认证标志和相关文字、符号，误导公众认为其产品、服务已通过认证。

第二十六条 认证机构可以自行制定认证标志，并报国务院认证认可监督管理部门备案。

认证机构自行制定的认证标志的式样、文字和名称，不得违反法律、行政法规的规定，不得与国家推行的认证标志相同或者近似，不得妨碍社会管理，不得有损社会道德风尚。

第二十七条　认证机构应当对其认证的产品、服务、管理体系实施有效的跟踪调查，认证的产品、服务、管理体系不能持续符合认证要求的，认证机构应当暂停其使用直至撤销认证证书，并予公布。

第二十八条　为了保护国家安全、防止欺诈行为、保护人体健康或者安全、保护动植物生命或者健康、保护环境，国家规定相关产品必须经过认证的，应当经过认证并标注认证标志后，方可出厂、销售、进口或者在其他经营活动中使用。

第二十九条　国家对必须经过认证的产品，统一产品目录，统一技术规范的强制性要求、标准和合格评定程序，统一标志，统一收费标准。

统一的产品目录（以下简称目录）由国务院认证认可监督管理部门会同国务院有关部门制定、调整，由国务院认证认可监督管理部门发布，并会同有关方面共同实施。

第三十条　列入目录的产品，必须经国务院认证认可监督管理部门指定的认证机构进行认证。

列入目录产品的认证标志，由国务院认证认可监督管理部门统一规定。

第三十一条　列入目录的产品，涉及进出口商品检验目录的，应当在进出口商品检验时简化检验手续。

第三十二条　国务院认证认可监督管理部门指定的从事列入目录产品认证活动的认证机构以及与认证有关的检查机构、实验室（以下简称指定的认证机构、检查机构、实验室），应当是长期从事相关业务、无不良记录，且已经依照本条例的规定取得认可、具备从事相关认证活动能力的机构。国务院认证认可监督管理部门指定从事列入目录产品认证活动的认证机构，应当确保在每一列入目录产品领域至少指定两家符合本条例规定条件的机构。

国务院认证认可监督管理部门指定前款规定的认证机构、检查机构、实验室，应当事先公布有关信息，并组织在相关领域公认的专家组成专家评审委员会，对符合前款规定要求的认证机构、检查机构、实验室进行评审；经评审并征求国务院有关部门意见后，按照资源合理利用、公平竞争和便利、有效的原则，在公布的时间内作出决定。

第三十三条　国务院认证认可监督管理部门应当公布指定的认证机构、检查机构、实验室名录及指定的业务范围。

未经指定，任何机构不得从事列入目录产品的认证以及与认证有关的检查、检测活动。

第三十四条　列入目录产品的生产者或者销售者、进口商，均可自行委托指定的认证机构进行认证。

第三十五条　指定的认证机构、检查机构、实验室应当在指定业务范围内，为委托人提供方便、及时的认证、检查、检测服务，不得拖延，不得歧视、刁难委托人，不得牟取不当利益。

指定的认证机构不得向其他机构转让指定的认证业务。

第三十六条　指定的认证机构、检查机构、实验室开展国际互认活动，应当在国务院认证认可监督管理部门或者经授权的国务院有关部门对外签署的国际互认协议框架内进行。

第四章　认可

第三十七条　国务院认证认可监督管理部门确定的认可机构（以下简称认可机构），独立开展认可活动。

除国务院认证认可监督管理部门确定的认可机构外，其他任何单位不得直接或者变相从事认可活动。其他单位直接或者变相从事认可活动的，其认可结果无效。

第三十八条　认证机构、检查机构、实验室可以通过认可机构的认可，以保证其认证、检查、检测能力持续、稳定地符合认可条件。

第三十九条　从事评审、审核等认证活动的人员，应当经认可机构注册后，方可从事相应的认证活动。

第四十条　认可机构应当具有与其认可范围相适应的质量体系，并建立内部审核制度，保证质量体系的有效实施。

第四十一条　认可机构根据认可的需要，可以选聘从事认可评审活动的人员。从事认可评审活动的人员应当是相关领域公认的专家，熟悉有关法律、行政法规以及认可规则和程序，具有评审所需要的良好品德、专业知识和业务能力。

第四十二条　认可机构委托他人完成与认可有关的具体评审业务的，由认可机构对评审结论负责。

第四十三条　认可机构应当公开认可条件、认可程序、收费标准等信息。

认可机构受理认可申请，不得向申请人提出与认可活动无关的要求或者限制条件。

第四十四条　认可机构应当在公布的时间内，按照国家标准和国务院认证认可监督管理部门的规定，完成对认证机构、检查机构、实验室的评审，作出是否给予认可的决定，并对认可过程作出完整记录，归档留存。认可机构应当确保认可的客观公正和完整有效，并对认可结论负责。

认可机构应当向取得认可的认证机构、检查机构、实验室颁发认可证书，并公布取得认可的认证机构、检查机构、实验室名录。

第四十五条　认可机构应当按照国家标准和国务院认证认可监督管理部门的规定，对从事评审、审核等认证活动的人员进行考核，考核合格的，予以注册。

第四十六条　认可证书应当包括认可范围、认可标准、认可领域和有效期限。

认可证书的格式和认可标志的式样须经国务院认证认可监督管理部门批准。

第四十七条　取得认可的机构应当在取得认可的范围内使用认可证书和认可标志。取得认可的机构不当使用认可证书和认可标志的，认可机构应当暂停其使用直至撤销认可证书，并予公布。

第四十八条　认可机构应当对取得认可的机构和人员实施有效的跟踪监督，定期对取得认可的机构进行复评审，以验证其是否持续符合认可条件。取得认可的机构和人员不再符合认可条件的，认可机构应当撤销认可证书，并予公布。

取得认可的机构的从业人员和主要负责人、设施、自行制定的认证规则等与认可条件相关的情况发生变化的，应当及时告知认可机构。

第四十九条　认可机构不得接受任何可能对认可活动的客观公正产生影响的资助。

第五十条　境内的认证机构、检查机构、实验室取得境外认可机构认可的，应当向国务院认证认可监督管理部门备案。

第五章　监督管理

第五十一条　国务院认证认可监督管理部门可以采取组织同行评议，向被认证企业征求意见，对认证活动和认证结果进行抽查，要求认证机构以及与认证有关的检查机构、实验室报告业务活动情况的方式，对其遵守本条例的情况进行监督。发现有违反本条例行为的，应当及时查处，涉及国务院有关部门职责的，应当及时通报有关部门。

第五十二条　国务院认证认可监督管理部门应当重点对指定的认证机构、检查机构、实验室进行监督，对其认证、检查、检测活动进行定期或者不定期的检查。指定的认证机构、检查机构、实验室，应当定期向国务院认证认可监督管理部门提交报告，并对报告的真实性负责；报告应当对从事列入目录产品认证、检查、检测活动的情况作出说明。

第五十三条　认可机构应当定期向国务院认证认可监督管理部门提交报告，并对报告的真实性负责；报告应当对认可机构执行认可制度的情况、从事认可活动的情况、从业人员的工作情况作出说明。

国务院认证认可监督管理部门应当对认可机构的报告作出评价，并采取查阅认可活动档案资料、向有关人员了解情况等方式，对认可机构实施监督。

第五十四条　国务院认证认可监督管理部门可以根据认证认可监督管理的需要，就有关事项询问认可机构、认证机构、检查机构、实验室的主要负责人，调查了解情况，给予告诫，有关人员应当积极配合。

第五十五条　省、自治区、直辖市人民政府质量技术监督部门和国务院质量监督检验检疫部门设在地方的出入境检验检疫机构，在国务院认证认可监督管理部门的授权范围内，依照本条例的规定对认证活动实施监督管理。

国务院认证认可监督管理部门授权的省、自治区、直辖市人民政府质量技术监督部门和国务院质量监督检验检疫部门设在地方的出入境检验检疫机构，统称地方认证监督管理部门。

第五十六条　任何单位和个人对认证认可违法行为，有权向国务院认证认可监督管理部门和地方认证监督管理部门举报。国务院认证认可监督管理部门和地方认证监督管理部门应当及时调查处理，并为举报人保密。

第六章　法律责任

第五十七条　未经批准擅自从事认证活动的，予以取缔，处 10 万元以上 50 万元以下的罚款，有违法所得的，没收违法所得。

第五十八条　境外认证机构未经批准在中华人民共和国境内设立代表机构的，予以取缔，处 5 万元以上 20 万元以下的罚款。

经批准设立的境外认证机构代表机构在中华人民共和国境内从事认证活动的，责令改正，处 10 万元以上 50 万元以下的罚款，有违法所得的，没收违法所得；情节严重的，撤销批准文件，并予公布。

第五十九条　认证机构接受可能对认证活动的客观公正产生影响的资助，或者从事可能对认证活动的客观公正产生影响的产品开发、营销等活动，或者与认证委托人存在资产、管理方面的利益关系的，责令停业整顿；情节严重的，撤销批准文件，并予公布；有违法所得的，没收违法所得；构成犯罪的，依法追究刑事责任。

第六十条　认证机构有下列情形之一的，责令改正，处 5 万元以上 20 万元以下的罚款，有违法所得的，没收违法所得；情节严重的，责令停业整顿，直至撤销批准文件，并予公布：

（一）超出批准范围从事认证活动的；

（二）增加、减少、遗漏认证基本规范、认证规则规定的程序的；

（三）未对其认证的产品、服务、管理体系实施有效的跟踪调查，或者发现其认证的产品、服务、管理体系不能持续符合认证要求，不及时暂停其使用或者撤销认证证书并予公布的；

（四）聘用未经认可机构注册的人员从事认证活动的。

与认证有关的检查机构、实验室增加、减少、遗漏认证基本规范、认证规则规定的程序的，依照前款规定处罚。

第六十一条　认证机构有下列情形之一的，责令限期改正；逾期未改正的，处 2 万元以上 10 万元以下的罚款：

（一）以委托人未参加认证咨询或者认证培训等为理由，拒绝提供本认证机构业务范围内的认证服务，或者向委托人提出与认证活动无关的要求或者限制条件的；

（二）自行制定的认证标志的式样、文字和名称，与国家推行的认证标志相同或者近似，或者妨碍社会管理，或者有损社会道德风尚的；

（三）未公开认证基本规范、认证规则、收费标准等信息的；

（四）未对认证过程作出完整记录，归档留存的；

（五）未及时向其认证的委托人出具认证证书的。

与认证有关的检查机构、实验室未对与认证有关的检查、检测过程作出完整记录，归档留存的，依照前款规定处罚。

第六十二条　认证机构出具虚假的认证结论，或者出具的认证结论严重失实的，撤销批准文件，并予公布；对直接负责的主管人员和负有直接责任的认证人员，撤销其执业资格；构成犯罪的，依法追究刑事责任；造成损害的，认证机构应当承担相应的赔偿责任。

指定的认证机构有前款规定的违法行为的，同时撤销指定。

第六十三条　认证人员从事认证活动，不在认证机构执业或者同时在两个以上认证机构执业的，责令改正，给予停止执业 6 个月以上 2 年以下的处罚，仍不改正的，撤销其执业资格。

第六十四条　认证机构以及与认证有关的检查机构、实验室未经指定擅自从事列入目录产品的认证以及与认证有关的检查、检测活动的，责令改正，处 10 万元以上 50 万元以下的罚款，有违法所得的，没收违法所得。

认证机构未经指定擅自从事列入目录产品的认证活动的，撤销批准文件，并予公布。

第六十五条　指定的认证机构、检查机构、实验室超出指定的业务范围从事列入目录产品的认证以及与认证有关的检查、检测活动的，责令改正，处 10 万元以上 50 万元以下的罚款，有违法所得的，没收违法所得；情节严重的，撤销指定直至撤销批准文件，并予公布。

指定的认证机构转让指定的认证业务的，依照前款规定处罚。

第六十六条　认证机构、检查机构、实验室取得境外认可机构认可，未向国务院认证认可监督管理部门备案的，给予警告，并予公布。

第六十七条　列入目录的产品未经认证，擅自出厂、销售、进口或者在其他经营活动中使用的，责令改正，处 5 万元以上 20 万元以下的罚款，有违法所得的，没收违法所得。

第六十八条　认可机构有下列情形之一的，责令改正；情节严重的，对主要负责人和负有责任的人员撤职或者解聘：

（一）对不符合认可条件的机构和人员予以认可的；

（二）发现取得认可的机构和人员不符合认可条件，不及时撤销认可证书，并予公布的；

（三）接受可能对认可活动的客观公正产生影响的资助的。

被撤职或者解聘的认可机构主要负责人和负有责任的人员，自被撤职或者解聘之日起 5 年内不得从事认可活动。

第六十九条   认可机构有下列情形之一的，责令改正；对主要负责人和负有责任的人员给予警告：

（一）受理认可申请，向申请人提出与认可活动无关的要求或者限制条件的；

（二）未在公布的时间内完成认可活动，或者未公开认可条件、认可程序、收费标准等信息的；

（三）发现取得认可的机构不当使用认可证书和认可标志，不及时暂停其使用或者撤销认可证书并予公布的；

（四）未对认可过程作出完整记录，归档留存的。

第七十条   国务院认证认可监督管理部门和地方认证监督管理部门及其工作人员，滥用职权、徇私舞弊、玩忽职守，有下列行为之一的，对直接负责的主管人员和其他直接责任人员，依法给予降级或者撤职的行政处分；构成犯罪的，依法追究刑事责任：

（一）不按照本条例规定的条件和程序，实施批准和指定的；

（二）发现认证机构不再符合本条例规定的批准或者指定条件，不撤销批准文件或者指定的；

（三）发现指定的检查机构、实验室不再符合本条例规定的指定条件，不撤销指定的；

（四）发现认证机构以及与认证有关的检查机构、实验室出具虚假的认证以及与认证有关的检查、检测结论或者出具的认证以及与认证有关的检查、检测结论严重失实，不予查处的；

（五）发现本条例规定的其他认证认可违法行为，不予查处的。

第七十一条   伪造、冒用、买卖认证标志或者认证证书的，依照《中华人民共和国产品质量法》等法律的规定查处。

第七十二条   本条例规定的行政处罚，由国务院认证认可监督管理部门或者其授权的地方认证监督管理部门按照各自职责实施。法律、其他行政法规另有规定的，依照法律、其他行政法规的规定执行。

第七十三条   认证人员自被撤销执业资格之日起 5 年内，认可机构不再受理其注册申请。

第七十四条   认证机构未对其认证的产品实施有效的跟踪调查，或者发现其认证的产品不能持续符合认证要求，不及时暂停或者撤销认证证书和要求其停止使用认证标志给消费者造成损失的，与生产者、销售者承担连带责任。

第七章   附则

第七十五条   药品生产、经营企业质量管理规范认证，实验动物质量合格认证，军工产品的认证，以及从事军工产品校准、检测的实验室及其人员的认可，不适用本条例。

依照本条例经批准的认证机构从事矿山、危险化学品、烟花爆竹生产经营单位管理体系认证，由国务院安全生产监督管理部门结合安全生产的特殊要求组织；从事矿山、危险化学品、烟花爆竹生产经营单位安全生产综合评价的认证机构，经国务院安全生产监督管理部门推荐，方可取得认可机构的认可。

第七十六条   认证认可收费，应当符合国家有关价格法律、行政法规的规定。

　　第七十七条　认证培训机构、认证咨询机构的管理办法由国务院认证认可监督管理部门制定。

　　第七十八条　本条例自 2003 年 11 月 1 日起施行。1991 年 5 月 7 日国务院发布的《中华人民共和国产品质量认证管理条例》同时废止。

参考文献

[1] 万融.商品学概论（第四版）.中国人民大学出版社，2010.

[2] 王府梅.纺织服装商品学.中国纺织出版社，2008.

[3] 刘北林.《海关商品学》.中国物资出版社，2009.

[4] 袁长明.《商品学》.化学工业出版社，2006.

[5] 郭洪仙.《商品学》.复旦大学出版社，2006.

[6] 赵苏.《商品学》.清华大学出版社，2006.

[7] 余明阳、杨芳平.《品牌学教程》.复旦大学出版社，2005.

[8] 卢泰宏.《中国消费者行为报告》.中国社会科学出版社，2005.

[9] 汪永太、李萍编著《商品学概论》.东北财经大学出版社，2005.

[10] 万融.《商品学概论》.中国人民大学出版社，2005.

[11] 文怀放.《新编ISO9001标准理解与应用》.广东出版集团 广东经济出版社，2006.

[12] 国家统计局贸易外经统计司、商务部市场运行调节司、中国商业联合会信息部《2006中国商品交易市场统计年鉴》.2006.

[13] 《纺织品大全》编辑委员会编《纺织品大全》（第二版）.中国纺织出版社，2005.

[14] 李廷、陆维民.《检验检疫概论与进出口纺织品检验》.东华大学出版社，2005.

[15] 谈留芳.《商品学》.科学出版社，2004.

[16] 刘联辉.《超市物流》,中国物质出版社，2004.

[17] 〔美〕玛丽恩·内斯特尔《食品政治》社会科学文献出版社，2004.

[18] 刘安莉、高懿.《新编商品学概论》.对外经济贸易大学出版社，2003.

[19] 苗述风.《外贸商品学概论著》.对外经济贸易大学出版社，2002.

[20] 马德生.《商品学基础》.高等教育出版社，2001.

[21] 谢瑞玲.《商品学基础》（第一版）.高等教育出版社，2000.

[22] 陈文华.《中华茶文化基础知识》.中国农业出版社，1999.

[23] 张万福.《商品学概论》.高等教育出版社，1998.

[24] 吴广清.《商品学概论》（第一版），中国商业出版社,1996.

[25] 邓更生.《商品学理论与实务》,天津大学出版社,1996.

[26] 万融、郑英良等.《现代商品学概论》,中国财政经济出版社，1994.

[27] 何竹筠.《商品学概论》.广东高等教育出版社,1993.

[28] 朱世镐.《现代商品学》.复旦大学出版社,1993.